文史哲學集成

尤雅姿著

顏之推及其家訓之研究

文史哲出版社印行

國家圖書館出版品預行編目資料

顏之推及其家訓之研究 / 尤雅姿著. -- 初版. --
臺北市：文史哲, 民 94
面： 公分.（文史哲學集成；504）
參考書目：面
ISBN 957-549-612-4 (平裝)

1.（南北朝）顏之推 － 傳記 2. 顏氏家訓 － 研究與考訂

123.77 94013270

文史哲學集成 504

顏之推及其家訓之研究

著 者：尤 雅 姿
出版者：文 史 哲 出 版 社
http://www.lapen.com.tw
登記證字號：行政院新聞局版臺業字五三三七號
發行人：彭 正 雄
發行所：文 史 哲 出 版 社
印刷者：文 史 哲 出 版 社
臺北市羅斯福路一段七十二巷四號
郵政劃撥帳號：一六一八〇一七五
電話886-2-23511028 · 傳真886-2-23965656

實價新臺幣四〇〇元

中華民國九十四年（2005）七月初版

ISBN 957-549-612-4

出版說明

日前學長王基倫教授轉知台大中文系教授張蓓蓓先生詢問本書是否尚有餘帙，之後，我在研究室遍尋不著一本，但卻覓得了當年的手工打字原稿；這本十四年前的舊作於焉有了付梓的契機。原本有些遲疑，顧慮到在新聲競鳴的學術現況中，傳統以文言書寫的博士論文是否值得老酒裝新瓶？幸運的是，同窗林文彬教授和張蓓蓓教授都認為本書具有學術參考價值而予以支持，而文史哲出版社的掌門人彭正雄先生也慨予協助，使這本書得以重獲新姿，存在於這個世紀。謝謝這份以文會友的學術情誼。當年，博士學位口試完畢後，恩師王更生教授即面諭將它出版，而我卻一直擱置此事，如今，也算是落實了師父的願望。另外要向成功大學中文系教授江建俊先生致謝，他熱忱真率，總是慷慨地嘉勉後學。我也要謝謝中央研究院文哲所劉苑如教授，她讓我體會到「文果載心，余心有寄」的學術真情。最後，要感謝這本不相離棄的書，因為它是我學術生命的啓程。謹此為記，並為知音者告。

尤雅姿 寫於台中

二〇〇四年寒露

自序

人情眞善美之質性，恆體現於倫理中，即父子有親，君臣有義，夫婦有別，長幼有序與朋友有信之五倫是也，其中父子、夫婦、兄弟，皆爲一家之親，故家庭倫理，又居人倫之重者也。觀吾人一生所戀慕者，寧非生於斯，長於斯之家庭乎；而心靈之最大寧適滿足，亦常來自溫煦和柔之親情撫慰；至若腦海中所魂牽夢縈者，亦多爲惦念親人之平安幸福與否，故塞天地，橫四海，貫古今，人心之不移者，厥爲天倫至愛也！

一日，於「文章學研究」堂上，王師更生講解北朝文學，囑諸生可留意北齊顏之推之顏氏家訓，於是披閱一過，讀至教子篇：「凡人不能教子女者，亦非欲陷其罪惡，但重於訶怒。傷其顏色，不忍楚撻，慘其肌膚耳。當以疾病爲諭，安得不用湯藥鍼艾救之哉？」當時，怵然心驚，顏之推一針見血之論，若當頭棒喝，使向所蟠結之疑慮，倏爾豁然霧解矣。又讀至「吾見世間（父母），無教而有愛，每不能然；飲食運爲，恣其所欲，宜誡而翻獎，應訶反笑，至有識知，謂法當爾。驕慢已習，方復制之，捶撻至死而無威，忿怒日隆而增怨，逮于成長，終爲敗德。」，但覺心頭一凜，神骨竦惕，如此警策深刻之教育格言，當令天下父母錄置案頭，使無敢失教於家也。且之推子裔，思魯以文雅著名，愍楚、游秦俱有學術，師古博通五經，其後眞卿、杲卿兄弟，大節皎皎如日星，節義文章，武功吏治，繩繩繼起，若非垂訓之力，烏乎可致？此所以研究顏氏家訓之動機也。

顏氏家訓，北齊顏之推所著也，之推一生飽經顛沛流離之苦，身歷梁、北齊、北周之覆滅，播越戎馬，羈旅秦吳；朝綰一紱，夕更一綬，其志何其悲也！然之推雖浮游乎濁世，猶能秉禮樹風，以準繩榘矱，脩之於家也！而世有不察之人，詈其身仕三朝，爲「自取身榮，不存國計」（注一），舞文弄墨，百般譏辱，不知溥天之下，從古到今，無論何人，僅能主宰自己，不能主宰環境，況且朝代之易革，豈是一人之力所能扭轉耶？若必謂人當於改朝易代之際，殉忠死節，則天壤間除兒童外，幾無足活留者矣。故不知古人之世，不足論其人；不知古人之志，不足論其行，此章學誠言臨文之際，宜存敬恕之心，設身處地，體其榮辱隱顯，屈伸憂樂之情境也。（注二）此所以處理顏之推生平及顏氏家訓之態度也。

顏氏家訓一書，辭質義貞，溫情脈脈，篇篇藥石，言言龜鑑，且粗細具備，本末兼賅，辯析援證，咸有根據，故自古以來，爲士林爭相矜式之家法也。晚近以來，中華民族文化，飽經功利主義與馬、列思想之襲擊；彼岸高唱解放，凌辱傳統，以矜激偏狹之階級論調，批判家訓爲封建之遺毒，殘忍之剝削；此岸經濟掛帥，科技擡頭，常使忠孝寂寞，倫常失序，至於教育風尚，童子三齡五歲，便學英文電腦，棄情操之涵泳於不顧，謂灑掃進退可免學，苟搏一術一藝，即云足矣，叩之以立身行己之道，應事接物之理，家國民族之義，則茫乎未有所聞者，此不啻千餘年前之推所責難之父母心腸乎！「教其鮮卑語及彈琵琶，稍欲通解，以此伏事公卿，無不寵愛。」（

注三）夫冷眼旁觀當世之少年也，或沈迷於電玩聲光，或囂陵於車陣奔逐，譏笑傳統，挑釁倫理，噫！億萬炎黃兒孫將何以安身立命乎？余甚憂懼！

天下有貞教術，斯有貞人材，而教育之施，首在家庭；受教時機，又以童蒙為優。顏氏家訓也誼正而言備，其為言也，質而直，智愚胥能通曉；其舉事也，切而邇，貴賤盡可遵行，又出之以傅婢寡妻之情，語語肺腑，心苦意甘，凡為人子弟者，可家置一冊，擇其菁華，各訓乃家，雖未得盡達聖賢之域，然束身寡過，恂恂謹愨，處則為端人，出則為良士，其於國家養育人才之業庶有裨乎！

此外，家訓之立身哲理，本之於夫義婦順，父慈子孝，兄友弟恭之家庭倫理，推之以達於君臣、朋友、師生之社會倫理，由親而疏，由近及遠，國之本在家，家之本在身，其道一以貫之矣！余殷望藉家訓之研究，能使國人重新檢視傳統倫理之時代精神，為脫序不安之社會，尋回溫馨安寧之倫理情懷，庶幾是非不惑，善惡有別，造成一安和樂利之社會。

值論文完稿前夕，回顧二十餘年之求學生涯，感觸彌多，深知若無父母之養育，家人之眷顧，師長之教誨，友朋之鼓勵，則鄙陋如我者，何能至此？尤念十年前，杜師松柏之殷殷啓誨。入師大國研所後，復蒙王師更生之循循善誘，先生氣骨中正，明判是非，其治學態度，素以謹嚴著稱。有一是，則頷首稱許；有一非，則愷切糾繆，故每經鞭策，輒奮勉力學也。又王師仁祿之勉勵愛護，喬先生衍琯之誠懇告諭，皆蘊蓄而為余立志向學之動力也。

念父母提携鞠育之恩，昊天罔極。且慈母自余撰寫論文始，即欣然顧養幼兒稚女，勉全力以赴，外子奕匡更護惜體念，鼓舞支持，凡此恆縈懷吾心，感念不忘，今論文初成，特誌於此，以示永懷。並爲知己者告。

尤雅姿謹誌於新店中央新村寓所

中華民國八十年五月一日

注釋

注一：見王利器著顏氏家訓集解，頁三，轉引陳書卷一〇後主紀史臣之語作評。明文書局。

注二：見章學誠著文史通義卷三文德論，頁二〇—二一，臺灣中華書局。

注三：見顏氏家訓教子篇語。

例言

一、北齊黃門侍郎顏之推博學通聞，浮沈南北，飫嘗世味，廣接名流。既以身丁荼蓼，迭遭世變，因悟無才不足以立業成名，肆才又不足以保身全家，乃本見聞，條其法誡，成家訓二十篇以貽子孫。之推宣揚倫理，著意教育，言必有徵，理無虛設，故家訓向為士子禔身範俗之圭臬，整齊門內之準繩；且其中多志錄南北風土、時事資料，兼及聲音訓詁之學，廣羅古今文藝之談，故極具學術研究之價值。重以今之世，倫理失序，孝道凋零，治教育者，崇洋媚外，捨己田而耘人田，上下皆是，若不亟思振弊之道，將恐炎黃兒孫自斵本根，埋葬倫理，棄文化薪傳於萬古長夜矣，此所以研究家訓之微旨也。

二、顏之推始仕蕭梁，終於隋代，然是書向來唯題北齊。唐人修史，以之推入北齊書，其子思魯既纂父集，則家訓自必經其手整理，所題當本其父之志可知，今亦仍其舊稱。

三、此書自清趙曦明注、盧文弨補注後，訓釋始粲然備矣。民國以後，李詳、嚴式誨、劉盼遂、楊樹達、周祖謨等，相繼為之補注校證，破疑遺惑，頗有發明。爾後周法高、王利器二氏，復博采衆說，詳加徵引，發其隱奧，疏其疑滯，於是家訓詁釋乃瞭然昭晰矣。

四、本論文稱引家訓之文，以中華書局據盧文弨抱經堂本校刊之四部備要本為準，至於文義訓釋，則多參酌王利器之顏氏家訓集解，及其集解訂補，以其收錄完備，眉目清晰也。

五、本論文旨在董理探究顏氏家訓其書其理其文，故分別自其版本、思想、文學理論、散文藝術、價值影響申論之。唯不知古人之世，不可以妄論古人之文；不知古人之事，亦不可以妄論古人之是非，故首章列時代背景，次章述其生平事迹，庶幾有以知人論世而議文也。以下五章方爲家訓一書之核心探究。全文計分七章二十四節，約二十萬言。

六、本論文稱述版本之著錄，首朝代、元號、紀年，次處所，末著版本之類別，各項如有無法考知者，闕之。若朝代元號已知，而刊版之年未詳，則於元號下著一「間」字。凡刻書人之地望，皆表著之。

七、本論文凡涉及相關之地名，朝代年號，均注明當今地名及西元紀年，以便考索。

八、本論文之引文，除家訓逕稱篇名，正經、正史不另具作者名銜及卷次外，一律標明作者、書名、卷次、篇目名稱，以利讀者按覈。

九、本論文凡稱引成說，援用資料，一律於注釋中明標作者、書名、卷次、篇名、頁碼及出版書社名稱，以資檢索。

十、本論文之標點符號，概依常用習例行之。凡朝代年號、山川地名、人名謚號，一律於文字左側加標私名號「——」，書名篇目，則標書名號「﹏﹏」，各章節子目之標題，一律不加標號。

十一、本論文之參考書目及論文篇目殿於書末，其中書目之編次，首列顏氏家訓專著之屬，其次略據四庫全書總目之分類標準，依序臚列。各書之出版年月，一律以民國紀元爲準。論文篇目之編列，則依其性質，釐為顏氏家訓專論、史論、家庭倫理、文學評論、宗教、人生哲學及其他等六類，順次羅列。

三、雅姿學殖疏陋，不識時宜，撰成此編，難辭疏略，尚祈博雅君子，有以匡飭。

顏之推及其家訓之研究　目錄

自　序……一
例　言……五
第一章　波詭雲譎之時代背景……一
第一節　兵連禍結之政治環境……二
甲、侯景亂梁……二
乙、齊　亡……八
第二節　虛華無實之學術風氣……一四
甲、文教機構之慘澹經營……一五
乙、浮靡不實之士子習尚……一九
丙、競尚輕綺與南北交融之文風……二四
丁、訛俗字體之充斥……二九

第三節　光怪陸離之社會現象……三三
甲、佛教之盛行……三三
乙、道教與巫術之存留……三八
丙、侈靡浮蕩之社會風氣……四一

第二章　荼苦蓼辛之生平事迹……四九

第一節　孝義流芳之先世……五〇
甲、遠　祖……五〇
乙、父　兄……五三
第二節　顛沛流離之人生……五七
甲、喪父失怙之幼年……五七
乙、飽經烽火之一生……六〇
丙、淡泊自安之餘年……六九
第三節　克紹箕裘之子裔……七一
甲、子　輩……七一
乙、孫　輩……七二

第三章　顏氏家訓版本研究……七九

第一節　刻　本……八一

甲、單刻本……八一

一、宋孝宗淳熙七年嘉興沈揆刊定台州公使庫本……八一

二、元覆刊宋孝宗淳熙七年嘉興沈揆刊定台州公使庫本……八五

三、明憲宗成化年間建寧府同知續溪程伯祥刊本……八八

四、明武宗正德十三年顏如瓌刻本……九〇

五、明世宗嘉靖三年遼陽傅鑰刊冷宗元校本……九一

六、明神宗萬曆三年翰博顏嗣慎覆刊成化建寧本……九二

七、明神宗萬曆三年翰博顏嗣慎覆刊成化建寧本又一部……九四

八、清世宗雍正二年黃叔琳據養素堂刊本重刻節本……九七

九、清仁宗嘉慶二十二年澙寧顏邦城刊顏氏通譜本……九八

十、清德宗光緒元年湖北崇文書局刻本……九九

十一、清德宗光緒七年汗青簃刊本……九九

十二、清德宗光緒二十三年刊康熙五十八年高安朱軾評點本……一〇〇

十三、日本光格文化七年京師蔦西氏郎兵衛校定增刊本……一〇二

乙、叢書本……一〇四
一、明神宗萬曆年間程榮漢魏叢書覆刻顏志邦本……一〇四
二、明末武林何允中重編漢魏叢書刊本……一〇五
三、清高宗乾隆四十一年欽定四庫全書本……一〇六
四、清高宗乾隆四十二年欽定四庫全書薈要本……一〇九
五、清高宗乾隆五十六年金谿王謨漢魏叢書本……一〇九
六、清高宗乾隆年間歙縣鮑廷博知不足齋叢書本……一一〇
七、清高宗乾隆五十四年餘姚盧文弨抱經堂叢書新注本……一一二
八、民國十七年成都嚴氏孝義家塾叢書本……一一四
第二節　校注本……一一六
甲、校　本……一一六
一、明憲宗成化年間續溪程伯祥刊校宋七卷本……一一六
二、清高宗乾隆年間餘姚盧文弨精校本……一一六
三、清宣宗道光二十九年遵義鄭珍校本……一一八
四、清吳郡張紹仁校宋七卷本……一二〇
五、清海虞馮武校本……一二一
乙、注　本……一二二

一、清高宗乾隆年間烏程嚴樹蕚據抱經堂刻本臨徐鯤補注本……一二二
二、清仁宗嘉慶年間棲霞郝懿行據明程榮漢魏叢書本校注……一二三
三、民國興化李詳據抱經堂刊本補注……一二五
第四章　顏氏家訓思想研究……一三一
第一節　倫理思想……一三一
甲、家庭倫理思想……一三二
乙、社會倫理思想……一四五
第二節　教育思想……一五二
甲、論教育之意義……一五三
乙、論教育之方法……一五七
丙、論教育之內容……一六二
第三節　宗教思想……一七一
甲、論持戒……一七一
乙、論因果……一七四
丙、論宇宙……一七六
第四節　養生思想……一七九

甲、養生調息……一八〇
乙、藥餌小術……一八三
丙、知止避禍……一八六
第五章　顏氏家訓文學理論研究……一九七
第一節　文體略論……一九八
甲、文體原出五經説……一九八
乙、折衷古今論改革文體……二〇三
第二節　論文章功用……二〇五
甲、敷顯仁義……二〇六
乙、陶冶性靈……二〇八
第三節　論創作要則……二一〇
甲、論為文須才德學兼備……二一〇
乙、論文章創作之本末次第……二一五
丙、論修辭宜和易自然……二一九
丁、指　瑕……二二五
第四節　論詩要語……二二九

甲、論　靜……二二九
乙、論蕭散……二三一
丙、論清巧形似……二三三
第六章　顏氏家訓之散文藝術析論……二三七
第一節　褒善刺惡，茹古涵今……二三九
第二節　渾樸柔婉，慈愛動人……二四七
第三節　敘事雅潔，從容典正……二五五
第四節　論理顯附，辭直義暢……二六二
第五節　駢散相錯，鏗鏘有節……二六九
第七章　顏氏家訓之價值及影響……二七七
第一節　樹家訓文學之清範……二七八
第二節　闡音辭訓詁之廣衢……二八二
第三節　聚學術史料之珍藪……二八七
參考書籍及論文目錄……二九五

第一章 波詭雲譎之時代背景

引言

自中原沸騰以來，時運乖窮，祿去宮室，政出多門，衣冠道盡，黔首塗炭，綱紀自茲而頹，彝章因此而紊；斯代也，誠可謂波詭雲譎之世矣。之推生於斯，困於斯，咀痛茹哀，可謂窮矣；唯窮則變，變則通；之推於嬰憤忍酷之餘，猶能鎭定著述家訓二十篇，觀其中拳拳縈念者，仍爲守道崇德，讀書應世，不因世濯俗墜而溺其心，斯志也，實令人感佩；而其得以致此者，雖曰出自肝膽襟度，然則時代環境之滌盪與激奮，尤不容忽視。

本章擬從政治環境，學術風氣與社會現象三節論述之推所處之時代背景。之推生於梁武帝中大通元年（西元五三一年），約卒於隋文帝開皇十年（西元五九一年）後，爲求忠於之推生存之眞實背景，本章所論述之史實，概以此六十餘年爲準，至於思想與習尚之寖染，則不在此限。

第一節　兵連禍結之政治環境

自梁太清內釁以迄北周噬齊，政權更迭於疆場戎車之間，一人易鼎，九州播越，民生經濟因兵禍而潰敗，文藝命脈亦遭斲喪，洪儒碩彥，屢於一夕之間填陷坑壑，厥時之政局實啓人悲憫！

甲、侯景亂梁

侯景字萬景，朔方（今綏遠省南境）人，驍勇善騎，時懷朔鎮（今綏遠省五原縣）將葛榮兵變，景奉爾朱榮命爲先驅，因生擒葛榮而獲擢爲定州（今甘肅省武威縣西北）刺史。頃之，爾朱氏爲高歡所誅，景遂率衆降之，與歡善。歡死，子澄繼位，見景殘忍機詐並擁重兵，乃思奪回軍權，景忿而率兵更效西魏，西魏相宇文泰雖納景之降，然陰知景性凶狡殘暴，故受降如臨敵，且逐次收納景所擅之七州十三鎮，並示意景宣釋軍權；另，景自叛東魏後，高澄早遣大軍追討，侯景一時，兩遭東、西魏夾擊，窘急之下，乃遣使至梁求援，梁武帝不顧群臣反對而納之，遂植反叛之基。時爲梁武帝太清二年（西元五四八年）。之推觀我生賦云：

> 問我辰之安在，鍾厭惡於有梁。養傅翼之飛獸，子貪心之野狼。初召禍於絕域，重發釁於蕭牆。雖萬里而作限，聊一葦而可航。指金闕以長鎩，向王路而蹶張。勤王踰於十萬，曾

不解其搤吭。嗟將相之骨鯁，皆屈體於犬羊。武皇忽以厭世，白日黯而無光。既饗國而五十，何克終之弗康。嗣君聽於巨猾，每凜然而負芒。

之推謂梁武帝之納叛臣侯景，不啻引狼入室，將使貪狼入邑，擇人而食矣。時光祿大夫蕭介亦上表諫曰（注一）：

竊聞侯景以渦陽敗績，隻馬歸命，陛下不悔前禍，復敕容納。臣聞凶人之性不移，天下之惡一也。昔呂布殺丁原以事董卓，終誅董而為賊；劉牢反王恭以歸晉，還背晉以構妖，何者？狼子野心，終無馴狎之性，養虎之喻，必見飢噬之禍矣。侯景以凶狡之才，荷高歡卵翼之遇，位忝臺司，任居方伯，然而高歡墳土未乾，即還反噬。逆力不逮，乃復逃死關西；宇文不容，故復投身於我。陛下前者所以不逆細流，正欲比屬國降胡以討匈奴，冀獲一戰之效耳；今既亡師失地，直是境上之匹夫，陛下愛匹夫而棄與國，若國家猶待更鳴之辰，歲暮之效，臣竊惟侯景必非歲暮之臣，棄鄉國如敝屣，背君親如遺芥，豈知遠慕聖德，為江淮之純臣乎？

蕭介之諫一針見血，惜乎武帝不納其言，思借侯景軍力以討胡，因任景為大將軍，都督河南、北之軍事，復令侄蕭淵明自領五萬軍攻彭城（今江蘇省徐州市），欲以箝制東魏，並援侯景；孰料淵明全軍覆沒，且爲東魏所執。高澄遂以淵明爲質，離間侯景與梁武帝，景驚覺有異，乃詐爲東魏書以刺虛實，書云欲求貞陽侯淵明以易景，梁武復書應允曰：「貞陽旦至，侯景夕返。」景得書後，大怒，謂左右曰：「我固知吳老公薄心腸！」於是始爲反計，太清二年（西元五四八年）八月舉兵壽陽（今安徽省壽縣），直逼長江，又激梁宗室發釁，之推觀我生賦自注云：

> 武帝初養臨川王子正德爲嗣，生昭明後，正德還本，特封臨賀王，猶懷怨恨，徑叛入北而還，積財養士，每有異志也。

正德陰養死士，儲米積貨，景知其心有變，因致意正德，欲擁彼爲王，正德由是叛梁投景，一幕骨肉相殘，叔侄相殺之悲劇，於焉開始，觀我生賦志曰：

> 昔承華之賓帝，寔兄亡而弟及。逮皇孫之失寵，歎扶車之不立。閒王道之多難，各私求於京邑。襄陽阻其銅符，長沙閉其玉粒。遽自戰於其地，豈大勛之暇集。子既殞而姪攻，昆亦圍而叔襲。褚乘城而宵下，杜倒戈而夜入。行路彎弓而含笑，骨肉相誅而涕泣。周旦其猶病諸，孝武悔而焉及。

初，湘東王蕭繹娶徐妃，生方等。徐醜而妬，又多失行，繹疏之，故方等亦無寵；當蕭繹將討侯景也，遣使督河東王譽之糧衆，使者三反而譽三不從，方等乃自請討譽，其父蕭繹從之，使方等將精卒二萬，軍至麻溪（今湖南省長沙縣北），河東王譽將七千人擊之，方等軍敗溺死，湘東王喪子而不慟，面無戚容（注二），觀我生賦自注云：

> 孝元以河東不供船艎，乃遣世子方等為刺史，大軍掩至，河東不暇遣拒，世子信用群小，貪其子女玉帛，遂欲攻之，故河東急而逆戰，世子為亂兵所害。

蕭繹因反攻蕭譽，時邵陵王蕭綸致書於繹（注三），曰：

> 天時，地利，不及人和，況於手足肱支，豈可相害！今社稷危恥，創巨痛深，唯應剖心嘗膽，泣血枕戈，其餘小忿，或宜容貰，若外難未除，家禍仍構，料今訪古，未或不亡，夫征戰之理，唯求克勝，至於骨肉之戰，愈勝愈酷，捷則非攻，敗則有喪，勞兵損義，虧失多矣。

繹不爲所動，復書謂譽過惡不赦，日暮即征。

十月，侯景既渡秦淮，蕭正德率衆與景會，直抵臺城（建康有三城，中爲臺城，皇帝所居，西爲石頭城，禁軍駐屯之所，東爲東府城，宰相錄尚書事兼揚州刺史所居，亦有甲士守衛。）下，作長圍圍臺城以隔絕內外，又西陷石頭城，東取東府城，百道齊攻，晝夜不息，又引玄武湖水灌臺城，闕前御街，盡爲洪波所沒，翌年三月，臺城破。

初，臺城閉時，城內男女十餘萬，甲士十二萬餘，圍既久，人多身腫氣急，死者什八九，力能乘城者不及四千人，餘皆羸喘，橫尸滿路，不可瘞埋！景乃命卒燒積屍，病篤未絕者，亦聚而焚之，至於尚存者，景輒亂加毆捶，驅迫築土山，有疲弱未堪者，因殺以塡山，號哭動地。（注四）

城陷前，建康（今江蘇省南京市）士民之服食器用，爭尚豪華，糧無半年之儲，常資四方委輸；自景亂起，數月之間，人至相食，猶不免餓死，黔首貴冑，相與采草根、木葉、菱芡而食之，所在皆盡，死者蔽野（注五）觀我生賦云：

> 賊棄甲而來復，肆觜距之雕鳶，積假履而弒帝，憑衣霧以上天。用速災於四月，奚聞道之十年！就狄俘於舊壤，陷戎俗於來旋，慨黍離於清廟，愴麥秀於空廛；鼖鼓臥而不考，景鐘毀而莫懸；野蕭條以橫骨，邑闃寂而無烟。疇百家之或在，覆五宗而翦焉；獨昭君之哀奏，唯翁主之悲絃。

城陷，湘東王蕭繹始舉兵攻景，據之推自注云：

> 遣徐州刺史徐文盛領二萬人，屯武昌蘆州，拒侯景將任約。又第二子綏寧度方諸為世子，

拜中撫軍將軍郢州刺史，以威聲勢……以虞預為郢州司馬，領域防軍，以鮑泉為郢州行事，總攝州府也。……任約為文盛所困，侯景自上救之，舟艦弊漏，軍饑卒疲，數戰失利，乃令宋子仙、任約步道偷郢州，城預無備，故陷賊。……護軍將軍陸法和破任約於赤亭湖，景退走，大潰。

景既敗，與腹心數十人駕單舸走，於船中，景之妻舅羊鵾忽拔刀，謂景曰：「吾等爲王效力多矣，今至於此，終無所成，欲就乞頭以取富貴。」景未及答，已白刃交下，並以矟刺殺之。南州刺史徐嗣徽以鹽內景腹中，送其尸於建康，王僧辯傳其首於江陵（今湖北省江陵縣），暴尸於市（注六），之推自注觀我生賦曰：

既斬侯景，烹屍於建業市，百姓食之，至於肉盡齕骨，傳首荊州，懸於都街。

侯景之亂於簡文帝大寶三年（西元五五二年）三月平，十一月，蕭繹即位於江陵，是爲元帝，年號承聖。

初，景亂未平，元帝嘗稱臣於魏，即位以來，不復稱臣，且欲索回梁、益二州與襄陽之地，宇文泰則欲更取江、漢；時值蕭詧入朝西魏求援，宇文泰遂於承聖三年（西元五五四年）九月，命于謹、宇文護率步騎五萬，南侵江陵，蕭詧領兵助戰，十一月，西魏派精騎據江津，斷江路，江南援軍遂無從得渡，西魏乃築長圍攻城，城破，元帝被執，入東閣竹殿，命舍人高善寶焚古今圖書十四萬卷，歎曰：「文武之道，今夜盡矣。」帝見殺。魏更立梁王詧爲帝，居江陵東城，魏置防主備禦之。魏將于謹收府庫珍寶，盡俘王公以下及選百姓男女數萬口爲奴婢，分賞三軍，驅歸長安，小弱者皆殺之，得免者僅三百餘家，而人馬所踐及凍死者什二三（注七）。觀我生賦曰：

驚北風之復起，慘南歌之不暢。守金城之湯池，轉絳宮之玉帳。徒有道而師直，翻無名之不抗。民百萬而囚虜，書千兩而煙煬。溥天之下，斯文盡喪。憐嬰孺之何辜，矜老疾之無狀。奪諸懷而棄草，踣於塗而受掠。冤乘輿之殘酷，軫人神之無狀。載下車以黜喪，揜桐棺之藁葬。雲無心以容與，風懷憤而憀悢。井伯飲牛於秦中，子卿牧羊於海上。留釧之妻，人銜其斷絕；擊磬之子，家纏其悲愴。

詧所擁者既爲一「寡田邑而可賦，闕丘井而求兵。」（注八）之空城，俄而憂憤以卒。其後王僧辯、陳霸先於建康擁元帝子方智爲帝，是爲敬帝，未幾，霸先廢敬帝自立，梁亡。

自侯景之陷臺城，迄乎江陵淪陷，數年之際，朝聞鼓鼙，夕炤烽火，以至四海荒涼，禮樂道窮，民生凋敝，洵可哀也！

乙、齊亡

東魏孝靜帝武定七年（西元五四九年）八月，大將軍高澄遇刺殞命，弟高洋繼掌朝政，翌年五月，洋廢東魏孝靜帝元善自立，是爲文宣帝，建北齊政權，于時北齊物資富饒，農工繁榮，誠爲當時鼎立中原三國中之最富者，北齊書卷八後主紀魏徵嘗論曰：

觀夫有齊全盛，控帶遐阻，西苞汾、晉，南極江、淮，東盡海隅，北漸沙漠，六國之地，我獲其五，九州之境，彼分其四。料甲兵之衆寡，校帑藏之虛實，折衝千里之將，帷幄六奇之士，比二方之優劣，無等級以寄言。

惜乎前人沐雨櫛風所營之天下，後人竟無以守之，以至於亡，究其原因有二，一爲後主與幼帝之淫侈過度，愛狎庸豎，佞閹處當軸之權，婢媼擅回天之力，賣官鬻爵，亂政淫刑，遂致衆叛親離，土崩瓦解；次爲鮮卑貴冑擅權，欺凌漢人，巧奪豪取，搏噬無厭，名將貽禍，忠臣遭戮，五世之崇基，由是而爲人謀不臧所搖撼，終爲周所滅。

天保十年（西元五五九年）十月，文宣帝高洋殂，太子殷立，是爲廢帝，旋爲高湛所廢，湛自立爲帝，是爲孝昭帝，改元皇建，皇建二年（西元五六一年）十一月，帝殂，弟高湛立，是爲武成帝。

高緯爲武成長子，於法立爲太子，唯資稟懦劣，不得武成歡心，武成偏寵生性慧黠之高儼，嘗數意更立，以高緯體正居長，難於移易，故止，乃更封高儼爲琅琊王、大將軍等要職以償，儼由是驕恣自恃，終至率兵抗王。家訓教子篇云：

齊武成帝子琅邪王，太子母弟也，生而聰慧，帝及后並篤愛之，衣服飲食，與東宮相準，帝每面稱之曰：「此黠兒也，當有所成。」及太子卽位，王居別宮，禮數優僭，不與諸王等。太后猶謂不足，常以為言，年十許歲，驕恣無節，器服玩好，必擬乘輿，常朝南殿，見典御進新冰，鉤盾獻早李，還索不得，遂大怒，詢曰：「至尊已有，我何意無？」不知分齊，率皆如此，識者多有叔段、州吁之譏。

高儼卒時，年方十四。至乎後主高緯，資質凡庸無志度，始自襁褓，卽長于中宮嬪嫱之手，正人隔而善道閉，所履聞者，率皆不軌不物；朝士罕接，政事不親，一日萬機，悉委諸陸令萱、和士開、高阿那肱、穆提婆、韓鳳等諸凶族，任令其宰制天下，賣獄鬻官，亂政害人，而後主縱情於麗色淫聲之間，以爲帝王所當然，北齊書卷八後主紀魏徵論曰：

後主……以人從欲，損物益己。彫牆峻宇，甘酒嗜音，廛肆遍於宮園，禽色荒於外內，俾晝作夜，罔水行舟，所欲必成，所求必得。既不軌不物，又暗於聽受，忠信不聞，萋斐必入，視人如草芥，從惡如順流。

之推於觀我生賦中亦痛加指陳，文曰：

予武成之燕翼，遵春坊而原始。唯驕奢之是脩，亦佞臣之云使。惜染絲之良質，惰琢玉之遺祉。用夷吾而治臻，昵狄牙而亂起。

後主隆化二年（西元五七七年），授位幼主，年八歲，性懦不堪，人有視者，即遭忿責，朝中奏事者，雖三公令祿莫得仰視，皆略陳大旨，驚走而出（注九），至於宮苑犬馬聲色之費，則變本加厲焉。北齊書卷八幼主紀：

宮女寶衣玉食者五百餘人，一裙直萬疋，鏡臺直千金，競為變巧，朝衣夕弊。……增益宮苑，造偃武脩文臺，其嬪嬙諸宮中起鏡殿、寶殿、瑇瑁殿，丹青彫刻，妙極當時。又於晉陽起十二院，壯麗逾於鄴下。所愛不恆，數毀而又復。夜則以火照作，寒則以湯為泥，百工困窮，無時休息。鑿晉陽西山為大佛像，一夜然油萬盆，光照宮內。又為胡昭儀起大慈寺，未成，改為穆皇后大寶林寺，窮極工巧，運石填泉，勞費億計，人牛死者不可勝紀。御馬則藉以氈罽，食物有十餘種，將合牝牡，則設青廬，具牢饌而親觀之。狗則飼以梁肉，馬及鷹犬乃有儀同、郡君之號，故有赤彪儀同、逍遙郡君、凌霄郡君……犬於馬上設褥以抱之，鬬雞亦號開府，犬馬雞鷹多食縣幹。

如此淫侈，賦斂焉能不重，徭役焉得不繁，人力既殫，帑藏空竭，民不聊生矣。夫君主既已如斯奢靡不明，環伺左右之群小，亦隨勢掠奪；忠良被抑，邪佞見寵，文武在位者，其能廉潔自守之人已鮮，而鮮卑貴冑素恃其軍功兵權之重，欺凌漢族，淫虐百姓，由茲而生之胡漢衝突，益使如風中殘燭之齊祚，有朝不謀夕之憂！以杜弼上奏請除掠奪萬民之內賊爲說，北齊書卷二四杜弼傳云：

> ……弼又請先除內賊，卻討未寇。高祖問內賊是誰。弼曰：「諸勳貴掠奪萬民者皆是。」高祖不答，因令軍人皆張弓挾矢，舉刀按矟以夾道，使弼冒出其間，曰：「必無傷也。」弼戰慄汗流。高祖然後喻之曰：「箭雖注，不射；刀雖舉，不擊；矟雖按，不刺。爾猶頓喪魂膽。諸勳人身觸鋒刃，百死一生，縱其貪鄙，不可同循常例也。」

齊主既偏護勳貴，益使胡人凌漢，漢人嫉胡之狀加厲，資治通鑑卷一五七梁紀一三云：

> 歡每號令軍士……其語鮮卑則曰：「漢民是汝奴，夫為汝耕，婦為汝織，輸汝粟帛，令汝溫飽，汝何為陵之？」其語華人則曰：「鮮卑是汝作客，得汝一斛粟，一匹絹，為汝擊賊，令汝安寧，汝何為疾之？」

由高歡交相撫御夷、夏之語，可知胡、漢相爭之憂隱然存矣。

鮮卑既居優勢，則參與政權之漢族動輒遭受擯擠，誅殺之厄，如崔季舒、楊愔、祖珽諸人皆是，北齊書卷五〇韓鳳傳言：

> 鳳於權要之中，尤嫉人士，崔季舒等寃酷，皆鳳所為。每朝士諮事，莫敢仰視，動致呵叱，輒詈曰：「狗漢大不可耐，唯須殺却。」若見武職，雖廝養末品，亦容下之。

此外，鮮卑語亦儼然成爲優勢語言，北齊書卷二一高昂傳即載有高歡每申令三軍須常用鮮卑語，故有意仕進者，紛紛學習鮮卑語，家訓教子篇：

> 齊朝有一士大夫，嘗謂吾曰：「我有一兒，年已十七，頗曉書疏，教其鮮卑語及彈琵琶，稍欲通解，以此伏事公卿，無不寵愛。」

另由隋書經籍志有爲數不少之鮮卑語、鮮卑號令、國語（注一〇）、國語物名等鮮卑字書，可知漢人習鮮卑語以媚公卿之事，頗稱流行，據此亦得想見齊世之無恥貪緣，曲求物譽之人甚夥，然則，國無君子，何以國爲？少數疾風勁草之士，又亦多遭誅殺，如虎功彪炳之斛律光，便是一例。斛律光自結髮戎征，未嘗失律，深爲北周所慴憚，惜爲佞臣所陷，無罪無辜，竟見誅殄，朝野莫不痛惜，而北周聞光死大喜，赦其境內；滅齊之舉，已成竹在胸。家訓慕賢篇曰：

斛律明月，齊朝折衝之臣，無罪被誅，將士解體，周人始有吞齊之志，關中至今譽之，此人用兵，豈止萬夫之望而已哉！國之存亡，係其生死。

齊幼主承光元年（西元五七七年），周武帝宇文邕，北結突厥南連陳，一舉滅北齊，俘高緯、高恆、北齊亡，觀我生賦云：

信諂謀於公主，競受陷於姦臣，曩九圍以制命，今八尺而由人，四七之期必盡，百六之數溘屯。

嗚呼！齊自武成河清（西元五六一年）之後，逮于後主武平之末（西元五七六年），土木之功不息，嬪妃之選未止，物產無以給其求，河漢不能飽其欲，未見寖弱之萌，俄有土崩之禍，齊氏之亡，實由人之愆也！

第二節　虛華無實之學術風氣

學術也者，所以觀天地，察陰陽，弘人文，立綱紀是也，法乎此，足以正德，利用，厚生，是以古之王者，多能崇隆學術，以樹風聲，美教化，移風俗爲務。惜乎南北朝之際，兵戈不息，斯文掃地，帝王傾軋於政權爭鬬之中猶未遑，留心文雅者復有幾人？故南北朝之學術機構，誠屬慘澹經營，一旦政爭，則黌舍瓦解，生員潰散，苦辛鳩聚之圖籍文獻，且常遭波及焚燬！身處亂世之士人，除少數卓爾不群之人外，餘皆胸無挾持，徒翩翩濁世耳！言談則宗莊老而黜六經；行身則以放濁爲通，節信爲狹；仕進則以苟得爲貴，居正爲鄙；至於綴文屬句，則尚綺靡而輕敦厚；訛字俗體，充斥於世；學術浮靡無實極矣。

甲、文教機構之慘澹經營

立人建國，莫尚於尊儒；成俗化民，必崇於教學，崇禮建學，是列代之所修；尊經重道，爲百王所不易；而學術機構之妥善規制，又爲匯聚各方菁英於一堂之首務，梁武帝大同二年（西元五三六年）乃設士林館以延集學者，南史卷七梁武帝紀曰：

大同中，於臺西立士林館，領軍朱异、太府卿賀琛、舍人孔子袪等遞互講述。皇太子、宣城王亦於東宮宣猷堂及揚州廨開講。於是四方郡國，莫不向風。

武帝在位近五十載，制作禮樂，敦崇儒雅，自江左草創二百餘年，文物之盛，獨美於茲，故北齊高祖歡嘗言（注一一）：

江東復有一吳兒老翁蕭衍者，專事衣冠禮樂，中原士大夫望之以為正朔所在。

然則武帝溺於釋教，弛於刑典；留心俎豆，忘情干戚，有違王者文武遞用，德刑備舉之旨，以致悖逆萌生，釁禍滋擾，政權既遭顚覆，士林館亦告解體。

陳高祖永定元年（西元五五七年），梁國子博士沈文阿見陳主即位，輒棄官還鄉，陳主怒欲誅之，縛頸致於殿前，陳主視而笑曰：「腐儒復何爲者？」（注一二），知陳霸先蔑棄士人之一斑。三年，嘗置西省學士，有伎術者兼預焉（注一三）；陳世祖天嘉三年（西元五六二年），沈不害上書請立國學，書曰（注一四）：

梁太清季年，數鍾否剝，戎狄外侵……成均自斯墜業，瞽宗於是不脩……陛下繼歷升統……宜其弘振禮樂，建立庠序，式稽古典，紆迹儒宮，選公卿門子，皆入學，助教博士，朝夕講肄。使擔簦負笈，鏘鏘接衽，方領矩步，濟濟成林。如切如磋，聞詩聞禮，一年可以功倍，三冬於是足用。

陳世祖答欲「付外詳議，依事施行。」以「弘惜大體，殷勤名教。」（注一五）。

北齊之制，諸郡並立學，置博士助教授經，學生俱差逼充員，士流及豪富之家皆不從調，備員既非所好，墳籍固不關懷，又多被州郡官人驅使，縱有遊惰，亦不檢治，學宮虛荷四門之名，生員有闕四時之業，究其癥結，皆由上非所好之所致也（注一六）。

文宣帝天保元年（西元五五〇年），詔國子寺置生員，北齊書卷四文宣帝紀曰：

> 國子寺可備立官屬，依舊置生員，講習經典，歲時考試，其文襄帝所運石經，宜即施列於學館，外州大學，亦仰典司勤加督課。

迨乎後主武平三年（西元五七二年），更置文林館，北齊書卷四五文苑傳序曰：

> 後主雖溺於群小，然頗好諷詠……初因畫屏風，敕通直郎蘭陵蕭放及晉陵王孝式錄古名賢烈士及近代輕豔諸詩以充圖畫，帝彌重之。後復追齊州錄事參軍蕭慤、趙州功曹參軍顏之推同入撰次，猶依霸朝，謂之館客。放及之推意欲更廣其事，又祖珽輔政，愛重之推，又託鄧長顒漸說後主，屬意斯文。三年，祖珽奏立文林館，於是更召引文學士，謂之待詔文林館焉。

待詔文林館之學士，即從事御覽之編撰；唯文林館之設置，雖一時盛事，然考其創立之意，僅源於後主之畫屏風，錄黜詩爾；中雖經顏之推、蕭放等有心之士之奔走經營，然終亦不免濫竽充數；翌年，祖珽見黜，崔季舒等人禍起；文林館亦奄喪於政爭之中，而編就之御覽亦遭齊末之兵火延燒，遺散殆盡（注一七）。

除學術機構之迭興迭滅外，典籍屢罹火厄，亦為南北朝學術發展之隱憂。梁元帝蕭繹素好墳籍，四十載中，計得經籍八萬卷，其金樓子卷二聚書篇云：

> 得州民朱澹遠送異書……於江州江革家得元嘉前後書五帙……並是元嘉書紙，墨極精奇……又聚得元嘉後漢並史記、續漢、春秋、周官、尚書及諸子集等可一千餘卷……又使孔昂寫得前漢、後漢、史記、三國志、晉陽秋、莊子、老子、肘後方、離騷等合六百三十四卷，悉在一巾箱中，書極精細……吾今年四十六歲，自聚書以來，得書八萬卷。

元帝承聖元年（西元五五二年），侯景亂平，司徒王僧辯乃表送建康秘閣書冊八萬卷於江陵，區為經、史、子、集四部，各屬學士司校（注一八），三年（西元五五四年），西魏發兵伐梁，元帝尚於龍光殿述老子義，百官則戎服以聽；及魏師濟漢，梁軍潰敗，元帝乃命舍人高善寶焚古今圖書十四萬卷，恨讀書萬卷，尚且至此；以寶劍斫柱令折，歎曰：「文武之道，今夜窮矣。（注一九）魏將于謹等於煨燼之中，揀得書畫四千餘軸，送歸長安，然溥天之下，典籍盡喪。隋書卷四九牛弘傳曰：

衣冠軌物，圖畫記注，播遷之餘，皆歸江左，晉、宋之際，學藝為多，齊、梁之間，經史彌甚……及侯景渡江，破滅梁室，秘省經籍，雖從兵火，其文德殿內書史，宛然猶存，蕭繹據有江陵，遣將破平侯景，收文德之書及公私典籍，重本七萬餘卷，悉送荆州，故江表圖書，因斯盡萃於繹矣。及周師入郢，繹悉焚之於外城，所收十纔一二，此則書之五厄也。

自干戈迭興，中原橫潰，儒雅之道，飄忽欲墜；有志之士雖屢議創制國學黌舍，然學未十冬，人未足用，即已奄忽廢置，厥時鄉里莫或開館，公卿罕通經術，朝廷儒士，獨學而弗肯教衆，後生孤陋，擁經而無所講習，學術之道，徒取文具而已。

乙、浮靡不實之士子習尚

世家大族嘗爲江左命脈之所繫，當其盛也，豪門子弟多能劬勤學業，文史兼美，且孝德可稱，既得齊政軌俗，亦可彰化率民；迨乎梁世，風俗日澆，中原冠帶子弟乃多秉性疏狂，惰於接物，重以當世仕宦，多襲中正取士，權歸著姓，雖有州重郡崇，鄉豪專典授薦之置，然多數選舉之取，唯以官婚冑籍爲先，鮮考才德，勉學篇云：

> 梁朝全盛之時，貴遊子弟，多無學術，至於諺云：「上車不落則著作，體中何如則秘書。」無不熏衣剃面，敷粉施朱，駕長簷車，跟高齒屐，坐棊子方褥，憑斑絲隱囊，列器玩於

左右，從容出入，望若神仙。

此輩之風采儀容，縱望之儼若神仙，然不學無術，腹笥儉甚，酬唱文藝，則倩人賦詩；明經求第，乃顧人答策，名實篇言：

有一士族，讀書不過二、三百卷，天才鈍拙，而家世殷厚，雅自矜持，多以酒犢珍玩，交諸名士，甘其餌者，遞共吹噓。朝廷以為文華，亦嘗出境聘。東萊王韓晉明篤好文學，疑彼製作，多非機杼，遂設讌言，面相討試，竟日歡諧，辭人滿席，屬音賦韻，命筆為詩，彼造次即成，了非向韻。衆客各自沈吟，遂無覺者。韓退歎曰：「果如所量。」

貴遊襲先人之蔭，原可平步青雲，翊成鴻業，以衞宗社，然置經世濟民之業於度外，唯知塗粉點朱，憑枕倚案，臥談玄虛，當彼之時，誠逍遙快意也，一旦繁華散盡，戰亂潛至，此等膚脆骨柔之驕貴，往往不堪行步，倉猝而死（注二〇），勉學篇慨然指陳：

及離亂之後，朝市遷革，銓衡選擧，非復曩者之親，當路秉權，不見昔時之黨。求諸身而無所得，施之世而無所用。被褐而喪珠，失皮而露質，兀若枯木，泊若窮流，鹿獨戎馬之間，轉死溝壑之際。當爾之時，誠駑材也。

由於世族豪門多位居要津，且又矜尚風雅，樂與文人雅士交遊，故尚華無實之風氣，亦波及於一般文士，即以婚姻爲例，當時士人爲求晉身，乃有厚結姻援，奔馳遠請之事，治家篇言：

> 近世嫁娶，遂有賣女納財，買婦輸絹，比量父祖，計較錙銖，責多還少，市井無異，或猥壻在門，或傲婦擅室，貪榮取利，反招羞恥。

又省事篇亦曰：

> 齊之季世，多以財貨託附外家，諠動女謁，拜守宰者，印組光華，車騎輝赫，榮兼九族，取貴一時。

不讀經書，不涉世務，攀炎附勢，便得一階半級，當時之虛靡無實之士人風氣亦已甚矣，故鄴下有諺云：「博士買驢，書卷三紙，未有驢字。」（注二一）博士尚且如此，其餘文士之腹無點墨，亦可想見，勉學篇云：

> 江南閭里間，士大夫或不學問，羞為鄙朴，道聽塗說，強事飾辭，呼徵質為周鄭，謂霍亂為博陸，上荊州必稱陝西，下揚都言去海郡，言食則餬口，道錢則孔方，問移則楚丘，論

婚則宴爾，及王則無不仲宣，語劉則無不公幹，凡有一、二百件，傳相祖述，尋問莫知原由，施安時復失所。

如此鄙野之士，除品藻古今，若指諸掌外，其餘無所堪能；如建康令王復，性雅而懦，嘗見馬嘶歇陸梁，震懾惶惑，顧謂人曰：「正是虎，何故名爲馬乎？」（注二二），斯世文人之無用也至此。其餘讀書之流者，亦但尚虛談，鮮涉世務，常爲武夫俗吏所詆，勉學篇言：

世人讀書者，但能言之，不能行之，忠孝無聞，仁義不足，加以斷一條訟，不必得其理，宰千戶縣，不必理其民，問其造屋，不必知楣橫而梲豎也；問其為田，不必知稷早而黍遲也，吟嘯談謔，諷詠辭賦，事既優閒，材增迂誕，軍國經綸，略無施用。

而南北朝之士子，崇尚莊、老、易三玄，談玄論虛，遞相誇尚，景附草靡，崇貴虛無，綺靡輕薄，風俗日澆，亡國先兆，厥在茲乎！時雖亦有遠見之士，謂此將悖禮傷教，傾覆中朝，然大勢所趨，衆人方自以爲高妙，以爲非此不達，則時俗安能獨違？另喪亂迭興，避世消極之玄妙學理，正足以慰安心靈，故談玄論虛之風，竟愈演愈烈。南史卷三〇何敬容傳記梁武帝太清元年（西元五四七年）：

簡文帝頻於玄圃自講老、莊二書，學士吳孜時寄詹事府，每日入聽，敬容謂孜曰：「昔晉氏喪亂，頗由祖尚玄虛，胡賊遂覆中夏，今東宮復襲此，殆非人事其將為戎乎？」

勉學篇亦言：

洎於梁世，茲風復闡，莊、老、周易，總謂三玄。武皇、簡文躬自講論。

即如梁元帝蕭繹雖謂「道家虛無為本，因循為務，中原喪亂，實為此風。」，然亦苦於目不見睫，自溺流俗，勉學篇載：

元帝在江、荊間，復所愛習，召置學生，親為講授，廢寢忘食，以夜繼朝，至乃倦劇愁憤，輒以講自釋。

所謂上有所好，下必趨焉，上下交相論玄，縱有逆挽狂瀾之士，亦慨於習染已深，唯有徒呼奈何！

夫君子讀書，本宜資學以軌物濟民，弘風正俗；唯自侯景亂梁以降，兵革相尋，戰亂頻仍，士子動輒罹禍見誅，於是釋教，老、莊等避世之學大昌，且同為清談之助。又，厥時之選薦取士，多準乎冠紳甲冑之高卑，遂有士人為致官階而奔競婚援成俗，迹涉便佞，竟不以為恥！厥時縱然有歲寒貞節之士！但世風崩頹，難挽狂瀾，所謂大厦將頹，其一木所能支哉！

丙、競尚輕綺與南北交融之文風

夫文律運周，隨世更迭；質文移易，繫乎時變。自梁武帝中大通三年（西元五三一年）迄乎隋文帝開皇中年（約西元五九二年）之一甲子間，文藝風尚承謝朓、沈約等之聲律說，競務聲畫，乃爭一字之奇，競一韻之巧；連篇累牘，不出月露之形；積案盈箱，盡是風雲之狀（注二三），至於文章之情志，反遭冷落；異端叢至，弊病百生。是以歷來之論文學史者，多以「浮靡」喻此時期之文風！然則斯世亦不乏質樸之文，此以朔北所作爲多，唯自江陵城滅，南士北徙，江左輕綺與朔北沈雄之文風，兩相交會，亦屬文苑要事也（注二四）。

自齊武帝永明十一年（西元四九三年）沈約、謝朓、周顒等識聲韻，以平上去入爲四聲以來，至是文章轉拘聲韻，彌爲麗靡；梁承齊緒，變其本而加厲，重以帝王崇隆，其風大扇，南史卷五〇庾肩吾傳載簡文帝與湘東王繹書論曰：

比見京師文體，儒鈍殊常，競學浮疎，爭事闡緩。……既殊比興，正背風、騷。若夫六典三禮，所施則有地，吉凶嘉賓，用之則有所，未聞吟詠情性，反擬內則之篇；操筆寫志，更模酒誥之作。遲遲春日，翻學歸藏……故玉徽金銑，反為拙目所嗤，巴人下里，更合郢中之聽，陽春高而不和，妙聲絕而不尋。竟不精討錙銖，覈量文質，有異巧心，終媿妍手。是以握瑜懷玉之士，瞻鄭邦而知退；章甫翠履之人，望閩鄉而歎息。詩既如此，筆又如之。徒以煙墨不言，受其驅染，紙札無情，任其搖襞。甚矣哉，文之橫流，一至於此。

蕭綱暢論爲文當精討錙銖，追尋妙聲；若夫經、史風格之文，了無篇什之美，質不宜慕，彼且囑蕭繹當自任文學領袖，追慕謝朓、沈約之詩；任昉、陸倕之筆，以其爲文章之冠冕，述作之楷模。東宮一呼，如響斯應，文苑筆區，爭馳新奇，故結藻清英，流韻綺靡，北齊書卷四五文苑傳曰：

江左梁末，彌尚輕險，始自儲宮，刑乎流俗，雜沾灃以成音，故雖悲而不雅……梁時變雅，在夫篇什，莫非易俗所致，並為亡國之音。

又隋書卷三五經籍志亦曰：

梁簡文之在東宮，亦好篇什，清辭巧製，止乎衽席之間，雕琢蔓藻，思極閨闈之內，後生好事，遞相放習，朝野紛紛，號為宮體，流宕不已，訖于喪亡。

夫文章者，情性之風標，神明之律呂是也；聖人仰觀玄象，俯察時變而著文，在啓悟後生：文章之道，在明乎天人之際是也；若乃止乎衽席，思極閨闈，無寧貧血失志之人，無所堪用，故世譏爲「亡國之音」矣。家訓文章篇云：

文章當以理致為心腎，氣調為筋骨，事義為皮膚，華麗為冠冕。今世相承，趨末棄本，率多浮豔。辭與理競，辭勝而理伏；事與才爭，事繁而才損。放逸者流宕而忘歸，穿鑿者補綴而不足。

梁亡，南士率多北遷，餘則滯留於陳。陳自世祖以來漸崇文學，文帝雅重儒術，愛悅文義，爰及後主，亦致力汲引文士，惜率多趨於浮豔，與梁之宮體文學無異，據陳書所載（注二五），後主嘗以宮人袁大捨等爲女學士，時僕射江總，雖爲宰輔，不親政務，日與都官尚書孔範等文士十餘人，侍宴後庭，謂之狎客。使諸妃嬪及女學士，與狎客共賦詩，采其尤麗者，被以新聲。夫以經世之文章，淪爲淫褻之工具，無怪乎南史稱其「風流息矣。」幸其臣下如徐陵、姚察、顧野王、周弘讓之流，並蹈履清直，文質彬彬，又挽頹風之澆，且規大雅之正，而開古文之先聲。

北齊文藝頗盛，鄴京之下，英髦儁秀，濟濟一朝，如邢卲、魏收、劉逖、樊遜、祖逖、顏之推、盧思道等，皆爲一時之選，然其中有世居北土者，亦有南士北徙者，文風好尚，頗有南北之異，隋書卷七六文學傳曰：

江左宮商發越，貴於清綺；河朔詞義貞剛，重乎氣質；氣質則理勝其詞，清綺則文過其意；理深者便於時用，文華者宜於詠歌，此其南北詞人得失之大較也。

夫南方水土和柔，人情委婉，形諸文章，則貴乎清綺，而失之浮淺；北方山川深厚，人性質樸，發爲篇章，則重乎氣質，而弊於訛鈍；自南人入北，大噓錯采鏤金之文，北人亦有更慕南方綺文者，北齊書卷三七魏收傳曰：

魏收，字伯起……鉅鹿下曲陽人也。……收每議陋邢卲文。卲又云：「江南任昉，文體本疏，魏收非直模擬，亦大偷竊。」收聞乃曰：「伊常於沈約集中作賊，何意道我偷任昉？」

沈約、任昉爲江左文章之大宗，緣魏收、邢卲之交責，可窺部分北人之著述，已見易弦更張之迹。就南士而言，自江陵城破，梁祚告終，南士飽經播越奔亡之苦，比入朔北，目所接者，盡爲山川質重之氣象；日與遊者，亦多貞固慷慨之北士；所謂「文變染乎世情，興廢繫乎時序。」（注二六），向以穠麗煥采見著之江左文藝，亦受陶染，滌去浮華之習，更以悲壯豪氣之文；如庾信未入關前，作品多浮夸；入關後，筆意沈渾蒼茫，其詠懷一七云：

日晚荒城上，蒼茫餘落暉。都護樓蘭返，將軍疏勒歸。馬有風塵氣，人多關塞衣。陣雲平不動，秋蓬卷欲飛。聞道樓船戰，今年不解圍。

是以杜甫言庾信「庾信平生最蕭瑟，暮年詩賦動江關。」（注二七）；又云「庾信文章老更成，凌雲健筆意縱橫。」（注二八），此外，王褒、顏之推亦是流寓北朝之南士，文風已受北土融合，轉趨剛健沈鬱，如之推從周入齊夜度砥柱之作，辭藻清麗，對仗工整，雖尚存齊，梁餘習，然風格與內容已轉趨蒼茫質重（注二九）。

爰逮齊後主武平（西元五七〇年），政乖時蠹，唯務藻思之美，放肆淫聲，史譏為「亡國之音」（注三〇）。周氏吞齊，輕靡綺豔之文，仍扇於關右；蘇綽乃倡言古文，力矯時俗，粃糠晉、魏；憲章虞、夏。（注三一）周書卷二二柳慶傳曰：

> 尚書蘇綽謂慶曰：「近代以來，文章華靡，逮于江左，彌復輕薄。洛陽後進，祖述不已。相公柄民軌物，君職典文房，宜製此表，以革前弊。」慶操筆立就，辭兼文質。綽讀而笑曰：「枳橘猶自可移，況以才子也。」

楊堅篡周，隋文踐祚，益思斲華為樸，乃發號施令，務去浮華，隋書卷六六李諤傳曰：

> 江左、齊、梁，其弊彌甚，貴賤賢愚，唯務吟詠，遂復遺理存異，尋虛逐微，競一韻之奇

，爭一字之巧，連篇累牘，不出月露之形；積案盈箱，唯是風雲之狀；世俗以此相高，朝廷據茲擢士；祿利之路既開，愛尚之情愈篤……及大隋受命，聖道聿興，屏出輕浮，遏止華偽，自非懷經抱質，志道依仁，不得引預搢紳，參廁纓冕。

開皇四年（西元五八四年），普詔天下，凡公私文翰，並宜實錄。時有泗州刺史司馬幼之，以文表華豔，付有司治罪，自是，公卿大夫莫不鑽仰墳籍，棄絕華綺（注三二）而開唐代文學之廣衢。

夫文者，所以立言明志也；古云登高能賦，山川能祭，師旅能誓，喪紀能誄，作器能銘，則可以爲大夫（注三三），可知文之爲用也切矣！若南北朝之際則不然，篇章輕薄，朋黨求譽；周、孔之說早置度外，不復入耳，指儒業爲古拙，用詞賦爲君子，故文筆日繁，其政日亂，幸賴明君賢士，驚其隳頹而立法振弊起衰，遂能大弘文運於競尚輕綺之會。

丁、訛俗字體之充斥

南北朝之世，時易風移，文字亦苟趨約易，致篆形謬錯，隸體失眞，俗學鄙習，復加虛巧；談辯之士，又以意說炫惑迷世，遂難釐改，乃曰追來爲歸，巧言爲辯，神蟲爲蠶，或自反爲歸，文子爲字，不見爲罷，美色爲豔，□王爲國，皆流俗所撰，欠畫加點，應三反四，洵爲學術流佈之憂（注三四）。家訓雜藝篇曰：

晉、宋以來，多能書者。故其時俗，遞相染尚，所有部帙，楷正可觀，不無俗字，非為大損。至梁天監之間，斯風未變，大同之末，訛替滋生。蕭子雲改易字體，邵陵王頗行偽字；朝野翕然，以為楷式，畫虎不成，多所傷敗。至為一字，唯見數點，或妄斟酌，遂便轉移。爾後墳籍，略不可看。北朝喪亂之餘，書迹鄙陋，加以專輒造字，猥拙甚於江南。乃以百念為憂，言反為變，不用為罷，追來為歸，更生為蘇，先人為老，如此非一，偏滿經傳。

夫文字者，爲典籍之根本也；自梁武帝大同（西元五四六年）以降，民間所通行之字體，已趨約易，書迹鄙陋猥拙，此本宜由官府釐定正體，以頒布天下，使朝野共遵；未料時主更造新字，傷敗字體，致令天下翕然從俗，經籍書牘，滿紙訛替，紕繆叢生，爲學術流衍之病，南史卷三〇何敬容傳載武帝宰相何敬容亦書俗字，文曰：

其署名「敬」字，則大作「茍」，小為「文」；「容」字大為「父」，小為「口」。陸倕戲之曰：「公家『茍』既奇大，『父』亦不小。」敬容遂不能答。

足見當世以「茍」爲「狗」，以从「羊」之「茍」爲从「艸」之「苟」，其不講字學也至此，家訓書證篇又云：

自有訛謬，過成鄙俗，「亂」旁為「舌」，「揖」下無「耳」，「黿」、「鼉」從「龜」，「奮」、「奪」從「雚」，「席」中加「帶」，「惡」上安「西」，「鼓」外設「皮」，「鑿」頭生「毀」，「離」則配「禹」，「壑」乃施「豁」，「巫」混「經」旁，「皋」分「澤」片，「獵」化為「獦」，「寵」變成「竉」，「業」左益「片」，「靈」底著「器」，「率」字自有「律」音，强改為別；「單」字自有「善」音，輒析成異，如此之類，不可不治。……春秋說以人十四心為德，詩說以二在天下為酉，漢書以貨泉為白水真人，新論以金昆為銀，國志以天上有口為吳，晉書以黃頭小人為恭，宋書以召刀為邵，參同契以人負告為造：如此之例，蓋數術謬語，假借依附，雜以戲笑耳。

凡此皆辭淺會俗，穿鑿附會，不足以言六書之義也，故有小學家致力改易訛字，如西魏文帝大統十二年（西元五四六年），令學士刊定古今文字，周書卷四七趙文深傳曰：

> 西魏宇文泰以隸書紕繆，命丞相法曹參軍趙文深與黎季明、沈暇等依說文及字林刊定六體，成一萬餘言，行於世。

又東魏孝靜帝武定四年（西元五四六年）李鉉亦嘗校正訛字，北齊書卷四四李鉉傳曰：

鉉以去聖久遠，文字多有乖謬，感孔子必也正名之言，乃喟然有刊正之意，於講授之暇，遂覽說文，爰及倉雅，刪正六藝經注中謬字，名曰字辯。

唯斯世之鄙俗字特多，若盡依說文、倉雅改者，恐將使人不識，徒然駭俗驚世爾，且以漢人碑版流傳之字而言，亦多互異，恐未能使之盡遵說文，宜「隨代損益」、「考校是非」，方爲通達識變，書證篇云：

> 世間小學者，不通古今，必依小篆，是正書記；凡爾雅、三蒼、說文，豈能悉得蒼頡本指哉？亦是隨代損益，互有同異。西晉已往字書，何可全非？但令體例成就，不為專輒耳。考校是非，特須消息。至如「仲尼居」，三字之中，兩字非體，三蒼「尼」旁益「丘」；說文「尸」下施「几」：如此之類，何由可從？古無二字，又多假借，以中為仲，以說為悅，以召為邵，以閒為閑：如此之徒，亦不勞改。

文字者，六藝之宗；王教之始，前人所以垂今，今人所以識古，故孔子曰：「必也正名乎！」名若謂書字，斯亦名正則言順，言順則事成之理。文字既爲典籍之根本，則士大夫通曉文字，固屬所宜，能識字，方能正文曹尺牘；能識字，方能著述文章，否則，將致世人戲笑矣！唯梁末、齊、周之世則有異，文字書迹訛替叢生，重以王公更造新字，取會流俗，益令朝野翕然而從；而部分小學之士，爲矯時弊，乃依說文、三蒼、爾雅正俗，泥古守舊，不通古今，罔知通變，難致約定俗成之效；故斯代之文字也，疏略訛謬，不足以六書論之也。

第三節　光怪陸離之社會現象

自梁武帝太清政亂以迄隋文帝開皇之數十年間，歷梁、齊、周、陳、隋五代相易，斯代之黎庶也，生當傾側擾攘之際，動輒播越戎馬，羈旅秦、吳，大江以南者，踵晉、宋之遺風，奢靡綺麗；大江以北者，民控弦椎髻，擁毡飲酪；南北異俗，變會相雜矣！緣夫世難沈深，人靈殄瘁，故嬰憤忍酷之餘，多寄意宗教，以求立命，此佛教、道教之蓬勃興展也！雖云人道易行，天道難測，然則斯世之崇信宗教也，有其身不由己之慟矣，孰忍薄之乎？

甲、佛教之盛行

夫人道之所宜行，近而易曉之理也，苟非是理，則必忽而不務。我中華民族原爲以農立本之國，其人道之所宜，厥爲勤儉、和順，與夫人倫之序，至乎鬼神之理，幽渺難測，則罕言之，故先王設教，本乎人事，折之中道，上天之命，略而罕言；方外之理，因所未說，是以孔子罕言天道，嘗曰：「未知生，焉知死？」又曰：「未能事人，焉能事鬼？」（注三五）是也。唯自胡羯亂華，洛京傾覆以來，時局板蕩，民運乖舛，黎民衆庶輾轉於苛賦重役與夫饑饉凶荒之中，一旦執政者啓釁戰火，則人民將慘遭戰火蹂躪，上無以奉父母，下無以養兒女，人生至此，孰能無恨？無惑？無悔乎？而斯時最易親近者，厥屬慈悲之佛，亦唯有以吉凶禍福證因果之釋教，得安撫悲愴苦痛之靈魂。而佛教之流佈，不唯衍於民間，王室權貴多篤信佛陀，如四次捨身同泰寺之武帝蕭衍，信重釋門，嘗制涅槃、大品、淨品、三慧與諸經義記數百卷（注三六），聽覽餘暇，即於重雲殿及同泰寺講說，每講說，名僧碩學四部之聽衆萬餘人，由資治通鑑卷一五九載梁武帝中大同元年（西元五四六年）三月，幸同泰寺一事，可見蕭衍耽於內教之深，文曰：

上幸同泰寺，遂停寺省，講三慧經，夏四月丙戌，解講，大赦，改元。是夜，同泰寺浮圖災，上曰：「此魔也，宜廣為法事。」群臣皆稱善。乃下詔曰：「道高魔盛，行善障生，當窮茲土木，倍增往日。」遂起十二層浮圖；將成，值侯景亂而止。

浮屠者，淨覺之意也，言滅穢成明，道爲聖悟。凡其經旨，大抵言生生之類，皆因行業而起。就黎民而言，戎車屢動，非死於役，即卒於饑，行號巷哭，叫訴無所，現世之苦難既無由得免，唯信三世因果之說以釋憾。三世者，過去，當今與未來，今生之災厄，緣乎前世之孽業；欲求來世平安得福，唯皈依三寶，修練今生，蓋因爲善爲惡，必有報應，漸積善業，陶冶粗鄙，經無數形，澡練神明，乃得致福。另釋教稟持功濟大千，拯度億流之懷，故時有齋會，佈施之舉，此類賑濟工作，撫卹數以萬計之飢民，既惠流塵境無數，芸芸男女乃相率禮佛也。魏書卷一一四釋老志曰：

僧祇之粟，本期濟施，儉年出貸，豐則收入。山林僧尼，隨以給施，民有窘弊，亦卽賑之。

又曰：

聽苟子等還鄉課輸，儉乏之年，周給貧寡。

涼州軍戶趙苟子等二百家為僧祇戶，立課積粟，擬濟飢年，不限道俗，皆以拯救。……請

此外，時主崇信佛門者，爲報神恩，並倡釋教，多有種種獎惠寺僧之舉，諸如僧尼之免徭役，寺廟資產之免課稅等，遂有心存僥倖之民，假慕沙門，實避調役；於是民多絕戶，而爲沙彌；形像塔寺，所在千萬；所謂生不長髮，便謂爲道，塡街塞巷，盡爲僧侶。續高僧傳卷八釋法上傳曰：

昭玄一曹，純掌僧錄，以沙門法上為大統，令史員置五十餘人，所部僧尼二百餘萬，四萬餘寺，咸稟風教，齊主築壇具禮，尊為國師，布髮於地，令上統踐之升坐，后妃重臣，皆受菩提戒。

又據魏書卷一一四釋老志所計，僧尼大衆二百萬，寺三萬有餘。長此以往，稅收銳減，徵役無人，已漸爲識者所憂。此外佛寺之興繕，功費不少，又屢爲一切齋會，施物動至萬計，百姓疲於土

木之功；金銀之價，復因之踴上，削奪百官事力，費損庫藏，兼曲賫左右，反對之聲益高。北齊書卷四五樊遜傳載文宣帝制詔問曰：

自祖龍寢迹，劉莊感夢，從此以後，紛然遂廣。至有委親遺累，棄國忘家，館舍盈於山藪，伽藍遍於州郡。……朕實惑焉，乃有緇衣之衆，參半於平俗；黃服之徒，數過於正戶。所以國給為此不充，王用因茲取乏。

僧徒既汜濫成衆，其中亦必雜有釋氏之糟糠，法中之社鼠，所謂「像塔纒於腥臊，性靈沒於嗜慾，眞僞混居，往來紛雜。」（注三七），至此，排佛，滅佛之論，益見高漲，南史卷七〇郭祖深傳曰：

都下佛寺五百餘所，窮極宏麗。僧尼十餘萬，資產豐沃。所在郡縣，不可勝言。道人又有白徒，尼則皆畜養女，皆不貫人籍，天下戶口幾亡其半。而僧尼多非法，養女皆服羅紈，其蠹俗傷法，抑由於此。請精加檢括，若無道行，四十已下，皆使還俗附農。罷白徒養女，聽畜奴婢。婢唯著青布衣，僧尼皆令蔬食。如此，則法興俗盛，國富人殷。不然，恐方來處處成寺，家家剃落，尺土一人，非復國有。

郭祖深為梁朝良吏，彼斥責浮屠害政，桑門蠹俗，良有以也。昔如來闡教，多依山林，今此僧徒，乃戀棧城邑，且人心不同，善惡有異，芸芸僧尼，固有栖心真趣，道業清遠者，然外假法服，內懷悖德者，侵奪細民，廣佔田宅，諸如此徒，宜慎辨涇、渭。另有學士指釋僧多以茫昧之言惑衆，又懼之以阿鼻地獄之苦，誘之以虛誕天堂之樂，至使兵挫於行伍，吏空於官府，粟罄於惰游，貨殫於土木，亟須黜之，遂有滅佛事件。周書卷六武帝紀曰：

> 明日出勑，二教俱廢，經像悉燬，罷沙門、道士，並令還俗。並禁諸淫祀，非祀典所載者盡除之，於是國境僧道反服者二百餘萬。

周武帝滅齊，亦平齊佛教，廣弘明集卷一〇云：

> 周主以是年春東平齊，齊召前修大德並赴殿集。周主昇御座序廢立義云：「……愚民響信，傾竭珍財，廣興寺塔，既虛引費，不足以留。凡是經像，悉皆廢滅。父母恩重，沙門不敬，勃逆之甚，國法豈容！並退還家，用崇孝始。」……時魏齊東川佛法崇盛，見成寺廟出四十千，周主並賜王公充為第宅。五衆釋門減三百萬，皆復軍民，還歸編戶，融刮佛像，焚燒經教，三寶福財，簿錄入官，登即賞賜，分散蕩盡。

自周武滅佛之後，佛教元氣大傷，然舉世猶自滔滔，苦難仍未平息，故人心仍多蘄嚮佛陀；唯當世之釋教也，平心論之，鮮能知佛之作用者，多謂事佛可以求福，號則取諸寺名，詔則用佛之語，人則以僧爲名，「僧虔」、「佛起」、「僧朗」、「曇生」、「曇亮」、「曇慶」之名甚夥，噫！斯世也，幾若無事可以離佛矣！

乙、道教與巫術之存留

道教源自神仙方士之說，與夫陰陽讖緯之論，信徒脩持之目的，在求白日飛昇，爲大羅神仙，仙人長生不老，壽無窮已，與天地相齊（注三八），其生活「坐臥紫房，咀吸金英，曄曄秋芝，朱華翠莖，晶晶珍膏，溶溢霄零，治飢止渴，百痾不萌，逍遙戊己，燕和飲平，拘魂制魄。」（注三九）且骨塡體輕，能策風雲以騰虛，並混輿而永生也，又能內疾不生，外患不入（注四〇），故甚爲人主所好，如北齊書載齊文宣帝令諸術士合成「九轉金丹」，服之三日內即可白日飛昇，唯文宣帝置諸玉匣之內，不忍即時服用，云：「我貪世間作樂，不能即飛上天，待臨死時取服。」（注四一），此外道教以符咒爲人驅魔降妖；設章醮符籙消災度厄，爲人祈福；以符水爲人治病，近似商、周之巫師。

齊、梁禪代之際，武帝伐至建康，兵集新林，當代道教巨擘陶弘景，遣弟子戴猛之迎道奉表，援引圖讖，以「刀」、「水」、「木」合成「梁」字，令弟子進之，武帝甚喜，由是恩禮益篤，書問不絕，冠蓋相望，且爲武帝合成二丹，於中大通初年（西元五二九—五三〇年）獻之，一名善勝，一名成勝，並爲佳寶，南史卷七六隱逸傳載陶弘景事迹曰：

弘景既得神符祕訣，以為神丹可成，而苦無藥物。梁主給黃金、朱砂、曾青、雄黃等。後合飛丹，色如霜雪，服之體輕。及梁主服飛丹有驗，益敬重之。每得其書，燒香虔受。……國家每有吉凶征討大事，無不前以諮詢，月中常有數信，時人謂為山中宰相。

江南時主依賴道教如斯虔敬，北朝亦若是。北齊書卷八幼主紀曰：

每災異寇盜水旱，亦不貶損，唯諸處設齋，以此為脩德，雅信巫覡，解禱無方。

又道術之士既諳符水、咒禁、陰陽曆數，與夫天文、藥性無不通解，乃得資以爲治病之術，且厥時之醫療保健設施不良亦未普及，若遭逢戰事，必有慘重之傷亡，與因腐屍而生之瘟疫惡疾之侵害，民衆爲此多求助於巫覡或道士。赤松子章曆卷四載斷亡人復連章（注四二）云：

……「某今月某日，染病困重，夢想紛紜，所向非善；尋求算術云，亡某為禍，更相復連，致令此病，連綿不止。恐死亡不絕，注復不斷，闔家惶怖，恐不生全。」……伏乞太上老君、太上丈人、天師君門下主者，賜為分別，上請本命君十萬人，為某解除亡人復連之氣，顧令斷絕生人魂神屬生始，一元一始，相去萬萬九十餘里，生人上屬皇天，死人下屬黃泉，生死異路，不得擾亂某身。

古代衞生不良，遭病毒傳染而成瘟疫之事，時有所聞，若未杜絕病毒之散播途徑，單憑口中唸唸有詞，恐無濟於事，然民智未開，任聽巫師擺弄，南史卷二六袁君正傳載君正：

性不信巫邪，有師萬世榮稱道術，為一郡巫長。君正在郡小疾，主簿熊岳薦之。師云：「須疾者衣為信命。」君正以所著襦與之，事竟取襦，云：「神將送與北斗君。」君正使檢諸身，於衣裏獲之，以為亂政，卽刑於市而焚神，一郡無敢行巫。

足見道教與巫俗兼糅而爲民間之信仰，南史卷六三王神念傳云：

神念性剛正，所更州郡必禁止淫祀，時青州東北有石鹿山臨海，先有神廟祅巫，欺惑百姓，遠近祈禱，糜費極多。及神念至，便令毀撤，風俗遂改。

之推亦斥祝師符書章醮之事，傷敗儒雅，宜加彈議，家訓風操篇云：

偏傍之書，死有歸殺，子孫逃竄，莫肯在家，畫瓦書符，作諸厭勝；喪出之日，門前燃火，戶外列灰，祓送家鬼，章斷注連，凡如此比，不近有情，乃儒雅之罪人，彈議所當加也。

之推更視巫覡祝禱之儀，徒爲妖妄，損耗財物，治家篇言：

吾家巫覡禱請，絕於言議，符書章醮，亦無祈焉。並汝曹所見也，勿為妖妄之費。

迄乎北齊文宣帝天保六年（西元五五五年），勅令廢除道教，命道士皆剃髮爲沙門（注四三），有不從者，輒殺之，由是齊境皆無道士。又北周武帝雖嘗滅佛、道二教，然伐齊與平齊之後，卻大醮於正武殿二次，可見道教之符咒、圖錄與禱請之儀式存世，猶如百足之蟲，雖死不僵。

夫天道性命，聖人所不言，蓋以理絕涉求，難爲稱謂也。若伯陽道德之論，莊周逍遙之旨，遺言取意，猶有可尋；然若淮南成道，犬吠於雲中；王子喬得仙，劍飛至天上，皆憑虛臆測之說，求之如係風，捉之如捕影；然黎庶竟深信不疑，寧非時俗受制乎亂世所致哉！

丙、侈靡浮蕩之社會風氣

自東吳屯田江南，南徙之北人與當地百姓，攜手墾殖江南，開畛畝無數，稻，棉豐收，且冶鑄、煮鹽、紡織等工業亦蓬勃發展（注四四），左思吳都賦喻爲「富中之甿，貨殖之選，乘時射利，財豐巨萬。」而世家豪族之經濟利益亦甚可觀，生活乃趨奢華抱朴子外篇卷三四吳失篇云：

> 車服則光可以鑑，豐屋則群烏爰止……僮僕成軍，閉門為市，牛羊掩原隰，田池布千里，……金玉滿堂，伎妾溢房，商販千艘，腐穀萬庾，園囿擬上林，館第僭太極，梁肉餘於犬馬，積珍陷於帑藏。

夫財富積聚既多，生活則侈靡相誇，日趨貪殘，所謂以財傷德是也。資治通鑑卷一五九，載梁武帝大同十一年（西元五四四五年）詔：

> 今天下所以貪殘，良由風俗侈靡使之然也。今之燕喜，相競誇豪，積果如丘陵，列肴同綺繡，露臺之產，不周一燕之資，而賓主之間，裁取滿腹，未及下堂，已同臭府。又畜妓之夫，無有等秩，為吏牧民者，致貲巨億，罷歸之日，不支數年，率皆盡於燕飲之物，歌謠之具。所費事等丘山，為歡止在俄頃，乃更追恨向所取之少，如復傅翼，增其搏噬，一何悖哉！其餘淫侈，著之凡百，習以成俗，日見滋甚，欲使人守廉白，安可得邪？

而累金積鏹，侍列如仙者，究非人人得有，故時雖豐年，人猶有飢色，是財富分佈之極度不均所致也。至乎略有積蓄之輩，亦各競奢侈，且「惡不可長，欲不可縱。」，競尚財利，遂生貪穢，家訓治家篇記愚輩罔識，爲求自炫，竟耗盡家貲，令妻孥飢寒，文曰：

南間貧素，皆事外飾，車乘衣服，必貴整齊，家人妻子，不免飢寒！

若北方則不然，量入爲出，足贍衣食，治家篇又曰：

今北土風俗，率能躬儉持用，以贍衣食，江南奢侈，多不逮焉。

夫五方之地，山川林澤，皐隰墳衍原有差異，飲食、衣服之俗，亦各有其性，不易遷變，譬若廣谷大川異制，人居其間自然異俗，而南尚文，北尚質之習鮮有更易，唯南北朝之際，人民之播越流徙，較諸往代爲尤甚，因此南北習性，互受薰染，北周武帝建德二年（西元五七三年）九月詔曰（注四五）：

政在節財，禮唯寧儉。而頃者婚嫁競為奢靡，牢羞之費，罄竭資財，甚乖典訓之理，有司宜加宣勒，使咸遵禮制。

足見奢華陋習已寖染乎北土！北齊書卷四文宣帝紀，帝下詔曰：

頃者風俗流宕，浮競日滋，家有吉凶，務求勝異，婚姻喪葬之費，車服飲食之華，動竭歲資，以營日富。又奴僕帶金玉，婢妾衣羅綺。始以創出為奇，後以過前為麗，上下貴賤，無復等差。今運屬惟新，思蠲往弊。反朴還淳，納民軌物，可量式俱立條式，使儉而獲中。

自梁武帝中大通二年（西元五三一年）迄隋文帝開皇十一年（西元五九一年）之六十年間，論及政治，則為群雄割裂之局面：初為蕭梁與北魏之南北雄峙，繼而北魏分裂為東魏、西魏；梁則迭遭喪亂，於內外夾擊之下，幾滅於西魏。嗣後南方為陳，北方分由高洋篡東魏所得之北齊，與宇文邕篡西魏所得之北周互峙，三朝各擁一方，其政局直可謂波詭雲譎，瞬息萬變。厥後，北齊朝綱隳壞，予北周可乘之隙，遂為北周所吞，北周更為隋王楊堅所篡，改號稱隋。噫！區區六十載間，北魏、東魏、梁、陳、西魏、北齊、北周等政權，於腥風血雨之中，旋興旋滅，身處亂世之民，一何可悲！是以論及社會習尚，則褫慢貪穢，各競一時之豪侈，慕剎那之享樂；人人懺禮，家家禮佛，不務農桑，空談彼岸。嗚呼！斯世之澆薄風俗，誠可嗤矣，然則海內板蕩，饑凶屢起，遭逢亂世之苦痛與悲哀，洵非親歷其境者所能喻也，而其寄意宗教之解救，與追慕物質享樂之心理，意在麻醉極度惶惑之痛苦心靈，實令人同情。

至於學術環境之良窳，亦繫乎政局之治亂；南北朝之際，戎馬遞襲，衣冠疹瘁，國祚既如風中之旒，黌舍學宮亦忽置忽廢，人未堪用，即遭撤汰，故儒業道消，彝倫攸斁，士大夫但尚雕蟲、崇清談、貴虛無、鮮涉務，至乎斯文，則掃地盡喪，縱有志士振臂疾呼，亦不敵江河日下之頹勢矣！

唯否極泰來，剝極往復，大千世界之中，恆蘊藏生生不息之機！南北朝之世亂道衰，實啓後世以前車之鑑，而我中華民族堅毅不拔，窮極生變之韌性，亦於焉顯現，故世極迍邅而心極靈動，道極陵夷而智極崇高；朝市貿遷而竹柏之節益顯，風俗蕪穢而治家之道愈嚴；終能撥雲見日，於民族浩劫之血淚中，痛定思痛，是以隋文獎倡儉樸，銳意糾謬；大唐敷揚仁聲，振興德義，卒能振衰起弊，爲中華民族再締新頁。先哲言「作易者，其有憂患乎！」顏氏家訓之作，寧非生於憂患之啓迪乎！

注釋

注一：見資治通鑑卷一六一梁紀一七，頁四九七三。粹文堂。

注二：見資治通鑑卷一六二梁紀一八，頁五〇二二。粹文堂。

注三：見資治通鑑卷一六三梁紀一九，頁五〇三六—五〇三七，粹文堂。

注四：見南史卷八〇侯景傳，頁二〇〇六，鼎文書局。

注五：見資治通鑑卷一六三梁紀一九，頁五〇三九，粹文堂。

注六：見資治通鑑卷一六四梁紀二〇，頁五〇八六，粹文堂。

注七：見資治通鑑卷一六五梁紀二一，頁五一二三，粹文堂。

注八：見周書卷四八蕭詧傳，詧作愍時賦：「昔方千而畿甸，今七里而磐縈。寡田邑而可賦，闕丘井而求兵。」頁八六二，鼎文書局。

注　九：見北齊書卷八幼主紀，頁一一二，鼎文書局。

注一〇：隋書卷三二經籍志云：「後魏初定中原，軍容號令皆以夷語，後染華俗，多不能通，故錄其本言相傳教習，謂之『國語』」。頁四八五，藝文印書館。

注一一：見北齊書卷二四杜弼傳頁三四七，鼎文書局。

注一二：見陳書卷三三沈文阿傳，頁四三五，鼎文書局。

注一三：見南史卷九陳武帝紀，頁二七四，鼎文書局。

注一四：見南史卷七一沈不害傳，頁一七五四，鼎文書局。

注一五：同注一四。

注一六：參北齊書卷四四儒林傳，頁五八一—五八四，鼎文書局。

注一七：參北齊書卷四五文苑傳，頁六〇一—六〇四，鼎文書局。

注一八：參隋書卷四九牛弘傳，頁一二九九，鼎文書局。

注一九：參南史卷八梁元帝紀，頁二四三—二四五，鼎文書局。

注二〇：見顏氏家訓涉務篇。

注二一：見顏氏家訓勉學篇。

注二二：同注二〇。

注二三：見隋書卷六六李諤傳，頁一五四四，鼎文書局。

注二四：見隋書卷七六文學傳，頁一七三〇，鼎文書局。

注二五：參陳書卷二七江總傳，頁三四七，鼎文書局。

注二六：見劉勰文心雕龍卷九時序篇，頁五〇，臺灣商務印書館四部叢刊。

注二七：見杜甫詠懷古跡之一，唐宋詩舉要，頁五九二，世界書局。

注二八：見杜甫戲爲六絕之一，收於分門集註杜工部詩，頁一一二五，大通書局。
注二九：其詩云：「俠客重艱辛，夜出小平津，馬色迷關吏，雞鳴起戍人，露鮮華劍彩，月照寶刀新，問我將何去，北海就孫賓。」
注三〇：見隋書卷七六文學傳，頁一七三〇，鼎文書局。
注三一：參周書卷二三蘇綽傳，頁三九一—三九四，鼎文書局。
注三二：見隋書卷六六李諤傳，頁一五四五，鼎文書局。
注三三：見詩經鄘風定之方中毛傳，收於詩毛氏傳疏頁一四〇，臺灣學生書局。
注三四：見魏書卷九一江式傳，頁一九六三，鼎文書局。
注三五：見論語先進篇，頁四七，臺灣商務印書館四部叢刊。
注三六：見南史卷七梁武帝紀，頁二〇六，鼎文書局。
注三七：見魏書卷一一四釋老志，頁三〇四五，鼎文書局。
注三八：參抱朴子內篇卷五至理篇，頁八七—一〇〇，臺灣商務印書館國學基本叢書。
注三九：見抱朴子內篇卷五至理篇，頁九〇。臺灣商務印書館。
注四〇：見抱朴子內篇卷二論仙篇，頁七—二〇，廣文書局。
注四一：見北齊書卷四九由吾道榮傳，頁六七四，鼎文書局。
注四二：見王利器顏氏家訓集解風操篇所錄，頁一〇六，明文書局。
注四三：見續高僧傳卷二三釋曇顯傳及北齊書卷四五樊遜傳，頁六一一—六一二，鼎文書局。
注四四：見文選卷五左思吳都賦，頁八四—九七，藝文印書館。
注四五：見周書卷五，武帝紀，頁八二，鼎文書局。

第二章　荼苦蓼辛之生平事迹

引　言

顏之推字介，本籍琅邪（今山東省臨沂縣），九世祖含隨晉元帝過江，居江寧僑郡琅邪縣（今江蘇省上元縣東北三十里）（注一），梁元帝丞聖三年（西元五五四年）江陵城陷，遷往長安，始爲京兆長安（今陝西省西安市）人也。之推生於梁武帝中大通二年（西元五三一年），卒於隋文帝開皇十一年後（西元五九一年），身當南北朝梁、齊、周、隋易代之際，一生涉履多艱，數與白刃爲伍；羈旅秦、吳、栖遲關、洛；朝綰一紱，夕更一綬，其志何悲也！然猶不溺於流俗，秉持正道，以爲家庭之準繩檠篗，故能不隕洙、泗弘風，不辱顏回昭鄰之美，子秀孫賢，奕葉流芳也。

本文依北齊書顏之推本傳、之推自撰之觀我生賦及自注、顏氏家訓，相關諸人之正史本傳及顏眞卿之顏氏家廟碑、顏勤禮碑、大宗碑銘……地方志等文獻爲據。分孝義流芳之先世，顚沛流離之人生與克紹箕裘之子裔三節申述之。

第一節　孝義流芳之先世

昔孔子布席杏壇之上，達者七十二人，顏氏有八焉，其在魯者曰顏無繇、顏回父子，孔子嘗歎曰：「顏氏之子，其殆庶幾乎！」嗣後淵源所漸，代有名德，在漢有顏安樂，通五經；在魏有顏斐，善吏治；顏欽，明韓詩、禮、易、尚書；在晉有顏默，以孝悌聞；顏髦，惇於學行；顏騰之，善草、隸書；在齊有顏見遠，方正不同流俗，爲之推祖，生顏協，即之推父，感家門事義，不求聞達，著述豐瞻，生顏之儀，顏之善與之推三兄弟；之儀見危授命，臨大節而不可奪，忠義可風。是之推遠祖，父兄皆聯芳並美，奕葉重光也。

甲、遠　祖

顏姓出琅邪，本自魯伯禽支庶有食采顏邑者，因而著族。左傳襄公十九年：

齊侯娶於魯，曰顏懿姬，無子，其姪鬷，聲姬。

杜預注云：

顏、讞皆二姬母姓，因以為號。

又據家訓誡兵篇之推自言：

顏氏之先，本乎鄒、魯，或分入齊，世以儒雅為業，徧在書記，仲尼門徒，升堂者七十有二，顏氏居八人焉。

則顏固爲魯族審矣。昔孔門問道者三千，而身通六藝，登堂入室者唯七十二人，顏氏居八焉：即顏無繇、顏回、顏幸、顏高、顏祖、顏噲、顏之僕、顏何，則顏氏之儒學，亦可知也。

魏有顏斐，勤政愛民，見諸史第；三國志魏書卷一六倉慈傳注引魏略曰：

顏斐，字文林，有才學……黃初初轉為黃門侍郎，後為京兆太守。始京兆從馬超破後，民人多不專於農殖……斐到官，乃令屬縣整阡陌，樹桑果，是時，民多無車牛，斐又課民以閑月，取車材，使轉相教匠作車；又課民無牛者，令畜豬狗，賣以買牛。始者民以為煩，一、二年閒，家家有丁車大牛。又起文學，聽吏民欲讀書者，復其小徭，又於府下起菜園，使吏閑鉏治，又課民當讀書輸租時，車牛各因便致薪兩束，為冬寒冰炙筆硯，於是風化大行……斐又清己仰奉而已，於是吏民恐其遷轉也……後數歲遷為平原太守，吏民啼泣遮道，車不得前，步步稽留，十餘日乃出界。

顏斐理政，吏不煩民，民不求吏，而能桑麻不匱，車牛自給，風化大行，故當其徵赴平原之時（注二）百姓號泣遮道不忍其離也。其後顏之推、顏眞卿俱任平原太守，故顏氏嘗三典是郡（注三）。傳自北魏，有顏盛者，任青、徐二州（注四）刺史。盛生欽，字公若，明韓詩、禮、易、尙書，多所通說，學者宗之。欽生默，字靜伯，爲晉汝陰（今安徽省合肥縣）太守，護軍將軍（注五），默生含，字宏都，爲晉侍中光祿大夫，西平靖侯，含隨晉元帝過江，定居上元（今江蘇省上元縣東北三十里）。

顏含爲之推九世祖，以孝悌聞，入晉書孝友傳。含兄畿嘗因疾就醫，誤於庸人之手，致五臟侵傷，一時昏厥，竟錯以爲死亡，而裝棺入斂；其後家人心知有異，乃起棺勘驗，果有生，急救之，唯因困窒棺中甚久，指爪盡傷，氣息微弱，幾不辨存亡，後雖飲哺將護累月，猶不能言語，而顏含乃能絕棄人事，躬自侍養，足不出戶者十有三年矣；石崇感其惇行，以甘旨相贈，卻爲含所謝，以爲畿沈痾綿昧，生理未全，既不能進食甘旨，又未識得人惠，苟執意謬留，恐非致贈者初衷，終不受。含性清愼，尙儉約，其治家、宰縣、論政，莫不準乎此！嘗任吳郡太守，簡而有恩，明而能斷，生有三子，即髦、謙、約。晉書卷八八有傳。

顏髦字君道，少纂家業，惇於學行，儀狀嚴整，風貌端美，桓公見而歎曰：「顏侍中，廊廟之望，喉舌機要。」（注六），朝廷嘗以尙書郎、國大中正、給事黃門侍郎徵之，髦以父老不就，後任晉陵、臨川太守，封西平侯。髦生琳，字文和（注七），任西曹騎都尉，襲西平侯，生靖之，字茂宗，任宣城太守、御史中丞（注八）；生騰之，字宏道，善草隸書，風華骨格，莊密挺秀，梁武帝草書評云（注九）：「顏騰之、賀道力；並便尺牘，少行於代。」，曾任治書御史、度支校尉與巴陵太守；生炳之，字叔豹；炳之亦以能書稱，任奉朝詣、輔國、江夏王參軍；生見遠，即之推祖父也。

顏見遠，性忠亮，博學廣聞，當齊和帝之鎮荊州（故治在今湖北省公安縣東北）也，見遠爲其錄事參軍，及和帝即位於江陵，以見遠爲治書侍御史，兼中丞。梁武帝受禪，遂以疾辭官，尋而齊和帝暴崩，見遠乃不食，慟哭而絕。時人嘉其忠烈，咸稱歎之。

自顏含至顏見遠，世代居於上元長干之舊顏家巷，墳塋亦在白下，即上元縣之幕府山西側。

乙、父兄

顏見遠生協，字子和，即之推父。協幼孤，養於舅氏，即陳郡謝暕。協既養於舅氏，鞠養恩深，故謝暕卒，協居喪如伯叔禮，時議重之（注一〇）。其一生仕宦不求顯達，唯游於湘東蕃府，其餘徵辟，恆辭不就，此係協自感家門事義，念其父蹈義忤時，不臣梁是也。協著有晉仙傳五卷、日月災異圖兩卷，詩賦銘誄書表啓疏等二十卷，遇火湮滅，俱不傳，之推家訓文章篇稱其父文章典正，無流俗浮靡之弊，文曰：

吾家世文章，甚為典正，不從流俗；梁孝元在蕃邸時，撰西府新文，訖無一篇見錄者，亦以不偶於世，無鄭、衞之音故也。有詩賦銘誄書表啓疏二十卷，吾兄弟始在草土，並未得編次，便遭火盪盡，竟不傳於世。

顏協卒，元帝甚歎惜，爲懷舊詩以傷之（注一一），顏氏祖塋自靖侯顏含以下七世，皆位於江寧白下之幕府山，然協因卒於江陵，且遷葬耗費頗鉅，遂旅葬於江陵東郭，家訓終制篇有云：

先君先夫人皆未還建鄴舊山，旅葬江陵東郭。承聖末，已啓求揚都，欲營遷厝。蒙詔賜銀百兩，已於揚州小郊北地燒磚，便值本朝淪沒，流離如此，數十年間，絕於還望。今雖混一，家道罄窮，何由辦此奉營資費；且揚都汙毀，無復孑疑，還被下溼，未為得計，自咎自責，貫心刻髓。

協有三子，之儀、之善、之推是也（注一二）；之儀字子升，幼穎悟，三歲能讀孝經。及長，博涉群書，其爲詞賦，辭致雅贍；爲官，忠諒直諫，有乃祖之風（注一三）。時周武帝初建儲宮，盛選師傅，以之儀爲太子侍讀。後太子戎征吐谷渾，在軍有過行，鄭譯等竝以不能匡弼坐譴，僅之儀以累諫太子而獲賞；厥後，東宮踐祚，是爲周宣帝，刑政乖僻，昏縱日盛，之儀屢犯顏驟諫，雖未見納，然不稍止，深爲宣帝所忌，唯以恩舊，故多優容之！大象元年（西元五七九年），帝欲使虞信殺王軌，軌立朝忠恕，兼有大功，今忽以無罪被縛，天下知與不知皆傷惜，之儀意甚不平，切諫，帝不納，終誅王軌。時宣帝亦怒之儀固諫，欲並致之於法，後以其諒直無私，乃舍之（注一四）。

周宣帝縱肆酒色之間，年方二十餘，即已羸病纏身，及不悆，詔劉昉及之儀俱入臥內，屬以後事，時宣帝已失瘖，不復能言。及帝崩，靜帝即位，劉昉見靜帝沖幼可欺，又素奇隋王楊堅，遂與鄭譯謀，引爲輔政；且矯爲遺詔，以隋王楊堅爲丞相，輔少主；之儀知非帝旨，拒而弗從，劉昉等草詔署記，逼之儀連署。之儀厲聲謂劉昉等曰：

> 主上升遐，幼子沖幼，阿衡之任，宜在宗英。方今賢戚之內，趙王最長，以親以德，合膺重寄；公等備受朝恩，當思盡忠報國，奈何一旦欲以神器假人！之儀有死而已，不能誣罔先帝。

於是劉昉知其不可屈，乃代之儀署而行之。丞相楊堅後索符璽，之儀又正色曰：「此天子之物，自有主者，宰相何故索之？」楊堅聞言大怒，命引出，將戮之，然以其民之望也，乃止。遂貶謫爲西疆郡守。

隋文帝踐祚，徵詔還京師，進爵爲新野郡公。開皇五年（西元五八五年），拜集州刺史，在州清靜，夷、夏悅之。明年代還，遂優不仕。十年（西元五九〇年）正月，之儀隨例入朝，隋文帝望而識之，命引至御座，謂之曰：「見危授命，臨大節而不可奪，古人所難，何以加卿？」翌年之冬，卒，年六十九，有文集十卷。（注一五）

昔顏含辭郭璞之卜著曰：

年在天，位在人，修己而天下不與者命也，守道而人不知者性也；自有性命，無勞著龜。

純乎盡心知命之儒士風範也；而其竭力奉親，抑絕浮靡，亦所以能垂諸史策之由也！至於見遠、之儀皆能致身事君，有忠臣之節也。之儀當宣帝之在東朝，察其凶德初兆，每盡言直諫，志惟無隱，崎嶇雷電之下，猶風烈凜然，誠社稷之臣也。夫能不依爵祿而顯重於世，亦唯忠貞孝悌而已矣，君子出忠入孝，斯固彝倫之極也，而顏氏迭出孝義，豈其父兄之教詔，有至訓存焉？家訓序致篇曰：

吾家風敎，素為整密，昔在齠齔，便蒙誘誨，每從兩兄，曉夕溫清，規行矩步，安辭定色，鏘鏘翼翼，若朝嚴君焉。賜以優言，問所好尚，勵短引長，莫不懇篤！

噫！此其彝訓也已矣！

第二節　顛沛流離之人生

顏之推一生顛沛流離，備嘗亡國離亂之苦。九歲丁父憂，家道罄窮，親戚索然；年十九，值梁室喪亂，侯景頻欲殺之，數與白刃為伍；二十四歲，復逢西魏攻陷江陵，虜掠百姓，執殺元帝，之推遂播徙關中；年二十七，陳霸先廢誅梁之君相，自立為陳，梁亡，至此，歸國夢碎，乃留滯北齊；年四十七，北齊滅亡，之推再為亡國之人，見徙入關，生計窘迫；五十一歲，隋主楊堅廢弒周帝，盡滅宇文氏，周亡，又為亡國之民，觀我生賦自言：「予一生而三化，備荼苦而蓼辛。」終制篇且云：「吾今羈旅，身若浮雲，竟未知何鄉是吾葬地。」，之推一生遭遇，洵可哀也！

甲、喪父失怙之幼年

顏之推，顏協之幼子，於梁武帝中大通三年（西元五三一年）生於江陵（今湖北省江陵縣），時長兄之儀九歲，二兄之善年未詳。顏協課子嚴整，之推齠齔之齡，便蒙誘誨，日日從兄長讀書習字，奉行生活儀節；寒冬則溫褥以禦親寒，暑夏則凊席以致其涼；行則規行矩步，立則容體齊正，言則辭令雅順；室家昆仲之際，持禮如賓；事父則翼翼敬愼，如朝嚴君焉，此時之之推也，年雖幼弱，而蒙父兄督勵，已知恪守禮序。

夫淫慢不能勵志，險躁不能治性，顏協亦甚留心於孩童志趣之導正，家訓序致篇之推自言其父親常「賜以優言，問所好尚，勵短引長，莫不懇篤。」則協之早課幼兒向學，實為之推日後學殖之基也。勉學篇云：

人生小幼，精神專利，長成已後，思慮散逸，固須早教，勿失機也。吾七歲時，誦靈光殿賦，至於今日，十年一理，猶不遺忘。

協又善草隸眞書，之推自幼即隨父研習書藝，雜藝篇云：

真草書迹，微須留意；吾幼承門業，加性愛重，所見法書亦多，而翫習功夫頗至。

此外，顏氏亦重孩童音辭之正誤，其音讀多以洛陽、金陵二都邑通行之雅言為主，另酌參方俗，考覈古今，以避音辭之疏野訛誤，音辭篇曰：

吾家兒女，雖在孩稚，便漸督正之；一言訛替，以為己罪矣。云為品物，未考書記者，不敢輒名，汝曹所知也。

所謂「幼而學者，如日出之光。」正值之推蓬勃向學之際，顏協竟頹然謝世，年甫九歲之之推，頓遭喪父之慟，厥時家生計空迫，兄弟稚弱，父母俱亡（注一六），百口蕭索，序致篇自言：

年始九歲，便丁荼蓼，家塗離散，百口索然。慈兄鞠養，苦辛備至。

時之儀年方十八，已肩挑撫孤育幼之任，唯對幼弟之教養已不若顏協督課之嚴，有慈而無威，致之推一度爲凡庸習俗所薰陶濡染，驕慢輕狂，不脩邊幅，序致篇曰：

慈兄鞠養……有仁無威，導示不切。雖讀禮傳，微愛屬文，頗為凡人之所陶染，肆欲輕言，不脩邊幅。……夜覺曉非，今悔昨失，自憐無教，以至於斯。

此外，北齊書卷四五顏之推傳亦稱其「好飲酒，多任縱，不脩邊幅，時論以此少之。」當之推十二歲之時，值莊、老、周易三玄大盛，時元帝蕭繹亦在江、荆之間，召置學生，親自教授，每廢寢忘食，夙夜不寐，初，之推亦預入教席，親聆音旨，俄覺與志趣不合，乃還習其積世門業——周官、左傳，且廣涉群籍，顏之推傳曰：

之推早傳家業。年十二，值繹自講莊、老，便預門徒；虛談非其所好，還習禮傳。博覽群書，無不該洽；詞情典麗，甚為西府所稱。

方之推奮勉向學，博覽典籍之時，梁氏國祚已因內鬩外患而飄忽欲墜，厥時士林嚮慕蹈空履虛之玄學，鮮務經世濟民之大業，而社會習尙亦光怪陸離，亂象紛紜。之推身處滔滔濁流，幸賴其蒙訓篤實，家風嚴整，故能自警自惕，卓犖不群，獨秀於稗野之中。

乙、飽經烽火之一生

之推父顏協嘗仕湘東王蕭繹之常侍兼府記室，協歿後，之推亦以舊誼隨王於江州（注一七），至梁武帝太清元年（西元五四七年），蕭繹徙爲鎮西將軍荊州刺史，乃擢爲湘東國右常侍（注一八），加鎮西墨曹參軍，時之推十九歲。觀我生賦云：

方幕府之事殷，謬見擇於人群，未成冠而登仕，財解履以從軍。非社稷之能衞，□□□□□□，僅書記於階闥，罕羽翼於風雲。

是年三月，侯景肇亂，陷臺城，五月，梁武帝蕭衍崩殂，太子蕭綱立，是爲簡文帝，改元大寶。大寶元年（西元五五〇年）蕭繹遣徐文盛領兵二萬屯武昌，以拒侯景將任約，九月，復使世子蕭方諸拜中撫軍將軍郢州刺史，以壯聲勢，且以之推掌管記之職，厥時遊於西府之文士尚有劉民英、文珪，均與之推相善，觀我生賦云：

及荊王之定霸，始讎恥而圖雪，舟師次乎武昌，撫軍鎮於夏汭。濫充選於多士，在參戎之盛列，慚四白之調護，廁六友之談說；雖形就而心和，匪余懷之所說。

唯世子方諸年僅十五，且長於深宮，童心未泯，日日與行事鮑泉蒲酒爲樂，不恤軍政。侯景知之，翌年四月乃遣宋子仙從間道襲之，百姓倉皇奔告，方諸與鮑泉並不信，景軍入城，宋子仙乃執方諸以歸（注一九），之推亦執在景軍，例當見殺，幸賴景之行臺郎中王則再三救護，始得獲免，亦云幸矣。觀我生賦云：

繄深宮之生貴，矧垂堂與倚衡，欲推心以厲物，樹幼齒以先聲，愾敷求之不器，乃畫地而取名，仗禦武於文吏，委軍政於儒生，值白波之猝駭，逢赤舌之燒城，王凝坐而對寇，向栩拱以臨兵。莫不變蝯而化鵠，皆自取首以破腦，將睥睨於渚宮，先憑寧於地道。懿永寧之龍蟠，奇護軍之電掃，犇虜快其餘毒，縲囚膏乎野草。幸先主之無勸，賴滕公之我保，劉鬼錄於岱宗，招歸魂於蒼昊，荷性命之重賜，銜若人以終老。

當之推見俘送京途中，適經顏氏舊居與祖塋，瞻仰先塋，緬懷列祖，之推涕淚弗禁，愁緒有

若王粲之賦登樓（注二〇）：

悲舊鄉之壅隔兮，涕横墜而弗禁。昔尼父之在陳兮，有歸歟之歎音；鍾儀幽而楚奏兮，莊舃顯而越吟；人情同於懷土兮，豈窮達而異心。

景亂平，梁元帝蕭繹自立於江陵，以之推爲散騎侍郎，奏舍人事，司文翰詞章之著述，觀我生賦云：

指余櫂於兩東，侍昇壇之五讓，欽漢官之復覩，赴楚民之有望。攝絳衣以奏言，忝黃散於官謗。或校石渠之文，時參柏梁之唱，顧甂甌之不算，濯波濤而無量。

據之推自述，元帝克平侯景，收文德之書，及公私典籍八萬卷，令司徒王僧辯悉送荆州，下詔分圖籍比校部分爲正御、副御、重雜三本；周弘正、彭僧郎、王珪、戴陵校經部；顏之推、王褒、

宗懷正、劉仁英校史部；殷不害、王孝純、鄧藎、徐報校子部；庾信、王固、宗善善、周確校集部（注二二），時之推二十二歲，以「顧翮甌之不算，濯波濤而無量」自謙器小而膺大遇。

元帝丞聖三年（西元五五四年）十一月，魏軍陷江陵，殺元帝，梁將亡，舉國遍遭蹂躪；文武官員盡爲縲囚，觀我生賦載此鏤骨之痛曰：

憐嬰孺之何辜，矜老疾之無狀，奪諸懷而棄草，踣於塗而受掠。冤乘輿之殘酷，軫人神之無狀，載下車以黜喪，揜桐棺之藁葬。雲無心以容與，風懷憤而憀悢；井伯飲牛於秦中，子卿牧羊於海上。留釧之妻，人銜其斷絕；擊磬之子，家纏其悲愴。

而之推卒忍恥苟全於世，乘疲驢瘦馬，忍病痍傷腿之苦，艱辛就路，觀我生賦自言：

小臣恥其獨死，實有媿於胡顏，牽痾痍而就路，策駑蹇以入關。下無景而屬蹈，上有尋而亟搴，嗟飛蓬之日永，悵流梗之無還。

懷著轉蓬離根，飄颻長風之哀，轉徙長安，雖有妻子殷氏，長子思魯相伴，唯寄寓他鄉，身既以被髮左衽爲憂，耳目又苦於滯礙不通之語文；夜闌人靜，皓月當空，每憶戰火淫虐之家園與慘受笞責之父老，輒愁腸百轉。觀我生賦曰：

爾其十六國之風敎，七十代之州壤，接耳目而不通，詠圖書而可想。何黎氓之匪昔，徒山川之猶曩；每結思於江湖，將取弊於羅網。聆代竹之哀怨，聽出塞之嘹朗，對皓月以增愁，臨芳樽而無賞。

入關二年，之推日夜鵠候回鄉之機；逮梁敬帝太平元年（西元五五六年）之推聞北齊遣王渙率兵數萬納貞陽侯蕭淵明爲主，梁武帝之聘使謝挺、徐陵並得還南大喜，又聞北齊文宣帝下詔北齊吏民善恤梁之臣子，將以禮遣返，乃思取道南還，是年歲在丙子，之推貞筮自卜東行之吉凶，遇泰卦之坎，益喜，自云：「天地交泰，而更習坎，重險行而不失其信，此吉卦也，但恨小往大來耳，後遂吉也。」（注二二），遂整治行囊，攜抱妻孥，擬穿砥柱山入齊，砥柱自古以險惡著聞，復值河水暴漲，驚險萬分，然之推歸鄉情切，全不憚險巇，勇決渡之，時人歎賞其勇毅，觀我生賦自述曰：

爰衆旅而納主，車五百以敻臨，返季子之觀樂，釋鍾儀之鼓琴。竊聞風而清耳，傾見日之歸心，試拂蓍以貞筮，遇交泰之吉林。譬欲秦而更楚，假南路於東尋，乘龍門之一曲，歷砥柱之雙岑。冰夷風薄而雷呴，陽侯山載而谷沈，侔挈龜以憑濬，類斬蛟而赴深，昏揚舲于分陜，曙結纜於河陰，追風飇之逸氣，從忠信以行吟。

然命運弄人，之推甫脫險至鄴，即值陳興而梁滅，至此，日夜縈懷之歸國心願，遂告破碎。於是留居北齊。

初之推之觸險奔齊，備受時人稱譽，而北齊文宣帝高洋且一見而悅之，旋除爲奉朝請，引於內館，侍從左右，頗被顧眄（注二三），天保九年（西元五五八年）六月，高洋北巡晉陽（今山西省太原縣），之推亦受命隨之，家訓勉學篇：

吾嘗從齊主幸幷州（注二四），自井陘關入上艾縣（今山西省平定縣東南），東數十里，有獵閭村，後百官受馬糧，在晉陽東百餘里亢仇亭側。

時之推廿八歲，高洋欲委諸中書舍人之職，敕書亦已備妥，乃令中書郎段孝信將敕書出示之推，孰料之推因飲酒無狀而錯失良機，論者多爲之推抱憾，實則之推營外飲酒之舉，殆屬蓄意規避，何則？蓋之推本梁臣，奔齊志在南歸，孰知事與願違，僅得棲身北齊，實無意出仕，觀其「詠苦胡而永歎，吟微管而增傷。」（注二五），知其素以屈膝夷狄爲悲，而之推終事北齊，其中苦衷，並見家訓終制篇：

計吾兄弟，不當仕進，但以門衰，骨肉單弱，五服之內，傍無一人，播越他鄉，無復資廕，使汝等沈淪廝役，以為先世之恥，故靦冒人間，不敢墜失，兼以北方政教嚴切，全無隱退者故也。

掙扎於理想與現實之間，之推深歎「心共口敵，性與情競，夜覺曉非，今悔昨失。」之推誠寧爲目不識丁之漁樵老農，自奉於畎畝之中耳。

齊後主武平三年（西元五七二年），之推年四十二，二月，祖珽任左僕射，位居要津，宰理朝政，勵精圖治；而之推素思振作禮樂，愼選文士；適値後主因圖畫屏風事宜召蕭放、王孝式及之推等學士入爲館客；之推及蕭放因託鄧長顒說後主，屬意斯文，更廣館事；而祖珽又愛重之推，遂於是年奏立文林館（注二六）；至於館士之招延，文籍之纂修，悉委諸之推典掌；之推本博學通聞，文辭優贍，兼善文字訓詁，出任該職，自是應付裕如；而後主雖溺於群小，但頗好文雅；祖珽縱非廉愼君子，然詞藻遒逸，愛接才士，故斯時之之推，俱蒙君相賞識，堪稱得意；顏之推傳云：

> 待詔文林館，除司徒錄事參軍，之推聰穎機悟，博識有才辯，工尺牘，應對閑明，大為祖珽所重，令掌知館事，判審文書，尋遷通直散騎常侍，俄領中書舍人。帝時有取索，恆令中使傳旨，之推稟承宣告，館中皆受進止。所進文章，皆是其封署，於進賢門奏之，待報方出。兼善於文字，監校繕寫，處事勤敏，號為稱職，帝甚加恩接，顧遇逾厚。

然位高則速謗，爵崇易召禍；文林館內濟濟人才者，幾屬漢人天下，故胡人武將深嫉之，常欲加以陷害，其中祖珽又居漢官領袖，故處心謀害之，先譖毀之，繼解其僕射之職，謫爲北徐州刺史；其後復陰陷崔季舒、張雕虎、顏之推等人；北齊書卷三九崔季舒傳曰：

珽被出，韓長鸞以為珽黨，亦欲出之。屬車駕將適晉陽，季舒與張雕（注二七）議：以為壽春被圍，大軍出拒，信使往還，須稟節度，兼道路小人，或相驚恐，云大駕向幷，畏避南寇；若不啓諫，必動人情。遂與從駕文官連名進諫。……長鸞遂奏云：「漢兒文官連名總署，聲云諫止向幷，其實未必不反，宜加誅戮。」

後主聞而怒召已簽署之官人集于含章殿，崔季舒、張雕虎、劉逖、封孝琰、裴澤、郭遵等人，並斬諸殿廷，棄屍漳水，妻子婦女配奚官，幼男下蠶室，貲產盡充公（注二八）；當崔季舒之將諫也，亦屬意之推連署，唯之推取急還宅，故未署名（注二九），是以後主召令官人集於殿中時，之推雖亦見喚入，然勘無其名，終得遠禍，觀我生賦志曰：

> 纂書盛化之旁，待詔崇文之裏，珥貂蟬而就列，執麾蓋以入齒，款一相之故人，賀萬乘之知己，祇夜語之見忌，寧懷厭之足恃。諫譖言之矛戟，惕險情之山水，由重裘以勝寒，用去薪而沸止。

仕途險峻，宦海波詭，之推雖鄰禍而免，猶未敢或忘季舒等文士深構創痏之鑑，故其仕宦哲學厥惟持盈保泰，避禍遠辱而已矣，家訓止足篇自言彼任黃門侍郎之感，語曰：

仕官稱泰，不過處在中品，前望五十人，後顧五十人，足以免恥辱，無傾危也。高此者，便當罷謝，偃仰私庭，吾近為黃門侍郎，已可收退。

北齊後主隆化元年（西元五七六年），北周見齊氏昏暴，伺釁而動，齊軍大敗，後主乃棄軍走還鄴，僅留安德王延宗備禦，延宗與周師激戰於晉陽，殺數千人，周主欲退，齊將之降周者，告以虛實，故敗安德，後主窘急，引文武問禦周之方，群臣各異議，後主莫知所從；於是授位幼主，改元承光，之推因進奔陳之策，勸募吳士千餘人，以為左右，擬取青、徐路，投奔陳國。帝雖不從之推策，猶以為平原太守，令守河津。迨周軍奄至，後主與幼主等俱為周將擄獲，送鄴，尋皆賜死，齊亡，之推至此再為亡國之人。觀我生賦載厥時社稷崩頹，朔野橫屍之狀曰：

懷墳墓之淪覆，迷識主而狀人，競己棲而擇木，六馬紛其顛沛，千官散於奔逐，無寒瓜以療饑，靡秋螢而照宿，讎敵起於舟中，胡、越生於輦轂……屍狼籍其如莽，血玄黃以成谷。

鄴平後，之推與陽休之、盧思道、薛道衡、陸爽等十八人同徵赴長安，途中盧思道、陽休之等作鳴蟬篇，之推亦和之，作和陽訥言聽鳴蟬篇（注三〇），中言：「詎用虞公立國臣，誰愛韓王游說士？」隱喻齊主不納已進奔陳之計，以致覆滅之意也。

之推入周後，家無長物，生計困窘，思魯嘗憂告其父曰：「朝無祿位，家無積財，當肆筋力，以申供養，每被課篤，勤勞經史，未知爲子，可得安乎？」然之推雖困蟄陋室，仍不因紛擾而移志，彼所拳拳勉脩子女者，猶爲讀書做人耳，其告思魯曰：爲人子者當以孝養爲心，爲人父者當以教子爲事；若使子女棄學徇財，以求供奉豐美，誠非爲父者食所能甘，衣所能暖也；思魯等如能崇務聖賢彝訓，紹承家業，則雖布衣緼袍，糲粱藿羹，猶欣然自安也（注三一）。

彼時之推四十八歲，以今人之生理狀態衡之，固屬壯盛之齡，唯之推自十九歲起，即遍嘗覆巢傾室之慟，重以南北之流徙犇亡，身心俱受煎熬，早已「白髮闚明鏡，憂傷沒餘齒。」（注三二）矣。

丙、淡泊自安之餘年

周靜帝大定元年（西元五八一年）二月，楊堅篡周自立，是爲隋文帝。是年之推初爲人祖，長孫師古生於長安。隋文帝開皇二年（西元五八二年），之推上言文帝，云禮壞樂崩，其來自久，今太常雅樂，兼用胡聲，宜考尋古典，以正禮樂（注三三）。五月，長安民掘得秦時鐵稱權，旁有銅塗鐫銘二所，其書兼爲古隸，文帝敕之推寫讀之（注三四）；開皇中，太子復召之推爲學士（注三五），時之推已身嬰疾痾，未幾，以疾終，得年六十餘；家訓終制篇自述已遭風氣疾侵已久，文曰：

死者，人之常分，不可免也。吾年十九，值梁家喪亂，其間與白刃為伍者，亦常數輩；幸承餘福，得至於今。古人云：「五十不為夭。」吾已六十餘，故心坦然，不以殘年為念。先有風氣之疾，常疑奄然。

之推一生涉履顛沛，早悟浮生若夢，身如雲絮之理，對於死亡之來臨，亦泰然迎受，嘗囑思魯云其一旦放臂，氣絕便埋之耳（注三六），斂以常衣，松棺二寸，禁備玉豚、錫人等明器，禁營碑誌旒旐，亦不得設酒肉餅果之祭，謝絕親友之餟酹，「存，吾順事；歿，吾寧也。」（注三七）放臂歸天，即可告絕多艱多難之人生，而得永恆之寧息，至若血肉軀殼，亡則化爲朽壞，無足惜也。

綜觀之推一生，身狎流離，生遭衰危，宛轉狄俘，阽危鬼錄，歷三代傾覆之際，苦劇荼蓼；然猶有議者以其身仕三朝而薄鄙之，言其爲「老世故」（注三八），譏其「競己棲而擇木」，庸俗而矛盾（注三九）。噫！南北朝之亂亦云極矣，身處亂世之悲愴，洵非局外人所能道也，之推雖更事三主，要皆國破見虜，情非得已，再者，之推雖常「憫思舊都，惻懷君子。」（注四〇）然在朝爲官，每盡忠職守，奉公守法，觀其奔走文林館，纂修典籍，出任牧守，職掌文告，進諫隋文正禮樂等諸事迹可明其衷腸，且朝鼎動輒遷易，兵戈屢起，此豈一人之力所能遏止哉！觀我生賦曰：

> 予一生而三化，備荼苦而蓼辛，鳥焚林而鎩翮，魚奪水而暴鱗，嗟宇宙之遼曠，愧無所而容身。夫有過而自訟，始發矇於天真，遠絕聖而棄智，妄鎖義以羈仁，舉世溺而欲拯，王道鬱以求申。既銜石以填海，終荷戟以入榛。

昔孔子自衞反魯，嘗息駕乎河梁而觀焉。有懸水三十仞，圜流九十里，奔盪洶湧，魚鼈弗能游，黿鼉弗能居；而有男子厲之而出。孔子問之曰：「巧乎？有道術乎？」男子對曰：「始吾之入也，先以忠信；及吾之出也，又從以忠信，錯吾軀於波流，而吾不敢用私，所以能入而復出也。」之推錯身於橫流逆襲之世，所以能出入無禍，豈非如此男子之「出入忠信」乎（注四一）？生命奄忽將逝，回首前塵，辛酸滿腹，如能重生，之推寧為畎畝老農，素樸清淨，自安自得，不敢怨天而泣麟也。

第三節　克紹箕裘之子裔

自之推祖顏見遠為齊祚滅亡自絕起，顏氏即與斯世之數百萬炎黃子孫同處於帝圖雜霸，儒風混沌，大道陵夷之世，當衆人劃肚無書，撐腸少字，紛紛沒頂濁流之際，顏氏猶重規疊矩，德行優著，垂麗史策；思魯、愍楚俱以文雅著名，游秦學優則仕；師古精於訓詁；而真卿、杲卿兄弟竝義薄雲天，皎若日星；問其何能臻此？亦曰教而已矣；所謂「人能弘道，非道弘人」是也。

甲、子　輩

顏氏世與殷氏合姻，之推亦納殷氏女，育有三子，長曰思魯，名寄懷鄉之情；次曰愍楚，志思故梁之意；三曰游秦，記其生於北地也。

思魯博學善屬文，自爲父集序；隋時仕於東宮，並司校經書；唐高祖武德初年任秦王府記室參軍（注四二）。

愍楚仕隋，爲通事舍人，諳於曆算，隋文帝時張胄玄改定新歷，言前歷差一日，時輩多斥逐之，愍楚上言曰：「漢時落下閎改顓頊歷，作太初歷，云：『後當差一日，八百年當有聖者定之。』計今相去七百一十年，術者舉其成數，聖者之謂，其在今乎。」由是斥逐新歷者皆伏（注四三）。煬帝大業中（約西元六一二年），愍楚謫遷南陽（注四四），時朱粲陷鄧州（注四五），引爲賓客，其後軍中乏食，乃教士卒烹食婦人與嬰兒噉之，愍楚全家慘爲賊所噉食（注四六）。愍楚撰有證俗音略二卷。（注四七）

三子游秦仕隋爲典校秘閣（注四八），唐高祖武德初，任廉州刺史（注四九），封臨沂縣男（注五〇）。時廉州民多彊暴，游秦撫卹境內，教化大行，邑里歌曰：「廉州顏有道，性行同莊、老，愛人如赤子，不殺非時草。」唐高祖且下璽書獎勞，俄拜鄆州刺史（注五一），卒於官。撰有漢書決疑十二卷，爲學者所稱，顏師古注漢書，多資取其義，當時叔侄之漢書注竝行，而有大顏、小顏之別（注五二）。

隋時，顏氏一門父子，自之推、思魯、愍楚、游秦俱因學業優贍之故而盛於朝廷。

乙、孫　輩

思魯娶殷英童女爲妻，育有四子，師古、相時、勤禮、育德。師古字籀，少承庭訓，遍覽群籍，精詁訓，善屬文，時薛道衡任襄州總管，與師古祖父之推爲舊識，佳賞其才，每作文章，輒令師古指摘疵短，足見師古之才性敏給。隋煬帝時海宇繹騷，師古以經史訓詁授徒關中，力繫學統。入唐後，以軍國務紛，故詔令亦多，時詔令一出師古之手，册奏之工，當時未有及者。晚年勤於著述，奉詔於秘書省考定五經，多所釐正，既成五經定本，帝詔諸儒議之，遂各執所習，共非詰師古，師古輒引晉、宋舊文，隨文曉答，人人歎服，帝因頒所定書於天下，學者賴之。又刊正古篇奇字，釐定訛俗謬字，成刊謬正俗，注急就章等，學本專門，關係非小（注五三）；當之推卒也，師古已一十餘歲少年，祖父臨終殷切叮囑之言：「汝曹宜以傳業揚名爲務，不可顧戀朽壤，以取湮沒也。」（注五四）必深植其心，終能發揮祖德，敷演家聲，無負之推之期許。

師古弟相時亦以學聞，貞觀中，累遷諫議大夫，有爭臣風（注五五）。

相時弟勤禮，即顏眞卿、杲卿曾祖也，幼而朗悟，識量宏遠，工於篆籒，尤精詁訓，與兩兄師古、相時同爲宏文崇賢學士；幼弟育德又於司經校定經史，當代榮之，太宗特命蕭鈞讚四兄弟曰（注五六）：

依仁服義，懷文守一，履道自居，下帷終日，德彰素里，行成蘭室，鶴籥馳譽，龍樓委質。

之推曾孫顏昭甫聰穎絕倫，尤明訓詁，工篆籒草書，與內弟殷仲容齊名，而勁利過之，特爲伯父師古所賞重，每有註述，必令參定，時嘗得古鼎廿餘字，舉朝莫識，而昭甫盡能讀之（注五七）；前此之推亦嘗見詔敕寫秦時度量銘，了了分明，祖孫之間，其精於文字籀隸如此！昭甫早卒，子元孫育於殷仲容氏，幼即穎悟，又性仁孝友悌，蒙舅殷氏教筆法，家貧無紙筆，每以黃土掃壁，執木石畫而習之，故特以草隸擅名（注五八）！

之推四世孫杲卿，性剛正，蒞事明濟，唐憲宗至德元年（西元七五六年）安祿山攻陝，杲卿守陝，晝夜抗戰，井竭糧盡，城陷；賊使降，不應，加刃頸上，曰：「降我，當活而子！」杲卿不答，至洛陽詈安祿山爲叛臣，安忿縛天津橋，節解而肉噉之，詈猶不絕，賊鉤斷其舌曰：「復能詈否？」杲卿含糊而絕，顏氏一門死者達三十餘人！

眞卿，博學善書，其隸書尤絕，風稜秀出，精彩注射，勁節直氣，將透紙背！唐獻宗至德二年（西元七八六年），李希烈陷汝州（注五九），遣眞卿往諭，拘脇累歲，不屈而死（注六〇）！

噫！自顏見遠慟絕於梁武，顏之儀抗璽隋文，顏之推鎭義羈仁，迄乎杲卿、眞卿之義形宗社，實令吾人慕仰感佩，而其家門之教訓子弟者，亦必有足資法式也，人謂天下有眞教術，斯有眞人材；而教術之端，肇始於趨庭，誠不虛言也！

注釋

注　一：洪亮吉曉讀書齋四錄下：「南史顏協在文學傳，其子顏之推，在北史文苑傳，皆云：『琅邪臨沂人』。按：琅邪係東晉成帝時僑郡，臨沂亦僑縣，屬琅邪。今琅邪故僑郡，在今句容縣有琅邪鄉，即其地；臨沂故僑縣，在今上元縣東北三十里。……是顏氏本自江北琅邪渡江，又居僑郡之琅邪耳。」

注　二：今山東省平原縣南三十餘里。

注　三：封氏聞見記卷一〇脩復：「顏眞卿爲平原太守，立三碑，皆自撰親書。其一立于郭門之西，記顏氏曹魏時顏斐、高齊時顏之推，俱爲平原太守，至眞卿，凡三典茲郡。」

注　四：青州位於今山東省之膠東及濟南東境；徐州今江蘇省舊徐州府及平縣；安徽省之宿縣、泗縣皆是。

注　五：見顏氏家廟碑，收于金石萃編卷一百一，頁一七三六，臺聯國風出版社。

注　六：見晉侍中右光祿大夫本州大中正西平靖侯顏公大宗碑銘，及藝文類聚卷四八引顏含別傳。

注　七：同注六。

注　八：同注六。

注　九：見唐故通議大夫行薛王友柱國贈祕書少監國子祭酒太子少保顏君碑銘。

注一〇：見南史卷七二顏協傳，頁一七八四－一七八五，鼎文書局。

注一一：同注一〇。

注一二：南史顏協傳曰：「子之儀、之推。」而顏氏家廟碑有名之善者，云之推弟。又家訓序致篇言：「每從兩兄，曉夕溫清。」知協有三子，即之儀、之善、之推是也。

注一三：見周書卷四〇顏之儀傳，頁二九六，藝文印書館。

注一四：同注一三。

注一五：同注一三。

注一六：家訓終制篇：「先夫人棄背之時，屬世荒饉，家塗空迫，兄弟幼弱，棺器率薄，藏內無塼。」

注一七：今湖北省舊武昌府及江西省，治豫章。

注一八：顏之推觀我生賦自注云：「時年十九，釋褐湘東國右常侍，以軍功，加鎭西墨曹參軍。」

注一九：見南史卷五四蕭方諸傳，頁一三四六，鼎文書局。

注二〇：觀我生賦嘗曰：「經長干以掩抑，展白下以流連，深燕雀之餘思，感桑梓之遺虔，得此心於尼甫，信玆言乎仲宣。」

注二一：參北齊書卷四五顏之推傳所錄觀我生賦自注文，頁六二二，鼎文書局。

注二二：見北齊書卷四五顏之推傳附觀我生賦及自注，頁六二三，鼎文書局。

注二三：見北齊書卷四五顏之推傳，頁六一七，鼎文書局。

注二四：今山西省及陝西省之舊延安、榆林等府地，治晉陽。

注二五：見北齊書卷四五顏之推傳附觀我生賦，頁六一八，鼎文書局。

注二六：參北齊書卷四五文苑傳序，頁六〇三，鼎文書局。

注二七：卽張雕虎，北史作張雕武，蓋本名雕虎，唐人避諱，或易「虎」爲「武」；或删去「虎」字也。

注二八：見北齊書卷三九崔季舒傳，頁五一三，鼎文書局。

注二九：同注二三。

注三〇：據初學記卷三〇引，收於全三國兩晉南北朝詩，頁一五二四，世界書局。

注三一：見家訓勉學篇。

注三二：顏之推古意詩之一，收於藝文類聚卷二六，頁四六八，文光出版社。

注三三：見隋書卷一四音樂志，頁一八八，藝文印書館。

注三四：見家訓書證篇。

注三五：同注二三。

注三六：見家訓終制篇。

注三七：見張載張子全書卷一，頁八，臺灣商務印書館。

注三八：紀昀批黃叔琳之節鈔本顏氏家訓語，王利器顏氏家訓集解敍錄徵引，頁五，明文書局。

注三九：見王利器顏氏家訓集解敍錄，頁四—五，明文書局。

注四〇：同注三二。
注四一：見列子說符所載。
注四二：見新唐書一九八顏師古傳，頁五六四一～五六四三，鼎文書局。
注四三：見北史卷八九，張胄玄傳，頁二九五八，鼎文書局。
注四四：今河南舊南陽府，湖北舊襄陽府之地。
注四五：後魏置荊州，隋改曰鄧州，唐仍曰鄧州，治穰縣今河南鄧縣外城東南隅。
注四六：見舊唐書卷五六朱粲傳，頁二二七五，鼎文書局。
注四七：載於新唐書卷五七藝文志，頁六五八。藝文印書館。
注四八：參新唐書卷九一溫大雅博，頁三七八三，鼎文書局。
注四九：南朝宋置越州，唐改曰廉州，屬廣東省，故治在合浦縣。
注五〇：同注四二。
注五一：見新唐書卷一九八顏師古傳，頁五六四三，鼎文書局。
注五二：司馬貞作史記索隱，頗採大顏之說，如封禪書索隱於「周太史儋見秦獻公曰：『秦始與周合，合而離，離五百歲當復合，』句下注云『大顏歷評諸家，而云：周平王封襄公，始列爲諸侯，是乃爲別；至昭王五十二年，西周君臣獻邑，凡五百一十六年是爲合，此言五百年舉全數也。』」，並參羅香林著顏師古先生籀年譜，頁九一一〇，臺灣商務印書館。
注五三：同注四二。
注五四：見家訓終制篇。
注五五：同注四二。
注五六：見唐故通議大夫行薛王友柱國贈祕書少監國子祭酒太子少保顏君碑銘。
注五七：見顏眞卿撰顏氏家廟碑，頁一一一九，天津市古籍書店。

注五八：見顏眞卿撰顏氏家廟碑，頁一一一九，天津市古籍書店。

注五九：春秋時戎蠻子地，治梁縣，即今河南省臨汝縣。

注六〇：見新唐書卷一九二顏眞卿傳，頁二一八八—二一八九，藝文印書館。

第三章　顏氏家訓版本研究

引　言

顏氏家訓之流澤也遠矣！自北齊書文苑傳顏之推傳首載：「之推撰文集三十卷，家訓二十篇。」距今已千四百年矣，厥後，隋書經籍志未錄，而兩唐志竝載，舊唐書經籍志云：「家訓七卷，顏之推撰。」，新唐志同，唯於家訓上冠以「顏氏」二字，此殆隋、唐之世，家訓體之專著漸多，如柳玭家訓（注一）即載於新唐志，是知當世之家訓已非顏氏一家所專擅，故特冠以姓氏別之。

迄乎唐代，顏氏家訓已有別本流傳，王利器云（注二）：

> 此書在唐代，卽有別本流傳，如歸心篇「儒家君子」條以下，廣弘明集卷二十八引作「誡殺，家訓」，而法苑珠林卷一百一十九且著錄之推誡殺一卷，則唐代且以此單行了。同篇「高柴、折像」，廣弘明集「折像」作「曾晳」，原注云：「一作『折像』」，凡此都是

唐代有別本之證。

逮乎五代，有和凝本顏氏家訓，讎校精善，嘗爲宋謝景思取以校蜀本顏氏家訓，事見沈揆跋（注三）：

比去年春，來守天臺郡，得故參知政事謝公家舊藏蜀本。行間朱墨細字，多所竄定，則其子景思手校也。……惟謝氏所校頗精善，自題以五代宮傅和凝本參定，而側注旁出，類非取一家書。

惜五代之刻書掌故，故書記者頗罕，而和凝本顏氏家訓亦僅於沈跋文中略留雪泥鴻爪，得窺全豹者，須至宋代始有之。職是之故，本文所論及之版本，亦由宋本肇始，至於分類，則依刻本、校注本二節觀縷詳陳之。

又，本章所論及之版本，分別訪求於國立中央圖書館、中央研究院歷史語言研究所傅斯年圖書館、中山博物院圖書館、臺灣大學研究圖書館、北平北京圖書館、北京圖書館北海分館、北京大學圖書館等，其中庋藏於本島及北海分館、北大圖書館者，多能恣意閱覽，唯庋於北京圖書館善本書室者，則未獲准閱書、入書室而未一親書澤，甚悵！凡未涉目之版本，除書目卡之登錄資料外，另由歷代藏書志之著錄與各圖書館出版之善本書目上按圖索驥；冀得該版本之蛛絲馬迹，以窺一斑。

第一節 刻本

甲、單刻本

一、宋孝宗淳熙七年（西元一一八〇年）嘉興沈揆刊定臺州公使庫本

五代而後，宋史藝文志、王堯臣崇文總目，晁公武郡齋讀書志及陳振孫之直齋書錄解題均載有顏氏家訓，是宋代之時，該書之流行已廣，存世最古者厥為宋孝宗淳熙七年（西元一一八〇年），由嘉興沈揆刊定之顏氏家訓。

沈揆於宋孝宗淳熙六年至嘉興任朝奉郎，翌年以公使庫錢刊定顏氏家訓（注四）其跋文言及重刊家訓之緣由：

> 揆家有閩本，嘗苦篇中字譌難讀，顧無善本可讎。比去年春，來守天臺郡，得故參知政事謝公家藏舊蜀本。行間朱墨細字，多所竄定，則其子景思手校也。迺與郡丞樓大防取兩家本讀之。大抵閩本尤謬誤，五皓實五白，蓋博名而誤作傳。元歎本顧雍字，而誤作凱。喪服經自一書，而誤作絰。馬牝曰騲，牡曰騭，而誤作驒駱。至以吳趨為吳越，桓山為恆山

，僮約為童幼，則閩、蜀本實同。

據沈揆所述，則宋代傳世之顏氏家訓尚有蜀本、閩本（注五），唯閩之刻本訛誤難讀，即令謝景思以五代和凝本所校之本，亦時有疏舛，沈揆乃興重刊顏氏家訓之念，取公使庫銀爲資，於淳熙七年，成顏氏家訓臺州公使庫本，沈氏於跋語中詳述其始末：

> 惟謝氏所校頗精善；自題以五代宮傅和凝本參定，而側注旁出，類非取一家書，然不正童幼之誤，又秦權銘文「𠟭」實古「則」字，而謝音「制」；亦時有疏舛，讎書之難如此，於是稍加刊正，多采謝氏書，定著為可傳。又別列攷證二十有三條為一卷，附於左。若其轉寫甚譌與音訓辭義所未通者，皆存之以俟洽聞君子。淳熙七年春二月，嘉興沈揆題。

沈本分顏氏家訓爲七卷，卷一爲序致、教子、兄弟、後娶、治家等五篇，卷二收風操、慕賢兩篇；卷三爲勉學篇，卷四攝文章、名實、涉務等三篇，卷五納省事、止足、誡兵、養生與歸心五篇，卷六僅書證一篇；卷七自音辭、雜藝迄終制篇止，計七卷二十篇。卷首附無名氏之序：

> 北齊黃門侍郎顏之推，學優才贍，山高海深，常雌黃朝廷，品藻人物，為書七卷，式範千葉，號曰顏氏家訓。雖非子史同波，抑是王言蓋代。其中破疑遣惑，在廣雅之右；鏡賢燭

愚，出世說之左，唯較量佛事一篇，窮理盡性也……云云。

由於此序不著撰人，不標年月；是以或謂出自唐人之手，或云爲宋人之筆，莫衷一是，如錢大昕竹汀先生日記鈔卷一則曰：

> 讀顏氏家訓淳熙槧本凡七卷，前有序一篇，不題姓名，當是唐人手筆。

而周中孚鄭堂讀書記卷五二乃言：「卷首有宋人序，不著名氏。」至於盧文弨則評曰：

> 此序宋本所有，不著撰人，比擬多失倫，行文亦無法。今依宋本校正，卽不便棄之，有疑「王言蓋代」未詳所出者，案家語有「王言解」，或用此也。

是本每半葉十二行，行十八字，攷證之後，有校刊姓氏九行（注六）。其結銜體例係依宋時之例，即自後而前，以左爲上；官尊者在後，卑者在前。南宋公使庫官署刻書，讎勘多能謹愼，故爲藝林所重，清鄭珍嘗言：

> 最善者惟宋淳熙七年嘉興沈氏刊定之本。

唯沈氏七卷本，雖曰最善，然高宗乾隆纂修四庫全書時，並未蒐得。其提要云：

宋淳熙七年嘉興沈揆本七卷，以閩本、蜀本及天臺謝氏所校五代和凝本參定，末附攷證二十三條，且力斥流俗并為二卷之非。今沈本不可復見，無由知其分卷之舊，故從明刊本錄之。

後十餘年，孫星衍得沈本，嘗有意上呈，清仁宗嘉慶五年（西元一八〇〇年），孫氏記（注七）曰：

此卽宋嘉興沈揆本，錢曾但得其鈔本，錄入讀書敏求記。四庫載明刻二卷本，當時求宋本未得也。……惜纂書時未進此本，他時擬彙以上呈。

孫星衍云「錢曾但得其鈔本」，據讀書敏求記卷三所錄，有「顏氏家訓七卷」，且注以「宋板」二字，入宋板書目，錢曾云：

顏氏家訓，流俗本止二卷，不知何年為妄庸子所殺亂，遂令舉世罕覩原書。……是書為宋人名筆所錄，淳熙七年，嘉興沈揆取閩本、蜀本，互為參定。又從天臺故參知政事謝公所校五代和凝本，辨析精當，後列攷證二十三條為一卷。沈君學識不凡，雠勘此書，當時稱為善本，兼之繕寫精妙，古香襲人，置諸几案間，真奇寶也。

錢曾所藏此書，前後有汲古閣毛氏諸印，雖爲几案之珍寶，然非宋槧，而爲影宋槧之抄本，清潘祖蔭滂喜齋藏書記卷二云：

錢氏讀書敏求記稱為至寶，然亦衹鈔本耳。

錢氏向好宋刻，素有佞宋之稱，其述古堂書目中載所收藏之圖籍，多不敍作者及書籍內容，唯重繕寫及刊雕之巧拙，爲一賞鑑藏書家。述古堂此鈔本，後即鮑廷博據以重雕顏氏家訓之底本，遂使古來秘笈化身千萬，流布人間，裨益士子；然其行款已更爲每半葉九行，每行字數，仍其舊數十八，若以宋刻統排葉數數之，難復舊觀矣，識者謂古書形式易得，氣韻難具，鮑氏知不足齋叢書雖精美有餘，而古拙不及，此錢曾視景宋槧顏氏家訓爲珍寶之緣由，而其展卷有異香，聞之怡然心喜，亦是此景宋本之可愛處！

二、元覆刊宋孝宗淳熙七年嘉興沈揆刊定台州公使庫本

元時廉臺田家嘗據沈揆本覆刊，行格款式不變，唯避諱字不嚴，且附一墨記，曰「廉臺田家印」，考宋時未置廉訪司，元代乃有之，故爲元時刻本無疑，然歷代藏書家多視爲宋刻本，黃丕

烈蕘圃藏書題識卷五云：

庚申（西元一八〇〇年）九月，白隄錢聽默鬻書自金陵歸，携得宋刻顏氏家訓二册，持以示余曰：此書得諸五松園主人（孫星衍）……蓋此書向藏何義門家，為吾先人買出，以歸於山東某氏。後幾年，而吾弟與友人貿易山東，某氏出所藏書畫法帖并此書，屬為品評。吾弟素知其為佳本，擬購歸而未之許。今適見諸五松園，詢主人所由來，云是官於山東時，為友人所遺。主人因此書遭水溼，託為裝潢，而吾遂以他書易得。且稔知君之有宋癖也，遇書必求祖本。吾與君交有年矣，從未有以宋刻奉覽者，故借此一本，以為所見古書錄備甲編之目，可乎？余固重其為宋刻，而書之精靈亦若有戀戀於吾郡者，爰出舊鈔影寫本相易；而益以斤金，命工重為整理。

黃蕘圃雖以舊鈔影寫本及斤金易得此「宋刻」本，然是書恐非宋刻，而屬元覆宋槧本，理由有二；其一：是本於無名氏序後有一圖形古雅之琴形墨記，曰「廉臺田家印」，攷宋時未有廉訪司之設置，元制乃有之，何以書爲宋刻而有元時之牌記？錢大昕竹汀先生日記鈔卷一云：

前序末有長記「廉臺田家印」五字，攷元制：各道置廉訪司，為行臺所屬，廉臺之名，實昉於此。此本蓋宋槧而元印者。

其二：是本若爲宋孝宗時之公庫本，則避諱自當謹嚴（注八），緣何書中於宋諱，間有缺筆，間有不缺筆避帝諱者耶？蕘圃藏書題識卷五曰：

書於宋諱，注云某諱，而沒其文，至於「愼」、「敬」等字，並未缺筆。

考是本之避諱體例，極不符宋孝宗之避諱律令，亦非一地方首長——沈揆所當爲；故李洣書林清話校補斥曰：

臺州公庫刻顏氏家訓，案鮑廷博曾據廉臺田家刻本刊入知不足齋叢書，考廉臺之稱，昉於元代，田家本又無宋諱字，其為元覆宋刻無疑；而錢記、黃錄，猶謂為宋槧元印者，非徒欺人，實自欺耳。

然則黃丕烈似爲一時之誤認，非盡如李氏所言之自欺欺人；黃於得此珍本後之三年，亦生疑竇，清宣宗道光元年（西元一八〇三年）題續顏氏家訓後言：

顏氏家訓以廉臺田家印本為最舊，謂出於嘉興沈揆本，余向有之，疑是元翻宋槧。

可知蕘翁實非蓄意欺世，彼甚且推測屬元翻宋槧本。攷元史本紀載元太宗滅金後曾立編修所、經籍所，編集經史，及元世祖下臨安，盡取杭州及江西諸郡官書版並立興文署以掌經籍書版，則嘉興沈揆之臺州公使庫本顏氏家訓書版，是否即於厥時所蒐納，而據以覆刊乎？又元代刻書，避諱不嚴；凡翻刻時遇宋諱，則或依宋諱缺筆，或不缺；由是而知蕘翁所謂之「宋刻本」，當屬元初之覆刻本無疑。

是書每葉十八行，行十八字，每卷總目低三格，行三目，當篇篇目低三格，惟卷第一標撰人，餘卷無，盡間二行標顏氏家訓卷第幾。書共三册，每册卷首盡處，有「省齋」及「共山書院」印章，印長四寸五分，闊一寸六分。每册首尾之紙背鈐有「國子監崇文閣官書，借讀者必須愛護，損壞闕失，典掌者不許收受」之楷書朱記，殆爲元時官書出借之借書條約。

元覆宋刻之顏氏家訓嘗爲清代藏書家喻爲存世最古之本，是書曾兩遭水患，一爲何義門覆舟黃河；一爲孫星衍書沈南陽湖；然仍巍然存世，是以潘祖蔭歎其蒙鬼神之呵護；唯時日奄忽，距潘氏之世又已百年，其間戰亂頻仍，兵連禍結，東鄰西鄰趁我不虞，大肆蒐括書籍字畫，晚近大陸書厄，更甚於征伐，捆載轉輸，以充紙料，而是書乃未見錄於中外圖書志，未知究已湮滅亡佚，或猶存天壤之間？吾國乎？異域乎？一歎！

三、明憲宗成化年間（西元一四六五——一四八七年）建寧府同知績溪程伯祥刊本

明代去今未遠，故明槧圖書，傳於今者甚多，最早者爲明英宗正統年間（西元一四三六——一四

四九）顏思聰校刊本。據清康熙五十八年顏氏通譜本重刻顏氏家訓小引顏星云：「家訓，我世世寶之，正統間，思聰公曾經校刊，以授兒孫。」嗣後，憲宗成化年間，建寧府同知程伯祥，通判羅春等，嘗命工重刊，但流傳未廣。是書爲二卷本，前後無序跋，上卷大題下署「北齊黃門侍郎顏之推撰，建寧府同知績溪程伯祥刊」下卷則改署「建寧府通判廬陵羅春刊」，二卷署名不同，疑爲程、羅二人所合刊。然王利器以爲更有羅春本，說據日本寬文二年壬寅三月吉日村田莊五郎刊行本，以其本上下二卷俱題爲「建寧府通判廬陵羅春刊」，故謂別於程本，然則日本後西天皇寬文二年去明憲宗成化年間已百又二十年，較寬文本早百餘年之顏嗣慎覆刊本則仍循程本之舊，上卷署程氏刊，下卷署羅氏刊，且序曰：

> 迨我聖朝成化年間，建寧府同知程伯祥，通判羅春等，嘗命工重刊，但未廣其傳耳。

可見程、羅二人俱爲建寧府官員，合力重刊家訓實理所當然，應非如王利器所言另有一羅春本，且王所據者厪寬文本上下卷署名有異耳，彼去程本已遠，寧知其無誤哉？舍近者顏本不究，而依較晚之寬文本立論，不足採信。

清丁丙善本書室藏書志卷一八云：

> 此書為建寧府同知績溪程伯祥刊。前後無序跋，用朱筆照宋本校改，分畫七卷。

丁氏書後售予江南圖書館，該館善本書目載：

顏氏家訓二卷，北齊顏之推撰，明程伯祥刊校宋七卷本。

是書今庋存於北京圖書館善本書室，有黃丕烈之抄補，書分二冊，十行二十字，白口、四周單邊。

四、明武宗正德十三年（西元一五一八年）顏如瓌刻本

是書藏北京圖書館，未得見，書分二冊，其行款爲十行二十字，白口、左右雙欄，據程榮漢魏叢書本所錄之顏如瓌序文，知如瓌家中素藏有宋本，唯篇章斷缺，不易成讀，如瓌父雖曾留意訪求全本，惜終生未獲，囑其子當求諸好古積書之家，以竟遺志。武宗正德十三年，如瓌終獲宋刻足本，亟取之與家藏殘本、續家訓等彼此讎對，遂得紹承父志，乃命工重刻，序曰：

如瓌齠年時，受小學於先君，習句讀至顏氏家訓，請曰：「豈先世所遺？何不授全書？」先君笑曰：「童子能知問此，可教矣。此北齊黃門侍郎祖諱之推所著，世遠書亡，家藏宋本，篇章斷缺。吾每留意訪求全本，弗獲。汝能讀書成立，它日求諸好古積書之家，當必得之。……此書茍得，其重刻之，以承先志，以貽子孫，毋忽！」如瓌謹識不敢忘。旣而宦遊南北，雖嘗篤意訪求，亦弗獲。正德乙亥（西元一五一五年），自陝州轉官姑蘇，遍

訪始得宋董正功續本于都太僕玄敬，繼得宋刻抄本于皇甫太守世庸；乃合先君所藏缺本，參互校訂，而是訓復完。因命工重刻以傳，蓋庶幾少副先君遺志，而於顏氏之後，或有裨焉。……正德戊寅冬十月望日，如瓌謹識。

五、明世宗嘉靖三年（西元一五二四年）遼陽傅鑰刊冷宗元校本

此本乃遼陽傅鑰（注九）據國史官張璧所校錄之中秘本顏氏家訓付梓。一日傅鑰至張璧處報政，見張所手自校錄之顏氏家訓，遂持歸刻之，以裨世人褆身範俗之助，張璧序曰：

北齊顏黃門家訓，質而明，詳而要，平而不詭。蓋序致至終篇，罔不折衷今古，會理道焉，是可範矣。璧少時，家君東軒公嘗援引為訓，俾知嚮方。顧其書雖晦菴小學，間見一二；然全帙寡傳，莫獲考見。頃得中秘本，手自校錄。適遼陽傅太平以報政來，就予索古書。予出之觀，且語之故。太平曰：「吾志也，是惡可弗傳諸？」亟持歸刻焉。

清瞿鏞鐵琴銅劍樓藏書目錄卷一六載有明刊顏氏家訓二卷本，曰：

題北齊黃門侍郎顏之推撰，明蜀榮昌後學冷宗元校。前後無序跋，舊藏邑中馮氏。卷首有

朱筆「海虞馮武敬讀」六字。書中朱筆點勘處，皆其筆也。卷首有「馮彥淵收藏」朱記。

近江安傅增湘藏有傅太平本，其雙鑑樓善本書目卷三曰：

顏氏家訓二卷，明嘉靖冷宗元校刊本，十行二十字。高安朱軾朱筆評點，有「錢萬逵印」、「鴻序堂」諸印。

民國二十五年上海商務印書館借傅氏所藏，縮印入四部叢刊，四部叢刊書錄言是書係自宋本出，曰：

首載嘉靖甲申張璧序，謂家訓全帙寡傳，從中祕錄得，遼陽傅太平刻於杭郡。知此亦從宋本出，不必以七卷本為古也。

六、明神宗萬曆三年（西元一五七四年）翰博顏嗣慎覆刊成化建寧本

此本爲顏嗣愼所刊，嗣愼係復聖顏回之六十四代嫡孫，醇雅斯文，通達世故，世襲翰林院博士；彼有感於明世之家訓刻本多訛誤相承，殊乏善本，乃據魯望洋王孫所藏故本顏氏家訓重加釐校，託梓以傳，顏嗣愼序云：

茲家訓一書，予先祖復聖顏子三十五代孫北齊黃門侍郎之推撰也。自唐宋以來，世世刊行天下，迨我聖朝成化年間，建寧府同知績溪程伯祥、通判羅春等嘗命工重刊，但未廣其傳耳。今予幸生六十四代宗嫡，叨襲翰林博士，竊念此刻誠吾家之天球河圖也……將繡梓以共天下，觀者誠能擇其善者，而各敎于家，則訓之為義，不特曰顏氏而已。

書末于愼行後序記顏得成化刊本之始末，曰：

翰林博士顏君，今所為奉復聖祀者也。雅重其家遺書，顧此編無藏者，而會望洋王孫故好積書，嘗購得一帙。博士君造其門請觀，迺其故本，多闕不可讀。博士奉而藏焉，又懼其逸也，於是重加校定，梓之其家以傳。

此本傳世者有數部，中央圖書館，傅斯年圖書館、江蘇國學圖書館與北京圖書館等皆藏有，庋於中央圖書館者，書衣以隸書題曰：「顏氏家訓」，旁以小字題「萬曆甲戊」，「甲戊」當爲「甲戌」之誤，萬曆三年，歲次爲「甲戌」。是書版匡高二〇・五公分，闊一三・五公分，每半葉十行，行十九字，四周單邊，邊欄因書版久經翻刻而呈漫漶。順向雙黑魚尾，象鼻間刻具書名，中縫載卷別，下象鼻則記頁數及刻工姓名，如「車、仁、上、義……」等。字體瘦勁方整，紙質薄而勻，色呈淡黃，因是本書齡已逾五百年，紙質業已老化變脆，不復堅韌，書根處亦觸手易損（注一〇）其墨色尚稱濃黑，然間有濃淡不均及倒邊踢欄之瑕（注一一）。

首頁序文鈐有白文「松窗」長章及「藥劵廳藏精槧善鈔本」方章，另有朱文「莚圃收藏」之章！莚圃乃近人張乃熊書室之名。目錄存「理堂」、「褚」二朱文方章。正文首頁鈐白文篆書方章「褚德儀印」（注一二）。

書分上下二册，其編次依序爲張一桂序、顏嗣愼序，次爲目錄。上卷起序致迄名實，下卷由涉務而終制。終制篇盡附刊記，記曰：

是書歷年旣久，翻刻數多，其間字書頗有差謬，今據諸書，暨取證於先達李蘭皋諸公，尤有未盡，姑闕以俟知音。

末有于愼行後序。

七、明神宗萬曆三年（西元一五七四年）顏嗣愼覆刊成化建寧本又一部

傅斯年圖書館藏庋之顏嗣愼覆刊本，版式行款已悉如上述。此書分三册，每葉之內，加襯白紙乙張，不徒翻檢較易，書葉之映出亦倍覺鮮明。首葉天頭鈐有朱文小方章「張」，印朵朱潤生動，下端有「乾隆五十七年遵□堂刻記」與「璜川吳氏收藏圖書」及「東方文化事業總委員會所藏圖書印」之朱文大方章（注一三）。目錄下尚有「秀泉藏書印」，朱文大方章「師孔堂圖書」、小方章「君石」，白文篆書方章「群碧樓」、「虞東吳氏珍賞」等章。

此本卷後刊記嘗云：「是書歷年既久，翻刻數多，其閒字畫，頗有差謬云云」知其中頗有筆畫混淆處，此本凡遇字迹不清者，輒以朱筆重描，中闕二葉，自治家篇「將及，便遣閽豎守之」至風操篇「此非人情也，凡避諱者皆須得」止，由近人工楷抄補，疑出周法高之手。書中間貼附書有補注文字之紙箋，如雜藝篇「算術亦是六藝事」上附小箋，云：

漢書遊俠陳遵傳注李奇曰：「竦知有賊，當去會反支日不去，因為賊所殺。」案此本用張竦事。

又書證篇「所見漸廣」下云：

萑，作舊，蒦，如奚、豨；畀、與是也。

明代刻本除上所述者外，尚有但存目錄，未聞其詳者，如清陸心源皕宋樓藏書志卷五五：

顏氏家訓七卷，明刊本，隋顏之推撰，張壁序。

陸氏經商失敗，皕宋樓藏書盡售予日人岩崎氏，載歸東瀛，貯於靜嘉堂文庫，今日本靜嘉堂文庫漢籍分類目錄載曰：

> 顏氏家訓七卷，隋顏之推撰，明刊，一冊。

該本雖亦有陽峯張璧序，然殆異於傅太平本，以其爲二卷本，而此則爲七卷本也。另日本東京大學東洋文化研究所存有明熹宗天啓三年（西元一六二三年）之序刊本，其目錄載：

> 顏氏家訓二卷，北齊顏之推撰，明李燁然評點，天啓三年序刊本。

而江蘇省立國學圖書館亦存有一部天啓刊本，上有「湯釜」、「紹南」、「湯釜之印」三印。又北京師範學院圖書館收藏有明神宗萬曆二年顏懋乾刻本一冊，外此之餘，周作人載於民國二十三年大公報之顏氏家訓隨筆，嘗言其所見者另有吳惟明本、郝之璧本，此爲他家所未嘗言及者，莫審二本之詳。另王重民之善本書提要轉記存於美國國會圖書館之明刊二卷本一冊：

> 顏氏家訓二卷一冊，明萬曆間刻本，九行二十字，十九・五×十三・三公分。隋顏之推撰，卷內題：三十四代孫懋乾重刊，子崇德、崇哲校字。有「秋伯」小方印，于慎行序（萬曆二年，一五七四年）、張一桂序（萬曆二年，一五七四年）。

此本之版匡尺度與每葉行格數、前後序文，均同於程榮本，唯程本署名爲茶陵顏志邦，此本則更爲顏懋乾也。明末思宗崇禎年間亦有刊行家訓者，庋於江蘇國學圖書館。

八、清世宗雍正二年（西元一七二四年）黄叔琳據養素堂刊本重刻節本

是書藏北京圖書館，所據底本爲養素堂刊本。依王利器顏氏家訓集解附錄所引，知書分上下二卷，大題下署「北平黄叔琳崑圃編」，書末記「男登賢雲門，登穀挹辛校字」。目錄大題有朱文篆章「獻陵」，白文篆章「紀曉嵐」二印（注一四）

黄叔琳以爲顏氏家訓誼正而意備，言近而不俚，愷切而不激，能令頑秀並遵，賢愚共曉，實越度歷朝訓子家誡之作，乃選爲家塾子弟之啓蒙教材，唯黄氏以爲其中歸心、書證、音辭等篇無關大體，部分涉及禮儀風俗之內容去今已遠，不切時義，遂加刪削，而爲節本，其序曰：

> 惟歸心篇闡揚佛乘，流入異端；書證篇、音辭篇，義瑣文繁，有資小學，無關大體，他若古今風習不同，在當日言之，則切近於事情，由今日視之，為閒談而無當，不揣翦陋，重加決擇，薙其冗雜，掇其菁英，布之家塾，用啓童蒙。蘇子瞻云：「藥雖進於醫手，方多傳於古人，若已經效於世間，不必皆從于己出。」竊謂父兄之敎子弟，亦猶是也，以古人之訓其家者，各訓乃家，不更事逸而功倍乎！此余節鈔是書之微意也。時雍正二年歲次甲辰，仲春既望。北平黄叔琳序

九、清仁宗嘉慶二十二年（西元一八一七年）潙寧顏邦城刊顏氏通譜本

此本為王利器所藏，他書未見著錄，據王氏所言，知該本原係清聖祖康熙五十年（西元一七一一年）汭陽顏星據明顏志邦本重刊，厥後百年餘，顏邦城等復刊之，顏星重刊顏氏家訓小引云（注一五）：

> （顏星之父）曰：「兒輩得讀家訓不容易，家訓我世世寶之。正統間，思聰公曾經校刊，以授兒孫。無如兵燹之餘，散軼頗多，苦無善本。戊午（康熙十七年，西元一六七八年）春，坐徐認齋書屋，抽架上得家訓全集，喜心翻淚；又以中多訛舛，攜至京師，獲與東魯學山先生，參互攷訂，手錄成編，乃得與兒輩共讀之。目前艱於梨棗，待我纂修通譜時，重刻譜端……念之，念之！」嗚呼！先人言猶在耳也，奈何竟齎志以沒哉！余小子風木增悲，堂構滋愧，先人欲成未成之志，余小子未克負荷者多矣，重刻家訓，遑敢過佚哉！歲辛卯（康熙五十年，西元一七一一年），綜脩通譜，自汭水走吉郡數千里，伯叔昆季出如環公同知蘇州時所得家訓全集，後為吉人公三修譜牒內重加校刊一帙舉似余，證驗符同，相得益彰，迺命梓人……俱行刊刻……同列譜端。

其後，於仁宗嘉慶二十二年，歲次丁丑，潙寧顏邦城復重刊之，又據王氏集解附錄所載，亦得略窺該書面目，王曰：

此本顏氏通譜列於譜端，三刻小引書口魚尾上方卽標爲顏氏通譜。余所藏本三刻小引首頁有木記……，後爲朱文篆書「源遠流長」四字。木記下有朱字楷書「文字廿一」印記，書眉上有「錫字二號」朱文楷書印記，蓋支譜編號也。此本先列三刻黃門家訓小引，次列重刻顏氏家訓舊序，卽顏廣烈序，而誤以爲顏志邦序，足以知其魯莽滅裂矣；最後爲顏星之重刊顏氏家訓小引。

十、清德宗光緒元年（西元一八七五年）湖北崇文書局刻本

此本係光緒元年夏，由湖北崇文書局所雕之書局本（注一六）。是本版式：四邊雙欄，大黑口，逆向雙魚尾，中縫冠卷次、書名及頁碼。匡高一九・二公分，寬一四・一公分。每半葉十二行，行二十四字，字體特大，爲硬體宋字，其橫輕豎重之比例懸殊。紙色柔白厚實，墨色濃沈，有長方形墨記，文曰：「光緒紀元夏月湖北崇文書局開雕」。書之卷帙分爲上下二卷，另在此之前，成都志古堂曾於文宗咸豐七年（西元一八七五年）校刊顏氏家訓，書存於北海分館。

十一、清德宗光緒七年（西元一八八一年）汗青簃刊本

此本藏於北京圖書館北海分館，所據底本爲元覆刻沈揆臺州公庫七卷本。附無名氏序，「廉臺田家印」牌記，末附沈揆跋、攷證一卷。序前以小篆大題「顏氏家訓」，次有長形牌記「光緒七年汗青簃刊」。書之卷帙仍宋七卷本編次之，篇內各段提行，朗若列眉，卷內各篇相接。其版

式為四邊雙欄，匡高一八・七公分，闊一二・二公分，每半葉十一行，行二十一字，大字單行，注文小字夾行，行亦二十一字。大黑口，單黑魚尾，版心分繫書名、卷別與頁次。印文存一朱文方章「臣湘」耳。

十二、清德宗光緒二十三年（西元一八九七年）刊康熙五十八年高安朱軾評點本

此書所據底本係清聖祖康熙五十八年朱軾（注一七）之評點本，而朱軾所據之底本乃明嘉靖傅太平重刊冷宗元之校刊本，近人傅增湘雙鑑樓善本書目卷三云：

> 顏氏家訓二卷，明嘉靖冷宗元校刊本，十行二十字。高安朱軾朱筆評點，有「錢萬逵印」、「鴻序堂記」諸印。

朱軾為一謹守禮法之儒士，病篤，帝臨第視疾，軾尚且力疾服朝服，令其子扶掖迎拜戶外，未幾而卒，據此，亦可略窺其堅守儒說，力詆佛理之立場，故朱氏視養生、歸心二篇之闡揚佛理，為儒道之大敵，屢於評文中鞭笞之，其序文曰：

> 始吾讀顏侍郎家訓，竊意侍郎復聖裔，於非禮勿視、聽、言、動之義庶有合，可為後世訓矣。豈惟顏氏寶之已哉？及覽養生、歸心等篇，又怪二氏樹吾道敵，方攻之不暇，而附會之，侍郎實忝厥祖，欲以垂訓可乎？雖然，著書必擇而後言，讀書又言無不擇。軾不自量

，敢以臆見，逐一評校，以滌瑕著嫩，使讀者黜其不可為訓，而寶其可為訓，則侍郎之為功於後學不少矣。

是本四周單邊，匡高一八・七公分，寬一二・六公分，花口，單黑魚尾，象鼻內刻書名，版心記卷次及頁別，每半葉九行，行二十一字，字句間附句讀，書眉刻有朱軾之評語；版式清朗大方，潔淨悅目。

朱軾之評語短潔，如書證篇「詩云參差荇菜」條評曰：

此篇援引奥博，考訂精詳，有功後學非淺。

至於評歸心篇，則措詞強硬，周作人言其火氣過重，如歸心篇「釋四」條評：

語尤荒誕，何其惑也？不直明眼人一笑。

又「釋五」評曰：

愚夫愚婦之言，遽以為信而有徵乎！

然之推之信佛，誠非得已，蓋之推所處時代，南北分裂，五胡亂華，舉目所望，盡是民生塗炭之苦象，是以上自公卿，下至黎庶，欲求解脫心靈苦痛，唯藉內教之說以麻醉之？蕭衍之捨身，劉勰之焚髮、靈運、沈約之崇佛，皆是如此，此種心靈煩憂，洵非歷三朝高官之朱軾所能知曉，若嘗遭逢鉅變，必能有所體會，如吳梅是也。

吳梅嘗手批顏氏家訓朱軾評點本，書末題記云：

丁丑十一月十四日，霜厓讀訖，時避寇湘潭，東望吳門，公私塗炭，俯仰身世，略似黃門，點朱展卷，悽然無盡。

此本亦藏北京圖書館，卷首有「五萬卷藏書樓」、「瞿安心賞」二朱文篆書之章；與白文「沈氏家藏」、「吳梅」、「霜崖手校」、「長洲吳氏藏書」等章，文末則有朱文小章，曰「靈雉」（注一八）。

十三、日本光格文化七年（西元一八一〇年）京師葛西氏郎兵衛校定增刊本

上所述者為我國歷代之單刻本顏氏家訓，另日本亦曾刊刻顏氏家訓，所知者有二，一為後西寬文二年（西元一六六二年）之京都高橋忠兵衛之重刊本，此本未見；另一為文化七年京師葛西氏之校定增刊本，書藏臺灣大學研究圖書館。

是本乃日本光格天皇文化七年（西元一八一〇年），平安朝倉璞所刊，朝倉氏取顏志邦本，

何氏漢魏叢書本與鮑氏知不足齋叢書本相互讎校，標出同異，校改誤字失讀者，且附刻無名氏序、沈揆跋及攷證一卷，朝倉序云：

> 顏氏家訓邦刻本，文字多誤，句讀亦失，嘗以何氏漢魏叢書本校之，粗正其誤。近閱鮑氏知不足齋叢書，所載與何氏所傳頗不同，乃取二本，更讎校之，就舊刻本，標出同異，其誤字失讀可改者則從改之。鮑本附攷證一卷，具有序跋，今皆增刻焉，以資讀。

書別爲上下二卷，爲精槧善刻，紙墨俱佳之善本，其版式爲四周單邊，無界欄與魚尾，版心上刻書名卷次，下錄頁碼。匡高一八・七公分，寬一三・五公分，每半葉十行，行二十字，字體端整雅潤，筆畫不苟，亦無缺筆斷像之失，書眉間之校文一以墨圍匡示，其餘音注皆附於漢字下方。紙質靱實，色呈淺黃，墨色潤麗勻淨，洵乎善本也。存印有朱文長章「久保天隨珍藏圖書」、「夢蝶子」二印，及楷書朱文「宏寶」，篆書「孝猷圖書」，白文「朝倉璞印」與黑文「琢卿」二方章，卷盡處存有朱文小方章「虛白軒」，書中存有朱筆批點，未詳出自何人之手。

卷末刻記曰：「寬文二年壬寅三月吉日」，底頁記曰：「巖桂園藏，文化七年庚午七月京師葛西氏郎兵衞發行。」上册書衣題簽「顏氏家訓校定本」，該卷所屬之十篇篇目亦皆顏乎其上。下册書衣題簽「顏氏家訓校定附攷證末」，下册之篇目亦皆書之。該書原爲日人久保氏之藏書，昭和初年與其他藏書悉數捐予臺大，現存於研究圖書館之久保文庫內。

乙、叢書本

一、明神宗萬曆年間（西元一五七三—一六一九年）程榮漢魏叢書覆刻顏志邦本

明人嗜奇愛博，多鐫刻叢書，然良莠不齊，若程榮之漢魏叢書，爲叢書中之精刻精校者。程氏所據刻之顏氏家訓，係萬曆六年之顏志邦本，分別傳錄顏志邦序，武宗正德十三年之顏廣烈序、顏如瓌序與顏志邦小跋。志邦生於楚，楚地未曾刊行顏氏家訓，偶獲婁江王太史鳳州之萬書閣收藏之明武宗顏如瓌刻本，遂重刊之，其跋曰：

> 余，楚產也。家訓，楚未有刻也。雖散見諸書旁引，而恆以不獲全書為憾。余倅東倉，迎家君至養，時王太史鳳州翁以詩贈，有「家訓傳來舊姓顏」之句，因走弇山園以請，迺出是書，如獲拱璧，閱之，則前以戊寅刻，而今又以戊寅遘也。如瓌其有以俟我乎！奇矣奇矣！……因奉命鋟諸梓，以淑來裔。

後程榮復據顏志邦本校之，刊入漢魏叢書子籍內，中央圖書館庋藏有。書之版式爲左右雙欄，匡高二〇・二五公分，闊一四・二公分，單白魚尾，象鼻內刻書名，版心載卷次、頁別，下記刻工姓名，如「鋒、余、少、魏……」等，下卷版心下署「蕭山蔡孟龍刊」。序文半頁六行，行十四字；正文每半葉爲九行，行二十二字，硬體宋字，端整大方，寫手爲宋禮，篇盡處署有：「句餘

宋禮寫」。紙色老化爲茶褐色，紙質薄而易脆，書分上下二卷，民國新興書局據程榮本漢魏叢書景印刊行，唯更署名爲「陳榮」，未知何故易「程」爲「陳」。

二、明末武林何允中重編漢魏叢書刊本

自程榮彙漢魏叢書後，括蒼何鏜嘗蒐錄百種書目彙刻之，萬曆間，武林何允中乃取何鏜本之規模，而依程榮本之行格，成另一漢魏叢書，何允中識語云：

> 叢書彙自括蒼何先生鏜版，行則新安程氏，漢、魏去古未遠，典雅閎博，咸足羽翼經史，代自為論，人自名家，非稗官瑣說可擬。何氏目百種，程氏僅梓三十七，茲蒐益其半，內如三墳周書，雖病不類似，以魏、晉注收，序謂見漢承秦之遺風，論亦當矣。往見緯真氏別本，分典雅、奇古、閎肆、藻豔四家以類從，殊為鉅觀，恐失作者意，茲仍何氏經史子籍舊目云，武林何允中識。

序末有陰文「何允中印」、陽文「文開」二印，及白文「何時奠酒論刻」之章。首册頭版大題爲楷書「廣漢魏叢書」，左下署「何衙藏板，翻刻必究」，本頁右上鈐有朱文長章「五車一梭」，下端有白文大方章，文曰「瑤林瓊樹」，總目尚鈐有朱文「獨山莫祥芝圖書記」、白文「莫私印」、「莫祁圖書之印」、「莫棠之章」，另有朱文「高氏松茂字德榮印」一章。

書分上下二卷，左右雙欄，單白魚尾，象鼻錄書名，版心載卷次頁別，匡高一九・八公分，

寬一三・六公分，每半葉九行，行二十字，字體爲橫輕豎重，稜角峻厲之匠體字，紙面平滑，紙質薄脆，呈淡茶色，文中刻有句讀圈點，殆出黃嘉惠手。

大略而言，何允中之漢魏叢書雖增益規模，然多承襲，殊少抉擇；唯此本另有所長，即有諸本家訓皆誤而此本不誤者，如風操篇：「蔡邕集呼其姑姊爲家姑家姊」，諸本「姑姊」，皆作「姑女」；惟此本作「姑姊」；文章篇「痛心拔腦」，諸本皆作「惱」，惟此本作「腦」。

另有以清刊本配補之顏氏家訓，首册鈐有朱文大章「吳興劉氏嘉業堂藏書印」，小方章「扶風馬氏」、「子孫永保」，白文之章「怡悅堂藏書」，另存大方章「劉承幹字貞一號幹悟」。

明代之叢書本顏氏家訓，除上述之程本、何本之外，另北京圖書館尚收有胡文煥之格致叢書本，唯雖字曰「格致」，實則割裂荒謬，有忝「格致」之名。該叢書所收書目多至三四百種，名目眩異，尤爲猥濫，如摭困學紀聞卷一八論詩之語曰：困學論詩，又摭文獻通考卷六九至七二論詩數段曰：文獻詩考，皆荒謬可笑。葉德輝書林清話卷五直指胡氏爲一不論是非之無知坊估：

晚季胡文煥格致叢書，割裂首尾，改換頭面，值得謂之焚書，不得謂之刻書矣。

至乎其所納入之顏氏家訓是否亦割奪不全，則因未見原本而不敢信口雌黃也。

三、清高宗乾隆四十一年（西元一七七六年）欽定四庫全書本四庫全書所收之顏氏家訓，係由江西巡撫所進之明刊二卷本，時未得宋沈揆七卷本，提要云：

> 是書隋志不著錄，唐志、宋志俱作七卷，今本乃止二卷，錢曾讀書敏求記載有宋淳熙沈揆本七卷，以閩本、蜀本及天臺謝氏所校五代和凝本參定，末附攷證二十三條，別為一卷，且力斥流俗併為二卷之非，今沈本不可復見，無由知其分卷之舊，姑從明人刊本錄之。然其文既無異詞，則卷帙分合亦為細故，惟攷證一卷佚之為可惜耳。

黃丕烈蕘圃藏書題識卷五亦曾論及此，曰：

> 四庫書載明刻二卷本，當時求宋本未得也。

於分類歸屬上，四庫置顏氏家訓於雜家類之雜學之屬，顯有意黜之，而爭議之處仍在歸心篇之爲釋氏立說，提要曰：

> 今觀其書，大抵於人情深明利害而能文之以經訓，故唐志、宋志俱列之儒家，然其中歸心等篇，深明因果，不出當時好佛之習，又兼論字畫，音訓，並考正典故，品第文藝，曼衍旁涉，不耑為一家之言，今特退之雜家，從其類焉。

四庫全書既爲大內所編纂，固有四庫全書館專司其事，除編纂、總校及承辦人員之外，另自雲集京師之監生中，遴選精於書法之士子充任謄繕工作；校對者則由已獲功名之士子負責，可見工程之繁鉅與態度之認眞（注一九），故四庫全書之善美精審，亦爲意料中事。是本顏氏家訓爲藍色絹面之包背裝，端嚴整齊，外護以松木匣，紙質瑩白靭實，墨采潤澤，映眼怡然！其版式爲四周雙邊，朱絲界欄，每半葉八行，行二十一字；匡高二二・一公分，闊一五・二公分，單魚尾、花口，象鼻中書「欽定四庫全書」，版心載「顏氏家訓」書名與頁數。其提要曰：

> 臣等謹案顏氏家訓二卷，舊本題北齊黃門侍郎顏之推撰，考陸法言切韻序作於隋仁壽中，所列同定八人，之推與焉，則實終于隋代，舊本所題，蓋據作書之時也。陳振孫書錄解題云：「古今家訓，以此為祖，然李翶所稱太公家訓雖屬偽書，至杜預家誡之類，則在前久矣，特之推所撰卷帙較多耳。……

四庫全書於乾隆四十七年（西元一七八二年）告成後，以繕正之第一部，貯於文淵閣，即今中山博物院所珍藏者，另六部分貯於圓明園之文源閣，瀋陽清寧宮之文溯閣，熱河之文津閣，及鎭江金山之文宗閣，揚州大觀堂之文匯閣，杭州西湖之文瀾閣，合文淵閣爲北四閣、南三閣，即世所豔稱之七閣。其中文匯閣、文宗閣之四庫於洪楊之亂化爲劫灰，文瀾閣殘佚逾半，文源閣悉燼於英法聯軍，完者惟三部：文淵閣，存於自由基地；文溯閣貯於奉天；文津閣，庋於北京圖書館北海分館。

四、清高宗乾隆四十二年（西元一七七七年）欽定四庫全書薈要本

清高宗於乾隆三十八年勅令修纂四庫全書，時高宗已六十餘歲，惟恐四庫全書卷帙浩繁，編纂耗時，無法目見其成，乃與擷取四庫全書之菁華，繕爲薈要，以資隨時瀏覽。遂以于敏中、王際華專司其事。四庫薈要行款悉同四庫全書，唯每册大題之下，俱標有全書總卷數，檢索方便，如顏氏家訓大題前標曰：「欽定四庫全書薈要卷一萬一千一百八十七。」是也。首葉鈐有朱文腰章「擒藻堂」，及朱文大方章「擒藻堂全書薈要寶」，裝潢悉同四庫全書，唯裝書函匣已由杉木易爲紅木，愈趨精緻。

四庫薈要共抄成二部，一置長春園味腴書室，燬於咸豐十年喪心病狂之英、法聯軍，另一貯諸坤寧宮內之擒藻堂，爲天壤間之僅有者，彌足珍寶。

五、清高宗乾隆五十六年（西元一七九一年）金谿王謨漢魏叢書本

是書所據底本爲明刊二卷本顏氏家訓，清周中孚鄭堂讀書記卷三五云：

漢魏叢書本併作二卷，卽提要所謂江西巡撫采進本也。

書之款式爲左右雙邊，單白魚尾，花口，匡高二〇公分，寬一三・五公分，每半葉九行，行二十字。卷首綴明顏志邦序，卷末附王謨識語，語曰：

右顏氏家訓上下二卷，隋志、文獻通考俱作七卷，晁氏云：「北齊顏之推撰。之推本梁人，著此二十篇，述立身治家之法，辨正時俗之訛，以訓子弟。」陳氏云：「古今家訓以此為祖，然其書頗崇尚釋氏。」所云「崇尚釋氏」者，蓋指其中歸心篇而言。又終制篇有「內典」、「功德」及「齋供」等語，皆此志也。而隋志及通考皆入儒家。以今觀之，蓋通儒墨為一道，亦諸子家也。叢書原本編入載籍，似為失之，今訂正，汝上王謨識。

六、清高宗乾隆年間（西元一七三六——一七九五年）歙縣鮑廷博知不足齋叢書本

鮑廷博字以文，淥飲其別字也。二十三歲補歙縣庠生，兩應省試，不售，遂絕意進取，竭力購求典籍，皆收藏家所罕有者，乾隆詔采天下遺書，鮑氏所獻最爲精夥，共善本六百餘種，爲天下獻書之冠，獲高宗下詔褒獎，嘗據藏書刊知不足齋叢書，將刊成，忽患心痛，自知不起，命子續刊，無負高宗褒獎之意，言訖而卒，年八十有七。鮑氏生平酷嗜書籍，稍有積蓄，則爲刊書所罄，或遇未見之書，必典衣購之。其知不足齋叢書凡例云：

先儒論著，凡有涉於經史諸子者，取其羽翼經傳，裨益見聞，供為學者考鏡之助，方為入集，以資實用。……是編諸書有向來藏弆家僅有傳鈔，而無刻本者，有時賢先輩撰者脫稿，而未流傳行世者；有刻本行世久遠，舊板散亡者，有諸家叢書編刻而譌誤脫略，未經人勘正者，始為擇取校正入集，若前人已刻，傳世甚廣，而卷帙更富，概未暇及。

可知鮑氏所刻者以罕見流傳之書爲主。所刻顏氏家訓之底本係據鮑氏手自抄校之述古堂景宋本。是書曾藏於傅增湘之藏園，其藏園群書題記卷三云：

> 顏氏家訓附攷證，清鮑廷博抄本，並手跋，每半葉十二行，行十八字，擬從宋本出，卽知不足齋底本。

是書頭版以楷書大題「顏氏家訓」，左下端注明「宋本開雕」，藏於台大者，右下鈐有朱文長章「惠迪堂藏書印」。正文前依次爲宋本無名氏序、目錄，正文末附沈揆跋，校刻名錄及攷證二十三條。首卷大題「顏氏家訓卷第一」，下端以略小字刻「述古堂影宋本重雕」，知所據祖本即爲錢曾向所珍愛，展卷有異香之影宋本。其版式爲左右雙邊，邊欄綿密齊整，宛若巾帶，細黑口，無魚尾，中縫鐫顏氏家訓卷次頁碼別，版心下方署「知不足齋叢書」，每半葉九行，行十八字，注文小字夾行、行亦十八。篇內各段提行另書，映眼怡悅，卷內各篇相接，各卷則另起新頁。目錄下有白文方章，文曰「龔藹人收藏書畫印」，另上冊末有朱文小方章「楊跟元之印」。

鮑本「耳」作「介」，遇清諱則改字缺筆，如避聖祖御諱「玄燁」、「玄」字多以「元」代，或缺筆爲「玄」，避世祖御名「胤禛」，「胤」字多缺筆作「胤」；又避當朝高宗「弘曆」之諱，「弘」改「宏」；或缺筆作「弘」，是以雖按宋本開雕，實已非影宋抄本之舊觀，清黃丕烈蕘圃藏書題識卷五云：

鮑氏藏書，雖用述古堂影宋本重雕，然其行款已改為每葉十八行，每行之字，卽仍其數，以宋刻統排葉數數之，難復舊觀矣。

書亦藏北京大學圖書館。民國十年，上海古書流通處，嘗據以景印行之。

七、清高宗乾隆五十四年（西元一七八九年）餘姚盧文弨抱經堂叢書新注本

盧文弨之新注顏氏家訓係自家訓刊行面世千百年來之首部注釋本，其注解作者為趙曦明（注二一），曾曰：

此将以教後生小子也，人卽甚英敏，不能於就傅成童之年，聖經賢傳，舉能成誦，況於歷代之事蹟乎？吾欲世之教子弟者，既令其通曉大義，又引之使略涉載籍之津涯，明古今之治亂，識流品之邪正，他日依類以求，其於用力也亦差省。

乾隆五十一年十月，甫脫稿而疾作，卒於次年之八月二日。後，盧文弨就其孫趙同華索是注，間有未盡詳者，盧氏續增補之，遂於乾隆五十四年之重陽節前五日，成新注顏氏家訓。越三年，盧氏復取舊刻本與鮑氏知不足齋叢書本讎勘，有譌脫者，則訂補之。

余所經眼者係收於北京圖書館北海分館之本，書原為李慈銘所藏（注二二），書衣題簽曰「顏氏家訓新注本」，並載卷次篇目名。書之編次，首為盧文弨自序，次為宋本無名氏序，例言十

二則，例言且錄有勞者名字。盧氏云：

此書經請正於賢士大夫，始成定本，友朋閒復互相訂證，厥有勞焉，授梓之際，及門諸子，又代任校讎之役，而剞劂之費，深賴衆賢之與人為善，故能不數月而訖功，今於首簡，各載姓名，以見懿德之有同好云。

正文後附盧注北齊書文苑傳顏黃門傳，宋本沈跋，宋本校刊名銜，乾隆五十一年趙曦明跋及盧撰趙敬夫傳。

書之存印有「慈銘私印」、「會稽李慈銘愛伯印」及「李愛伯讀書記」、「越縵堂主」諸印。書之版式爲四邊單欄，細黑口，單黑魚尾，象鼻內刻書名，中縫載卷次，頁碼，邊欄如帶，界欄如髮。匡高二七・三公分，寬一六・一公分，半葉十行，行大字二十一，注文小字夾行，行亦二十一。字體端謹，爲鐫字名手江寧劉文奎、劉文楷兄弟之作，而抱經堂刻書向倩名手工楷書者寫樣上版（注二三）。

盧氏抱經堂新注本顏氏家訓既取善本爲式，注文復精詳不苟，益以抱經精審之點勘，宜乎丁丙歎曰：「眞善而又善也」，其善本書室藏書志卷一八云：

顏氏家訓七卷，抱經堂校定本，北齊黃門侍郎顏之推撰。右七卷，為江陰趙曦明敬夫注解，餘姚盧文弨紹弓補……原刻可稱極善，抱經老人復於刷本補校數處。眞善而又善也。

故自盧本面世，學者爭棄鮑本而從盧本，民國以來，北京直隸書局，上海中華書局、臺灣中華書局、藝文印書館均曾據抱經堂本，或景印，或排版行世矣。

原刻除北海分館一部外，另北京圖書館猶存三部，一爲乾隆五十八年據五十四年之重校本，是書有崔應榴之圈點題款，傅增湘手校並跋；另一部在抱經堂叢書十八種之第九至第十函，計六册，居七十至七十五册；另一部爲殘本，僅餘四卷一册，上附嚴樹萼臨徐鯤補注及嚴元照之跋語。

八、民國十七年成都嚴氏孝義家塾叢書本

嚴氏孝義家塾叢書（注二四）之顏氏家訓，係取自抱經堂本、讀書脞錄、錢廣伯讀書記、李詳補注、鄭珍校本……等諸家之說重刊之，並請成都龔道耕向農重校，而龔氏之校對素稱精審。嚴式誨序云：

抱經堂刻顏氏家訓注，最稱善本，刊成後，召弓學士自為補注重校者再，嘉定錢莘楣少詹又為補正十餘事。仁和孫頤谷侍御讀書脞錄、海寧錢廣伯明經讀書記亦續有校補，興化李審言復為補注。而余所見遵義鄭子尹徵君父子校本，又有出諸家外者，近榮縣趙堯生侍御、成都龔向農，華陽林山腴兩舍人，皆篤嗜是書，各有箋識。戊辰孟春，余重刊盧本，凡學士補注重校各條，悉散入本文，據以改補。又纂錢、孫諸家之說，錄為一卷。咫聞所及，亦坿載之。又宋沈揆本、明程榮本，遼陽傅太平本，文字異同，有可兼存而原文未採者，亦掇錄一二。於抱經所謂不能盡知出處者，補苴不能十一。

是書紙墨俱佳，版式疏朗，鐫字亦佳，洵爲善本。其紙色白皙，紙質勻韌，硬體宋字，字體大方端肅，閱之眼眉舒適，極宜塾生之用，匡高二〇・六公分，寬一三・六公分，左右雙欄，界欄邊匡方矩不苟，每半葉十行，行二十四字，注文小字夾行，行亦二十四字，天頭地脚寬裕，足供童生隨堂箚記之用。花口，單黑魚尾，象鼻錄書名，中縫爲卷次頁碼之記，下橫線下刻「渭南嚴氏孝義家塾叢書」，略遭蟲侵，且有水漬印痕，附有朱文小方章「張鑑」（注二五）。

叢書彙刻本之顏氏家訓，除上所覼縷敍述者外，尚有民國以後之龍谿精舍叢書，及民國二十四年之關中叢書，編者宋聯奎等感於世衰俗頹，以爲即就治家、勉學、止足、誡兵等篇讀之，國本在家，家本在身之理一以貫之，乃重校刊行之。序曰：

> 右顏氏家訓二卷，北齊顏之推撰。……之推博通古今，歷經世變，知無才不足成名，肆才又不足保身。乃著家訓二十篇，反復告誡，以貽子孫，固宜代有傳人，常山魯公更以忠義大節，震轢千古。……玆用顏氏明萬曆本付印，訛字則取沈本校正。……世衰俗頹，變亂相踵，卽就治家、勉學、止足、誡兵等篇讀之，國本在家，家本在身，一以貫之矣，此又所以亟欲印行之意也。

第二節　校注本

甲、校　本

一、明憲宗成化年間（西元一四六五—一四八七年）績溪程伯祥刊校宋七卷本

清丁丙善本書室藏書志卷一八子部雜家類云

顏氏家訓二卷，明刊校宋七卷本，北齊黃門侍郎顏之推撰。此書為明建寧府同知績溪程伯祥刊。前後無序跋，用朱筆照宋本校改，分畫七卷。

是書現藏江蘇國學圖書館，其目錄云此書依宋七卷本，以朱筆校改全書，書中有闕葉，鈐存「旌孝義門孫子」「公約過眼」二印，餘未詳。

二、清高宗乾隆年間（西元一七三六—一七九五年）餘姚盧文弨精校本

清乾、嘉間，校讎之風蔚興，細究乎一字之微，廣極夫古今載籍之浩瀚，比勘文字同異而求其正，鉤稽作述指要以見其凡，餘姚盧文弨實開校讎之風（注二六），其手校之書，既合衆本以點勘，復博采通人相訂正，細字密書，丹鉛滿紙，誠爲治學之書。

抱經中年以前，多以何允中刻漢魏叢書本與其他刻本、校本參校、以迄晚年，一校再校至三四校，相距可廿餘載，是爲精校本，此本即屬精校本（注二七）。

此本蓋盧氏據趙敬夫注沈刊七卷本而爲之補注，復博采通儒互相校勘者，置攷證於文句之下，取便檢閱，乾隆五十一年已刊之，越三年，重加校正，並附補遺及錢大昕補正數則，刊入抱經堂叢書，此校本即爲叢書本之底册，與所校方言，竝稱雙絕。

書原藏浙江錢塘丁氏八千卷樓，原爲清代四大藏書家之一，自其中陸氏書售予日人後，丁氏藏籍亦欲出售，時端方督兩江，乃建江南圖書館於金陵城西盋山之麓，購藏丁書，盧氏所手校之顏氏家訓亦易居於盋山。近人趙吉士曾於盋山董理群書，云是書足資珍貴者有三（注二八），曰

……抱經據趙敬夫注沈刊七卷本為之補注，又博采通人互相校訂者，散攷證於文句之下，取便繙閱，己酉序刊之，洵稱精善，其可珍貴者一。抱經堂校訂本於己酉印成，越三歲壬子重加校正，末附補遺及錢莘楣補正數則，刊入抱經堂叢書，故叢書本較單行本尤為精善。此為叢書本之底册，與所校方言並稱雙絕，其可珍貴者二。清光緒常塾丁秉衡復有校補，卷二風操篇——晉代有許思妣，孟少孤。注云：「並未詳。」，秉衡於闌上補注云：「世說政事節，許柳兒思妣者至佳，注云永字思妣。又晉書隱逸傳，孟陋字少孤。」卷五養生篇——但性命在天、或難種植，秉衡夾籤補注云：「鮑本種植作鍾值為是，歸心篇——如以行善而偶鍾禍報，為惡而儻值福徵，即是此鍾值二字確證，若作種植，與上下文絕無

關係也。」右秉衡校補者，又可補叢書本注文之闕，其可珍貴者三。

丁秉衡名國鈞，清貢生，官揚子縣訓導，此爲任江南圖書館編纂時所校記者。唯本書無盧文弨藏印及校記。

三、清宣宗道光二十九年（西元一八四七年）遵義鄭珍校本

鄭珍字子尹，書室名巢經巢（注二九），此校本係成於道光二十九年，時鄭珍以病痞居家無聊，乃取王謨漢魏叢書本，依宋本校之，又擧趙曦明、盧文弨、段玉裁及錢大昕諸家之攷訂，改宋本之所未及與宋本之非者，唯識語闕損不全，可資辨識者爲：

……世間行者，自明萬曆間武林何氏取括蒼何氏本刻入漢魏叢書中，今稱何本，亦曰屠本。乾隆間，金谿王氏又卽何氏元板翻刻之，中間譌脫甚矣。最善者惟宋淳熙七年嘉興沈氏刊定之本，近歙縣鮑氏刻入知不足齋叢書；然亦有沿誤處。江陰趙敬夫據以作注，繼餘姚盧紹弓增補注，俱有改正。又金壇段若膺、嘉定錢竹汀更加考訂，此書於是詳確矣。道光己酉二月，余病痞無賴，□□王刻，一以宋本改之。復取敬夫諸家，改宋本所未及與夫宋本之非若行者，並注□□。惟此本確然脫誤，始塗乙之，兩存則不加塗乙。……觀我於此册拉雜如此，當知古今好書，須反覆數十百回，滿心腔，滿身子，都有此書，方為得一書之益。若徒誇「插架三百軸，新若手未觸。」，此直南北兩京一書舖主人耳，何益之有哉

？四十四初度，巢經巢主識。

越十三年，即文宗咸豐十年，歲次庚申，更以抱經堂本錄其必賴注而明者。

此本書衣紙質粗劣，枝條殘梗遍佈其中，題簽係鄭珍自署，曰「顏氏家訓經巢校定一册」，鈐有白文方章「巢經巢主鄭珍子尹印」，印采已然褪淡，另二藏印爲「曾歸徐氏彊誃」、「東方文化事業總委員會所藏圖書印」，皆朱文之章。上卷首頁書眉間朱筆校曰：

> 宋本每葉十八行，行十八字，每卷總目低三格，行三目，當篇第目低五格，惟卷第一標撰人，餘卷無，每卷盡間二行標顏氏家訓卷第幾，惟卷七卽在末行抵下限。

鄭氏所言宋本之行格，與黃丕烈、潘祖蔭所藏之覆宋本行格之半葉十二行有異，而同乎鮑氏知不足齋本，則鄭氏所據殆非元刻覆宋本，係鮑氏之知不足齋景宋本。

書底另傳錄某年四月洪亮吉之序，序文殘損難識，依稀知其係就六書之轉注諧聲論說：

> ……說卦云：乾為天，天行健。乾，天也；乾，健也；繫辭云易者象也；象也者像也，盛極□□□□□□□大業日新之謂盛德，以及序卦一篇皆轉注也，其餘為散見九經與諸子傳記下，迄漢以來，儒者注釋□□□遊也之類，特其顯著者耳，自羅離以下又皆諧聲，是

轉注又通乎諧聲矣。……迄乎周隋者擬非此不足盡轉注之變，又錄及釋文者，以陸元朗此書，卒業于隋代也。□□十一年，歲在丙寅四月洪亮吉序。……

洪亮吉（注三〇）於六書中通諧聲，謂古之訓詁，即聲音展轉相訓，以爲聲音之理明，而六經之旨得矣，與精六書之鄭珍，聲氣相通，鄭珍迻錄此序之意，莫非緣此？

書底左盡處，遺有借款備忘錄，云：

甲寅腊月十二借益新號九八水銀二十兩……月分半行利，約端午前還……。

四、清吳郡張紹仁校宋七卷本

張紹仁，清人（注三一），此本底本，係明程榮校刻之漢魏叢書本，首册鈐有白文方章之「吳郡張紹仁學安藏書」與「讀異齋」，總目下鈐有二朱文方章，一曰「王氏二十八宿研齋笺之印」，一爲印文疏密有致之「枕經藉書」，另於序文之頁且存白文「雙鈐生樹屋」、「讀異盦藏」及朱文「訒菴居士」等章。

張氏之校文悉以工整不苟之朱筆楷書載於書眉行間，張氏校文多正俗寫，訂訛字，缺漏者則補之，又易「耳」爲「介」，正「蚕」爲「蠶」……等。養生篇改「種植」爲「鍾值」，「構」字上校曰「宋本構字但作太上御名」唯書證篇易「胏」爲「肺」則失也。原書卷末，均過錄黃丕烈之跋語，恨遭人割裂奪去，徒留缺頁耳。

五、清海虞馮武校本

此書始載於清瞿鏞鐵琴銅劍樓藏書目錄卷一六：

> 題北齊黃門侍郎顏之推撰，明蜀榮昌後學冷宗元校。前後無序跋，舊藏邑中馮氏。卷首有朱筆「海虞馮武敬讀」六字。書中朱筆點勘處，皆其筆也。卷首有「馮彥淵收藏」朱記。

馮武（注三二）取明刻二卷本顏氏家訓詳加讎校，並加題款，是書今爲北京圖書館所藏。該館另收有黃丕烈據程伯祥本校勘並跋之本，黃丕烈且抄補缺葉，及鮑廷博之鈔校本，附考證及手跋，爲知不足齋之底本，與傅增湘據抱經堂本校訂之本，並付跋語及崔應榴之圈點、題款；與王國維據四部叢刊景印傅太平本之校訂本，此外章鈺四當齋藏書目錄卷上存錄有章氏以清光緒元年湖北崇文書局本爲底本，而校之以鮑本、傅本，其跋語曰：

> 四庫提要云：之推終于隋，舊本題曰北齊，蓋據作書之時。今案書證篇史記條有開皇二年云云，則據作書之時之說，亦未為確論。提要所錄，似卽此本。知不足齋本似卽錢曾讀書敏求記所載，脩四庫時所未見者也。此書據南皮張氏所見，有趙曦明注，未見傳本。盧氏抱經亦有校本一云。歸心篇從刪。……此底本未知何本，鈺前校係據鮑刻，用朱筆校。計

去今已三十五年。兹復見明嘉靖甲申遼陽傅氏刻本，略校一過，知與此刻多同，而與鮑本多異……。

由跋文知章鈺曾據鮑本、傅太平本多次校點，其間歷三十餘年之光陰，最末一次係據知不足齋本所改正。

乙、注本

一、清高宗乾隆年間（西元一七三六—一七九五年）烏程嚴樹萼據抱經堂刻本臨徐鯤補注本

書藏北京圖書館，原爲傅增湘藏園藏書，據傅氏跋語知此本爲盧文弨抱經堂叢書初印本，邊框完整，字畫鮮明，鋒芒畢露，惜佚去上册，僅餘下册，傅氏自修本堂書坊中購得後，曾閉置篋笥達二十餘年以求上册，唯仍未得配成完帙。是本書眉間有徐北溟補註數十則，其註語係由嚴樹萼所手錄，其子嚴元照（注三三）題有二跋語，兹附著於後，俾知其原委焉：

蕭山徐君北溟，為抱經學士補注家訓，並補注觀我生賦，多所糾正。予雅服其賅博，借其稿來閱，大人為度錄於此本，為書其後。北溟名鯤，赤貧，旅寓武林。與抱經學士，頤谷侍御相友善，兩先生極推重之。余去冬與鮑以文在杭州，遂與北溟訂交。又嘗為我校麟角

集，極精細。乾隆六十年乙卯仲春廿九日，元照識。

越十年，嚴樹蕚謝世，於嘉慶十五年，嚴元照又跋：

> 予於壬戌（嘉慶七年）初秋遊西湖時，巡撫阮公招客校經。元和顧君廣圻、李君銳，武進臧君鏞堂，與北溟皆在詁經精舍。其時北溟性情改易，雖與予無閒言，予亦謹避之；不敢屢相昵。予歸未幾，北溟遂下世。聞其死之狀，甚可悲也。止一子，蠢不知書。北溟所有書册，盡屬諸他人。其子今不知作何狀，北溟腹笥饒富，注書是其所長。此書補注，不知抱經先生何以不刻？……嘉慶十五年庚午七月初三日，際壽謹識。天氣涼甚，如深秋候。

由元照之跋，知徐鯤腹笥饒富，精於校書、注書，嘗應盧文弨之請，爲注顏氏家訓，多所發明，此本乃嚴元照借其補注本，由元照父樹蕚所度錄，注文賅博，然未見錄於盧本。

二、清仁宗嘉慶年間（西元一七九六——一八二〇年）棲霞郝懿行據明程榮漢魏叢書本校注

清郝懿行（注三四）精研故訓，湛深經術，治學詳愼不苟。此校記原著於明程榮漢魏叢書本，其中糾摘疏失，證據鑿鑿，確乎不可易也，即顏之推有知，亦當囅然笑曰：「吾言固如是，特爲後人所亂耳。」是校記補注共百二十餘則，原書沈薶數十年，直至民國十年，田九德於山西太原

書肆中偶得之，方又重現人間，田氏欣喜累日，初，未知爲郝懿行手稿，繼而由文中之自稱，並據注文中部分立說與郝氏所著爾雅義疏之說相符合，方確認爲郝氏之稿，張長識語曰：

右郝蘭皋先生顏氏家訓校記一卷，陽城田君玉如得其手跡於太原書肆，原用漢魏叢書本校記於眉端，前後均無欵識，惟記內自稱某某名者三，又與牟默人商榷數事，均可信其為郝先生也。書證篇引詩「參差荇菜」「誰謂荼苦」二條，荇非蓴也，菲乃是蓴。蓴葉如馬蹏，荇圓如蓮錢，有大小之異。又證以大觀本草，苦蘵比苦葴差小，長嘗參攷先生所著爾雅義疏，其說與此書所記符合，益信校記出於郝先生無疑矣。

田九德於十年暮春得此瑰寶後，殷懃收拾，謀授梓以餉來學，乃於五月，由山西省立圖書館以鉛印重刊之，田氏跋語云：

……辛酉莫春，得此書太原書肆，狂喜者累日，排此成册，得百二十餘條，將以付之手民時，晉城郭允叔夫子象升，適由京返晉，武昌張損菴先生長，亦潛蹤此邦，同志諸君若龍門喬笙侶鶴、瀋陽曾望生遜，同里閻伯儒裕珍，皆夙精比勘之學者，平陸張貫三夫子籟藏書甚夥，又屢以異本相叚，始知所鈎乙者，他本固未嘗誤。……良師益友，惠我實多，相與商榷數四，始行付印，將見黃門遺箸，召弓敬夫而外，又得一校補攷證之善本。

三、民國興化李詳據抱經堂刊本補注

該册現庋存於北京圖書館北海分館，係李詳（注三五）之手稿，李氏自題「顏氏家訓補注」（注三六）其下明標所用底本乃抱經堂刊趙曦明之注本。補注文字約數十則，每則先標篇目，次列待補注之內容，其下以「詳案」引出注文。如：

教子篇。伏事公卿。詳案文選陸機吳王郎中，時從梁、陳作，詎謂伏事淺？李善注：周禮大司徒頒職事十有二曰伏事。鄭司農曰：服事謂為公家服事也，服與伏同。

此補注分前後二部，以李詳識語區分，前部自序致而雜藝而顏之推傳，後部首頁記「顏氏家訓補注接前」，內容自書證篇、誡兵、勉學而文章、風操與治家篇，注文體例略異於前。李氏識語云：

抱經盧先生與敬夫趙君共成此注，時盧先生年七十有三，趙亦八十餘，趙言：「年登耄耋，前脱後忘，必多缺略，至於補厥挂漏，俾臻完善，不能無望於將伯之助。」盧言：「涉獵之弊，往往不求甚解，自謂了然。余於此書，亦猶夫人之見耳。今再三閱之，猶有不能盡知其出處者，自愧窾啓，尚賴博聞之士有以教我。」兩先生言如此也，余妄不自揣，擿其漏略如右，時適借得抱經堂本，以五日之力治之，目眵精眊，遂病少氣，若屆盧、趙之年，詎能著一書邪？甲辰四月審言識於揚州寓廬。

除郝、李二人之注本外，北京圖書館尚存有清紀昀（注三七）之批注本，昀學問本優、校書亦極勤勉，紀昀批注顏氏家訓，係取雍正年間刊行之養堂本，該書目卡云：

顏氏家訓節鈔二卷，北齊顏之推撰，清黃叔琳刪，清雍正養素堂刻本（清紀昀批注）一冊。

清人張之洞書目答問有言：「讀書不知要領，勞而無功，知某書宜讀，而不得精校精注本，事倍功半。」顏氏家訓固屬宜讀之書也，雖曰家訓，然實不得以一家之訓範限之，傳不云乎「國之本在家」，且家齊、國治、天下平，其理一以貫之，而家訓之作實有益於國也。唯家訓之版本流傳渺遠，單刻本、彙刻本、校本、注本、評點本、足本、節本……等各有輕重、優劣，亦各具淵源，苟不加以董理，則如治絲益紛，難辨線索，恆使讀之者迷航於書海中，致事倍功半之勞也，故不殫煩瑣，依序覼縷詳陳，其編著者、校注者之生平有足參佐者，未免枝蔓，悉載於注釋中。唯書囊無底，掛一漏萬，尚祈四海博雅君子有以教我也！

注釋

注　一：武英殿本舊五代史唐明宗紀注嘗引柳玭家訓：「余為中書舍人，旬休，閱書於重城之東南……。」，另宋王堯臣崇文總目、晁公武郡齋讀書志均載有之。

注二：參王利器著顏氏家訓集解，頁一一二，明文書局。

注三：沈揆字虞卿，秀州嘉興人。宋高宗紹興三十年梁克家榜進士出身，累官知嘉興，人號儒者之政，有野堂集。

注四：葉德輝書林清話卷三曰：「宋諸道監帥司及州庫邊縣戎帥皆有公使庫，州郡準用公使庫錢，因就庫開局刻書，是爲公使庫本。」

注五：葉夢得石林燕語卷八：「天下印書以杭州爲上，蜀本次之，福建最下。京師比藏印板，殆不減杭州，但紙不佳。蜀與福建多以柔木刻之，取其易成而速售，故不能工。福建本幾遍天下，正以其易成故也。」

注六：校刊姓氏九行，由右至左，曰「鄉貢進士州學正林憲」，曰「從事郎特添差軍推官錢慶祖」，曰「從事郎軍事推事王柟」，曰「承直郎軍事判官崔鬲」，曰「迪功郎州學教授史昌祖」，曰「承議郎添差通判軍州事樓鑰」，曰「朝請郎通判軍州事管鈗」，曰「朝奉郎權知臺州軍州事沈揆。」

注七：見黃丕烈蕘圃藏書題識卷五宋刻顏氏家訓七卷條所錄。

注八：攷淳熙爲宋孝宗元號，孝宗名諱眘，於高宗紹興三十二年（西元一一六二年）六月受禪即位，逾年改元，韻略條式有紹興三十二年十二月五日勑：禮部狀，據太常寺申：「本寺契勘，今來人姓，有犯御名，及同音從小從眞字（孝宗嫌名愼字），若從其便改易，慮恐不一，今欲改作塡字。」又宋會要稿第一六六冊刑法二下且錄淳熙十年十一月六日詔：明文規定州縣文移，市肆牌額，不得冒犯廟諱，違者概依法坐罪！可見孝宗朝之避諱法甚嚴。

注九：傅鑰字希準，又字太平，號凌川，遼陽廣寧人，明正德六年進士，以司諫作郡，有治行，曾任浙江副使，用法平恕，終河南巡撫。

注一〇：參李清志著古書版本鑑定研究，頁一一七—一六五，文史哲出版社。

注一一：此殆生手印版所致，大凡能手印書，墨氣前後一致，邊欄一律，然若手勁輕重失控，則易生斑駁蹋欄之弊。

注一二：褚德儀，清人，嘗校文心雕龍。

注一三：該委員會係由庚子賠款組成，民國十六年由王樹枏、柯劭忞、江瀚諸人發起，主持買書者乃版本目錄專家徐森玉、倫哲如二氏，所選購者皆爲學術珍藏，或爲人所不知不注意者，該委員會所藏，幾集北平圖書之精美，尤以名校、精鈔、稿本最具令聞。

注一四：參王利器著顏氏家訓集解附錄一，頁五六〇－五六一，明文書局。

注一五：同注一四，頁五五六－五五八。

注一六：清代專設書局刻書，肇始於曾文正公；洪、楊亂後，曾氏有感於兵燹中，書版化爲灰燼，書肆又蕩然無存，乃於江寧設金陵書局，揚州設淮南書局，嗣後，浙、粵、鄂等諸省書局踵興，設於鄂者，名崇文書局；各書局之書，皆以校刊審愼著稱，人呼爲書局本。

注一七：朱軾字若瞻，一字可亭，江西高安人，康熙三十三年進士，由庶吉士而湖北潛江知縣而刑部主事，而刑部員外郎，自聖祖簡用以逮高宗，歷任機務，望重朝端。軾品行端方，學術醇正，謚號文端，遺有朱文端公書十三種，顏氏家訓評點本卽是書之一種。

注一八：同注一四，頁五六〇。

注一九：參吳哲夫著摛藻堂四庫全書薈要，幼獅月刊第四十七卷，第三期。

注二〇：盧文弨字紹弓號磯漁，又號抱經，清浙江錢塘人，乾隆十七年一甲三名進士，官至侍讀學士，因得罪當朝，乞歸鄉里，歸田後，主講書院二十餘年，又好校書，每校一書，必搜羅諸本，反覆鉤稽，故其所刻之抱經堂叢書十五種，以校讎精審，飲譽士林。

注二一：趙氏初名大潤，後易名肅，字敬夫，晚復更名曦明，江蘇江陰人，以邑有瞰江山，距趙家僅二里耳，故又號瞰江山人。趙氏博覽群書，刻苦自勵，方嚴有氣骨，晚年八十，注顏氏家訓。

注二二：此書蓋蔡元培任館長時，派員赴滬、杭收購舊家珍物時所得。

注二三：葉德輝書林清話卷九有言：「乾、嘉時，如盧文弨、鮑廷博、孫星衍、黃丕烈、張敦仁、秦思復、顧廣圻、阮元諸家校刻之書，多出金陵劉文奎、劉文楷兄弟。

注二四：蜀為五代名都，以刻書著稱，民國以來，刻工已少，在成都，唯嚴氏有老刻工，所刊極精。

注二五：張繼字溥泉，曾任國史館館長，亦為藏書家，彼對蘇州、無錫、常熟一帶之故家藏書知之甚稔，是以一有散出，張氏即能捷足先登，蒐得為數不少之精槧祕笈，中央圖書館早期擴充館藏時，曾蒐購張氏之藏書。

注二六：盧氏年十六，即有志於校勘之學，段玉裁抱經墓誌云：公好校書，終身未嘗廢，昧爽而起，繙閱點勘，朱墨並作。……間有舊本，必借鈔之，聞有善言，必謹錄之，一策之間，分別迻寫諸本之乖，細而必工。

注二七：參趙吉士著盧抱經先生手校本拾遺，頁二九—三〇，中華叢書委員會。

注二八：同注二七，頁一—七。

注二九：鄭珍字子尹，晚號紫翁，書室名巢經巢，故又自稱巢經巢主，貴州遵義人，珍嘗謂遵義，漢牂柯也，自郡人尹珍道眞從許愼應奉受經書圖緯，教授南域，後無有以經術發聞者，於是以道眞自命，而取以為名，曰鄭珍。道光十七年舉人，珍初受知於歙縣程恩澤，語之曰：「為學不先識字，何以讀三代、秦、漢之書？」乃益追求諸聲音文字之原。

注三〇：洪亮吉字君直，又字稚存，號北江，江蘇陽湖人，乾隆五十五年進士，生平好學，不以所遇榮枯釋卷，於六書中通諧聲，謂古之訓詁，即聲音輾轉相訓，不離其初，自漢儒言經，以迄劉熙釋名，張楫廣雅，魏、晉聲類字詁，靡不皆然。

注三一：張紹仁字學安，清長洲人，其藏書處曰執經堂，嘗與吳翌鳳合校文心雕龍。

注三二：馮武字竇伯，號簡緣，清常熟人，其家藏書多異本。武嘗著書法正傳、遙擲集。

注三三：嚴元照字久能，清烏程人，縣學生，居苕溪芳椒堂，富收藏，聚書數萬卷，多宋、元槧本，有「書僻」之名。

注三四：郝懿行字恂九，號蘭皋，山東棲霞人，性沈默，訥若不出口，然談經則喋喋忘倦，有文集十二卷、爾雅義疏十八卷等二十餘種著述。

注三五：李詳字審言，又字愧生，清末江蘇興化人，卒於民國二十年。嘗居寧十載，潛心著述，所作多發表於國粹學報。文化大革命前，其子稚甫應文化部之請，將全部遺稿藏於北京圖書館。

注三六：李詳顏氏家訓補注後載於國粹學報，唯內容間有微殊。

注三七：紀昀字曉嵐，一字春帆，晚號石雲，直隸獻縣人，嘗與陸錫齡負責四庫全書之編纂要務。

第四章　顏氏家訓思想研究

引　言

父母無教，雖生兒育女，不能保其成人也，是以古今善教子者，恆以敦人倫，明教化，知勉學，行仁義，辨善惡，避禍辱，敬天畏人諭子，斯亦顏氏家訓之中心思想也。

顏之推身經困厄，憂深慮遠，既歎教化之傾頹，又慮子孫之失教，遂自比於傅婢寡妻，著家訓二十篇，以殷勤叮嚀之。其思想以倫類禮教爲綱紀，分繫於父子、夫婦、兄弟、君臣、朋友之倫；復取教育爲法，導之以忠孝仁義之道，規之以應對接止之儀，陶之以禮、樂、射、御、書、數之藝，又懼其子孫不審吉凶禍福之幾，與夫憂虞榮辱之界，因再設歸心篇以勸誘之，養生篇以保健之；故茲編所論之家訓思想，敬持倫理思想、教育思想、宗教思想、養生思想等四節分述之。

第一節　倫理思想

夫人之所以昭昭靈靈貴於禽獸者何也？曰倫理是也。蓋禽獸也者，有父子而無孝親之養，有牝牡而無男女之防，有同胞而無昆仲之序；至乎人道之備倫理也，始於夫婦，造乎家庭，終乎國家，以迄天下，凡吾人親切相繫之情，發乎天倫骨肉，以至於一切相與之人，且隨其相與之深淺久暫，而莫不有情有義；父義當慈，子義當孝，兄之義友，弟之義恭，夫婦、朋友、師生、君臣，乃至鄰里鄉國之人，莫不互有應盡之義，誠無所遁逃於天地之間也。故聖人使契為司徒，察人倫，敷五教，教夫婦有別，父子有親，長幼有序，君臣有義，朋友有信；使夫婦因茲而和，父子因茲而篤，兄弟因茲而睦，君臣正，朋友信，慕賢敬長，雍雍熙熙，渾然乎一格致誠正修齊治平之境域也，故孟子云：「道在爾而求諸遠，事在易而求之難，人人親其親，長其長而天下平。」（注一）之推明天下之達道唯恪盡父子、夫婦、兄弟、君臣與朋友之本分與義務，（注二）及人倫者始於人，終於人，人事人為，順應人道，一皆以樹至善之鵠的為蘄向，故其家訓最重人倫之義，觀其教子篇、兄弟篇、後娶篇、治家篇、風操篇可知其思想也。

甲、家庭倫理思想

君子之道，造端乎夫婦，有夫婦始有父子，有父子始有兄弟，家庭於焉而生，生命因茲而延展；圓滿之家庭生活為道德之基礎，亦為美行之一，故易家人卦曰：「家道正而天下平。」詩常棣亦曰：「妻子好合，如鼓琴瑟，兄弟既翕，和樂且耽，宜爾室家，樂爾妻帑。」善治家者能本乎仁心，見微知幾，明家庭教化係自上而行於下，自先而施於後者也，是以欲求子孝父先慈，將責弟悌，兄先務友，雖孝不待慈而慈因植孝，悌非期友而友亦立悌（注三），治家篇云：

> 父不慈則子不孝，兄不友則弟不恭，夫不義則婦不順矣，父慈而子逆，兄友而弟傲，夫義而婦陵，則天之兇民，乃刑戮之所攝，非訓導之所移。

之推此言家庭倫理之建立，需待家庭成員各本乎仁心眞情，各盡本分職責，方可期望夫婦、親子、兄弟間之彼此照顧，情意相映而浸淫於天倫之樂矣。

夫人倫之始，既肇端乎夫婦，則婚姻素對，不可不愼，惜乎世人娶妻擇壻，每攀高慕貴，圖涎美色，故有驕婦擅室，猥壻居堂之窘（注四），不知婚姻爲人道之始，立家之基，最需審愼，宜以品德學識爲擇偶之準，情投意合爲結緣之本，能如此，方可共塑型範端正之夫婦；至於當世「賣女納財，比量父祖；買婦輸絹，計較錙銖。」（注五）之婚姻，之推鄙其責多還少，無異市井買賣，如此之婚姻既以利合，必以利分；輕則對簿公堂，招致譏嘲；重則罹禍陷穽，殺身破家；故無夫婦之義可言，是之推嚴誡兒孫婚娶切忌貪勢慕利之意也。

夫婦既合姻緣，則需戮力同心以治家，男子以守道崇德，勉學涉務，執業治生爲要，女子夙興夜寐，黽勉同心，與夫分勞，此外，丈夫治家須有寬和之氣，寬嚴適中，卽可儉而不可吝，可施而不可奢，治家篇：

孔子曰：「奢則不遜，儉則固；與其不孫也，寧固。」又云：「如有周公之材之美，使驕且吝，其餘不足觀也已。」然則可儉而不可吝已。儉者，省約為禮之謂也；吝者，窮急不卹之謂也；今有施則奢，儉則吝，如能施而不奢，儉而不吝，可矣。

之推以爲丈夫治家當寬嚴適中，不可刻薄拘迫，使妻兒陷於窘困，否則倫常乖舛，非家之福也，治家篇：

梁孝元世，有中書舍人，治家失度，而過嚴刻，妻妾遂共貨刺客，伺醉而殺之。

又有貴交游體面，崇盛車馬衣飾，而使妻子受凍挨餓者，亦非丈夫所當爲，治家篇：

南間貧素，皆事外飾，車乘衣服，必貴整齊；家人妻子，不免飢寒。

但若妻掌財政，使室內綺羅金翠，不可廢闕，而丈夫僅得羸馬顇奴，權充而已，亦使丈夫氣塞志短，非所應爲。（注六）

至於爲妻之道，之推推崇能執麻枲、治絲繭，以足家人衣裳之婦者，此外主中饋，精五飯，冪酒漿、養舅姑亦爲婦之責，然此僅屬通則，若有才德超穎之婦女者，當可使其輔弼君子，佐理籌畫，足爲閨閣之良謨也。治家篇：

婦主中饋，惟事酒食衣服之禮耳，國不可使預政，家不可使幹蠱，如有聰明才智，識達古今，正當輔佐君子，助其不足，必無牝雞晨鳴，以致禍也。

此外，勸善諫邪，亦是爲妻之道；昔有勇者專諸，嘗與人鬪於塗，當其將就敵之際也，其怒有萬人之氣，銳不可當，專諸妻聞而往之，一呼卽還，而使鬪爭止息焉，此序致篇之推所謂：「凡止人之鬪鬩，則堯、舜之道，不如寡妻之誨諭」，妻又可爲丈夫辨正得失之鑑，文章篇言幷州有一士族，每好爲可笑詩賦，輕蔑邢、魏諸文豪，其身旁衆人多諂媚奉承，虛相讚譽，其妻明鑑之，乃泣而諫其夫，勿強操筆爲文，免貽笑大方也，此詩所謂「刑於寡妻」之意也。

由此言之，婦人之有才德者，誠可輔弼丈夫，黽勉同心，勸善規過是也，但若率爾廢中饋，休蠶絲，棄本逐末，亦屬謬事，之推亦不讚同婦人代子求官，爲夫爭爵，車乘塡街衢，綺羅盈府寺，蓋因此類婦女之社會交際活動，儼然已干擾其家庭活動，使家人之生活失序，洵非爲人女，爲人妻，爲人母者所宜也，卽以今日之社會標準衡諸傳統之婦德婦義，猶屬適情適才之合理義務，且未虧餒乎其權益；何則？蓋婦女之投身社會活動，固令其振奮昂揚，唯人生意義自家庭始，而擴充於社會；主中饋，掌家務，育子女，敬丈夫……凡此平凡而細瑣，樸素而盡心之事宜，尤爲今日家家戶戶所迫切渴求之美德懿行，婦女縱以娉婷暐曄之姿，健步於社會工作，然質之以人女之責，人母之義，人妻之份，則歉然虧餒，是亦迷妄也，不自誠也矣。

此外，妬亦傷夫妻之誼，北齊陋習，父母嫁女則教之以妬，又以能馭夫爲德；大凡人之善妬也，則行無準節，口出狂言，形容鄙夷，令人生厭；且嫉伯叔之優於我，妯娌之巧於我；離間搆釁，最易行讒惑之言，重以夫婦情切，曉夕居處，積年累月，終致溺於讒言，乖違兄弟之情，父子之義，後娶篇：

> 自古姦臣佞妾，以一言陷人者衆矣，況夫婦之義，曉夕移之，婢僕求容，助相說引，積年累月，安有孝子乎？此不可不畏！

若夫元配有故，繼室入門，則夫婦與親子之關係益形紛雜，尤應愼重。蓋後妻於前妻之子女，世間每多難處，除所出不同，愛有差等外，猜疑之心每易使妻不賢，子不孝；蓋疑心一啓，則言者無心，聽者有意，寖假失歡，終致嫌隙叢生，且凡庸之人，多侮前妻之子，因此父母被怨，昆仲爲讎，後娶篇：

> 後母之弟，與前婦之兄，衣服飲食，爰及婚宦，至於士庶貴賤之隔，俗以為常。身沒之後，辭訟盈公門，謗辱彰道路，子誣母為妾，弟黜兄為傭，播揚先人之辭迹，暴露祖考之長短，以求直己者，往往而有。

造成兄弟如此怨懟謗辱，除因所出父母有異外，嫡庶之界嚴明，亦是骨肉乖離，同室操戈之因，蓋過分拘束於嫡庶之別，則嫡待庶如奴，妻遇妾若婢，彼此勾心鬥角，加以嫡庶宦學婚嫁之利害條件懸殊，益使家人憤懣塡膺，之推稱述江左不諱庶孽，故不論嫡庶，皆以兄弟爲先後，因而長悌幼恭，易敍天性之誼，且嫡庶之別既無庸，唯各盡其道而已矣，故蚊蝱小爭雖不免，但限以大分，猶可上下相安。

至於後夫則不然，多寵前夫之孤，之推以爲其愛非出於公誠，故愛之適足以害之，易釀家門門之禍，後娶篇：

凡庸之性，後夫多寵前夫之孤，後妻必虐前妻之子，非唯婦人懷嫉妬之情，丈夫有沈惑之僻，亦事勢使之然也。前夫之孤，不敢與我子爭家，提攜鞠養，積習生愛，故寵之。前妻之子，每居己生之上，宦學婚嫁，莫不為防焉，故虐之。異姓寵則父母被怨，繼親虐則兄弟為讎，家有此者，皆門戶之禍也。

夫後娶繼嫁之不愼，既易肇禍興恨於家內，焉能不審愼焉？昔尹吉甫爲賢父，伯奇爲孝子，以賢父御孝子，本得天命，然猶爲後妻離間，致吉甫放逐伯奇也，故曾參婦死，謂其子曰：「高宗以後妻殺孝己，尹吉甫以後妻放伯奇，吾上不及高宗，中不及吉甫，汝不及伯奇，庸知其得免於悲乎？」是以終身不娶焉（注七）之推以爲此等深足以爲誡，雖然，事繼母難於事生母，然難事而善事之，則無不可化之親也。後娶篇曰：

> 後漢書曰：「安帝時，汝南薛包孟嘗，好學篤行，喪母，以至孝聞。及父娶後妻而憎包，分出之。包日夜號泣，不能去，至被毆杖。不得已，廬於舍外，旦入而洒掃。父怒，又逐之。乃廬於里門，昏晨不廢，積歲餘，父母慚而還之。

夫有夫婦而後有親子之倫，人之初生，不食則死；人之幼稚，不學則愚；父母生之、育之、教之、輔之；既食之以長其生，復教之以養其德，親子之間，眞情摯愛，交互輝映，人類惟此眞性靈覺，可以泯群己之限，通天人之際，而使人解脫小己有限之生命，融入大群無限之生命矣；唯骨肉之愛雖親，不可失之於狎，狎則簡慢嬉笑，不易肅敬生孝，教子篇言：

> 父子之嚴，不可以狎；骨肉之愛，不可以簡。簡則慈孝不接，狎則怠慢生焉。

之推睿智，指出親之待子，務須威嚴而有慈，若是，則子女畏愼而生孝（注八）；唯此處之「嚴」，非謂朝打暮罵，而在事事指導，不容其放肆妄爲；此處之「慈」，不在撫摩嬉笑，而在調其飢寒，節其心力，不容其費神勞心於無義之事是也。

之推又謂君子有不親教子之理也，蓋教子必言授受之道，極說陰陽變化之事，又謂教者必以正，以正不行，必繼之以忿，繼之以忿則父子相夷，父子相夷則惡矣。又父母愛子，罕能均平，或偏寵男兒，疏落女兒；或疼愛慧黠者，責難直魯者；如此施愛不均，易使偏寵者驕慢傲物，疏落者自暴自棄，小則內不自定，外難應物接人；大則兄弟相嫉，干戈鬩牆；自古有共叔段之興兵，當世有琅玡王之優僭無節，故愛子不均，其患彌大，爲人親者，宜刻自警惕約制，務使施愛普遍，如天降甘霖，無不兼及，則草木欣欣發榮矣，教子篇云：

> 人之愛子，罕亦能均，自古及今，此弊多矣。賢俊者自可賞愛，頑魯者亦當矜憐。有偏寵者，雖欲以厚之，更所以禍之。共叔之死，母實為之；趙王之戮，父實使之；劉表之傾宗覆族。袁紹之地裂兵亡，可為靈龜明鑒也。

施愛不均，除見於賢愚巧拙之別，亦見於性別之歧視，因我國自古以農立本，農業社會最需人力，故向來重生丁男輕生女，古有「產男則相賀，產女則殺之」之語（注九）之推言其疏親每侯媵妾將誕育之時，使閽豎守之，若生女者，輒持將遺去，母隨悲號，令人不忍卒聞（注一〇），並謂如此賊殺骨肉，爲天地所不容，人神所共棄。

詩小雅蓼莪曰：「父兮生我，母兮育我，拊我畜我，長我育我，顧我復我，出入腹我，欲報之德，昊天罔極。」父母之於子也，子之於父母也，一體而兩分，同氣而異息，此之謂骨肉之親，爲人子者深宜報本返始，以孝待親，論語學而篇有若曰：「孝弟也者，其爲仁之本歟！」是孝為百行之首，為仁之實；人能事親，始能事兄，事君；禮記祭義云：「居處不莊，非孝也；事君不忠，非孝也；涖官不敬，非孝也；朋友不信，非孝也；戰陣無勇，非孝也。」足見孝親誠為立身之基。之推言事親之道，承禮記內則之說，以為子事父母當柔色承顏，怡聲下氣，不憚劬勞，以致甘腝（注一一）；出入則或先或後而敬扶持之，疾痛殘病則盡心竭力養護之；能如此則家門和順，縱令饔飧不繼，亦有餘歡；囊橐無餘，自得至樂，勉學篇曰：

> 鄴平之後，見徙入關。思魯嘗謂吾曰：「朝無祿位，家無積財，當肆筋力，以申供養。每被課篤，勤勞經史，未知為子，可得安乎？」吾命之曰：「子當以養為心，父當以學為教。使汝棄學徇財，豐吾衣食，食之安得甘？衣之安得暖？若務先王之道，紹家世之業，藜羹縕褐，我自欲之。」

思魯處困苦艱難，流離顛沛之際，猶能竭力盡心，周全委曲，以申供養，誠孝敬之道也，至乎之推以子女學業為重，自恬於布衣縕袍、糟糠糲粱，洵不虧父義也。

夫父母之育子也，無限心血，無限劬勞；方始得兒有成人之日，一至兒之成家立業也，父母之年已老矣，體力寖衰，健康日差，前路已短，若不竭力奉事，一旦逝世，一生不復見矣，是以為人子者，當及時行孝，尤不能怠慢疏懶於病榻前，惜乎世俗每厭於此，故之推見北齊孝昭帝之侍母疾，容色貶悴，衣不解帶，寢伏閤外，食飲藥物，盡皆躬親（注一二），深為感佩，勉學篇言：

齊孝昭帝侍婁太后疾，容色顦悴，服膳減損。徐之才為灸兩穴，帝握拳代痛，爪入掌心，血流滿手。后既痊癒，帝尋疾崩，遺詔恨不見山陵之事。其天性至孝如彼，不識忌諱如此。

二親既歿，孝子當時感念懷慕，繼志述事，兄弟和睦，以不死其親也，論語學而篇云：「父在觀其志，父歿觀其行，三年無改於父之道，可謂孝矣。」之推謂人子於父母死後，當心存悽愴，思其居處，思其笑語，思其志意，思其所樂，思其所嗜，由此而使父母之精神永昭於兒女之心目，而得不朽，且孝者，天之經，地之義，德之本也，善事父母者，生當盡色養之奉，終當極哀思之慕，斯人生之大義者也。

有父子而後有兄弟，兄弟姊妹者，同天共地，均氣連形也，未生之前則同胞，已生之後則共乳共寢，食則同席，居則同游，衣則大小相傳，彌不親愛，兄弟篇曰：

夫有人民而後有夫婦，有夫婦而後有父子，有父子而後有兄弟：一家之親，此三而已矣。自茲以往，至於九族，皆本於三親焉，故於人倫為重者也，不可不篤。兄弟者，分形連氣之人也，方其幼也，父母左提右挈，前襟後裾，食則同案，衣則傳服，學則連業，游則共方，雖有悖亂之人，不能不相愛也。

且兄長於弟，居父師之下，所賴以爲倡率者唯兄耳，兄果善盡倡率之道，則庭訓之餘，握手相勸，可以佐父教之所不及；講習之後，促膝相勉，可以佐師訓所不逮，故兄長之誼非小可也（注一三）；唯兄弟各異性，或寬緩，或褊集，或剛暴，或柔懦，或嚴重，或輕薄，或拘簡，或放縱，或喜靜，或喜紛，性既不相合，則臨事之際，必至爭論，爭論不勝則不和之端，從茲漸起，致有終身失歡者（注一四）；又有因爭財分產，多寡不均而致鬩牆變生肘腋，戈矛暴起同室，同胞之親，等於路人；手足之愛，視若寇讎者，此皆因自私自利之心而起矣，兄弟篇曰：

及其壯也，各妻其妻，各子其子，雖有篤厚之人，不能不少衰也。娣姒之比兄弟，則疏薄矣；今使疏薄之人，而節量親厚之恩，猶方底而圓蓋，必不合矣。

兄弟既失歡，則子姪乖離，子姪乖離，則群從疏薄，僮僕互爲讎敵，手足之情至此，行路之人盡可踖其面而踐其心，誰救之哉？幸兄弟之際，異於他人，地近情親，怨雖易起，亦易消彌，能友悌深摯，不爲妻妾讒言所移，則可不藏怒，不蓄怨，雖久處而能和，兄弟篇曰：

兄弟相顧，當如形之與影，聲之與響；愛先人之遺體，惜己身之分氣，非兄弟何念哉？兄弟之際，異於他人，望深則易怨，地親則易弭。譬猶居室，一穴則塞之，一隙則塗之，則無頹毀之慮；如雀鼠之不卹，風雨之不防，壁陷楹淪，無可救矣。僕妾之為雀鼠，妻子之為風雨甚哉！

之推以為妻妾僮僕之言語傳遞，是損友于之情之雀鼠也，蓋妯娌本異姓陌路，因婚姻而假合，非自然之天屬也，故輕於割絕，易於修怨，居一門之內，而能深明大義，宜室宜家者無多，妯娌或競妍蚩，或較貧富，或爭寵於翁姑，或比量乎多寡，嫌隙駢至，積塡胸臆，遂肆其是非於枕畔，重以婢妾愚賤，好傳遞短失，丈夫若聽之不辨，終使兄弟失歡，父母不快，一家陰陰鬱鬱，不見和樂；然則物必先腐而後蟲生，人必相疑而後讒行，手足果能致同胞之義，念天倫之情，知恭知忍，即有妻妾之行讒惑，然言者諄諄，聽者藐藐，兄弟之情，亦無從而間之，既不為所間，則妯娌亦各安其室，各宜其家，平心忍氣，莫復傾軋矣。

婆媳之間，素為難處，且當世婚姻習陋，多計較貲財妝奩之厚薄，家世門第之高低，可憐貧門薄戶之女，不幸而遇勢利之翁姑，毒口誣罵與嘲諷責難，因紛遝而來，歸心篇曰：

世有癡人，不識仁義，不知富貴並由天命。為子娶婦，恨其奩資不足，倚作舅姑之尊，虵虺其性，毒口加誣，不識忌諱，罵辱婦之父母。

此種癡妄之翁姑，但憐己之兒女不愛己之兒媳，不知今日之欺虐適足以積恨於媳，養成教婦不孝己身之憾；至於己之女嫁爲人媳，則教唆之，溺愛之；爲女者恃母之寵而驕慢，驕慢必悍，上逆公婆，下傲妯娌，丈夫囑責，輒相反目，率爾歸告父母，造言流涕，母踵夫壻之門，罵言自盡；女借母家之勢，故作懸樑；致令爲夫者懼禍忍辱，不能自主，漸而婦得自便，擅室傲親，洵爲門戶常弊也，治家篇言：

> 婦人之性，率寵子壻而虐兒婦，寵壻則兄弟之怨生焉；虐婦則姊妹之讒行焉。然則女之行留，皆得罪於其家者，母實為之。至有諺云：「落索阿姑餐。」此其相報也。家之常弊，可不誡哉！

噫！凡婦也皆爲人女，久之卽爲人母，爲人姑，俗云：「多年媳婦熬成婆。」自受之，復自作之，其不悟爲可歎也，此之推所謂「相報」者也。

夫子婦供奉舅姑，旦夕在側，實與兒女無異，故之推諭人宜以溫厚仁愛之心，推己憐兒愛女之意以及兒媳也；爲人媳者，宜恭順和悅，柔聲怡氣以事舅姑，蓋不有舅姑，焉有丈夫？不有丈夫，焉得子女？無夫無子，焉有今日庭歡融融之幸福？此人子人媳所宜深知報恩反始之義也。周易家人卦象傳曰：「父父、子子、兄兄、弟弟、夫夫、婦婦，而家道正。」言家庭倫理，厥惟知分知位，知倫知職，而於日常生活中實踐之，篤行之，天道遠，人道邇，登高必自卑，致遠必自邇，其此之謂乎？

乙、社會倫理思想

夫父子、兄弟、夫婦皆是天理自然，凡有知之人，莫不知孝知慈知弟，能孝能慈能弟。唯五倫中之君臣，朋友、師生之際，只是義合，易得苟且，故需留意自省。

禮記儒行篇曰：「儒之自立，忠信以待舉，力行以待取。」夫君子也者，身既修，家既齊，則可以待人君致敬盡禮而出仕，若修道勉學，藏器於身，猶不得進，則信由天命，自安貧素，此之推仕宦之所執也，省事篇言：

君子當守道崇德，蓄價待時，爵祿不登，信由天命。須求趨競，不顧羞慚，比較材能，斟量功伐，厲色揚聲，東怨西怒，或有劫持宰相瑕疵，而獲酬謝，或有諠聒時人視聽，求見發遣；以此得官，謂為才力，何異盜食致飽，竊衣取溫哉！

之推誡子孫莫貪官慕爵而躁競，妄言弗索則不獲，宜審己量時，見幾而作，庶幾免夫尊嚴墜地之羞與夫失身之患，且「雲從龍，風從虎。」（注一五），若風雲不與，徒求無益也，省事篇曰：

世見躁競得官者，便謂「弗索何獲」；不知時運之來，不求亦至也。見靜退未遇者，便謂

「弗為胡成」;不知風雲不與,徒求無益也。凡不求而自得,求而不得者,焉可勝算乎:

若夫時運之來而得仕進者,宜善守職分,稽古愛民以求濟人經世,有利社稷,涉務篇曰:

士君子之處世,貴能有益於物耳,不徒高談虛論,左琴右書,以廢人君祿位也。國之用材,大較不過六事:一則朝廷之臣,取其鑒達治體,經綸博雅;二則文史之臣,取其著述憲章,不忘前古;三則軍旅之臣,取其斷決有謀,強幹習事;四則藩屏之臣,取其明諫風俗,清白愛民;五則使命之臣,取其識變從宜,不辱君命;六則興造之臣,取其程功節費,開略有術,此皆勤學守行者所能辨也。

之推言人臣之道,立心貴宏,操行宜醇篤,能立心宏大,則勇於任事,忠於職守,無怠惰羞縮之病;操行醇篤,則公爾忘私,忠信善道,有堅忍不拔之操,所謂「一旦屈膝而事人,豈以存亡而改慮?」(注一六)此臣之道也忠之義矣。

此外,規過諫非亦爲人臣之分也,唯需信而後諫,以免爲人主誤疑己之謗君也,且自古能諫君者,多因帝之所明者開導,推類連及,既明於此,便有通於彼,故諫君之道需溫柔渾厚,明白辨析,以善其規諷之道,若夫訐直強勁,率多觸犯而取君之忤,規諷之意未盡,而身已被戮,深宜戒慎,省事篇云:

諫諍之徒，以正人君之失爾，必在得言之地，當盡匡贊之規，不容苟免偷安，垂頭塞耳；至於就養有方，思不出位，干非其任，斯則罪人。故表記云：「事君，遠而諫，則諂也；近而不諫，則尸利也。」論語曰：「未信而諫，以為謗己也。」

又有一類文士，以其涉獵兵書之故，平時則幸災樂禍，戰時則反覆構釁，不知兵者，乃所以禁暴誅亂，非不得已，必不輕舉，蓋兵戈一起，黔首流離，士卒暴骸，誠國之大凶也，且勝負難明，此輩文臣既乖臣道，復自取滅亡，誡兵篇云：

每見文士，頗讀兵書，微有經略，若居承平之世，睥睨宮闈，幸災樂禍，首為逆亂，詿誤善良，如在兵革之時，構扇反覆，縱橫說誘，不識存亡，强相扶戴，此皆陷身滅族之本也。

總而言之，之推以爲人臣之義在乎守職無侵，濟世利民，故爲將者，需明乎天道，辨乎地利，比量逆順，鑒達興亡之妙，而非徒跨馬被甲，長稍彊弓耳；爲相者，需敬鬼事神，移風易俗，調節陰陽，不徒承上接下，積財聚穀耳；治民者，需誠己刑物，執轡如組，知反風滅火，化鴟爲鳳之術，不徒私財不入，公事夙辦耳；平獄者，需知同轅觀罪，分劍追財，假言姦露之察，不徒抱令守律，早刑晚捨之務耳（注一七）夫能如此，得不餒於臣之道也。

然而自古「社稷無常奉，君臣無常位。」（注一八），當朝鼎易革之際，人臣如何自處？之推信守伊尹，箕子之義也。伊尹嘗言：事非其君，何傷也？使非其民，何傷也；要欲爲天理物，冀得行道而已矣，其視天下之匹夫匹婦有不被德澤者，若己推而納諸溝中，故自任以天下之重，以區區之力，思所以維挽之；之推身處亂世，朝鼎數遷，雖奉忠貞之念，奈何時不我予，唯有權衡世局，以作定奪，然其去留之際，存心仁厚，稟「君子之交絕，不出惡聲；忠臣之去國，不潔其名」之衷；卽令不得已而身仕北齊，猶盡心匡扶，力任其艱，東西南北，轍不停軌，由此論之，之推持之人臣倫理，合情合理，豈腐儒庸才「無事袖手談心性，臨危一死報君王」（注一九）之愚忠所可並論哉！

易兌卦曰：「君子以朋友講習。」禮記學記曰：「獨學而無友，則孤陋而寡聞。」是知朋友之於人倫也，所關至重，雖情不及父子、夫婦、兄弟之切，然可藉友朋以輔仁規過，所職司者甚大，此朱熹所以稱朋友之倫也。至於師長之義，類朋友之忠告善道，責善輔仁，而其勢分也等於君父，可納諸朋友之倫也。

之推言人在年少，神情未定，最易爲同儕所熏漬陶染，雖非存心倣效，然潛移默化，久而似之，此墨子見染絲而悲也。諺云：「欲作好人，須得好友；引酵若酸，那得甜酒。」夫與賢者處，忠信敬讓之行，漸摩既久，身進於仁義而不自知矣；若與不賢者處，所聞所見，無非驕奢淫蕩，貪財黷貨，彼此拍肩執袂，相誘爲非，久而身自陷於邪僻刑戮而不自知也，故荀子稱「蓬生麻中，不扶而直，白沙在涅，與之俱黑。」（注二〇）慕賢篇曰：

人在年少，神情未定，所與款狎，熏漬陶染，言笑擧動，無心於學，潛移暗化，自然似之；何況操履藝能較明易者也；是以與善人居，如入芝蘭之室，久而自芳也；與惡人居，如入鮑魚之肆，久而自臭也。

之推自言其生涯中，若值名賢，無不心醉向慕之也，然而聖賢疏濶難得，所謂「千載一聖，猶旦暮也。五百年一賢，猶比髆也。」（注二一）如能欣逢明達君子，即可攀附景仰之；如不能，但優於我者，亦可爲師友，惜乎世俗貴遠而賤近，信耳而遺目，即令鄉里有足可師模之學者，每輕狎踰節，不知敬重，魯人不識孔子之聖而謂之「東家丘」，即此弊也；至若風聞他鄉微有聲名，則如飢如渴，烈烈傾慕，凡此，皆論學取友訪師所需惕也。此外交友貴道不貴勢，若有隱於僕隸廝役、釣魚販牛之賢達者，切不可因其位卑勢屈而輕之，勉學篇言：

爰及農商工賈，廝役奴隸，釣魚屠肉，飯牛牧羊，皆有先達，可為師表，博學求之，無不利於事也。

朋友之中，又有因一言之合而定交，一事之投而結契者，甚而約爲兄弟，誓同生死；之推以爲需令終如始，志同義合，方可議之，莫率爾稱兄道弟，恐不全交也，風操篇謂：

四海之人，結為兄弟，亦何容易。必有志均義敵，令終如始者，方可議之。一爾之後，命子拜伏，呼為丈人，申父友之敬；身事彼親，亦宜加禮。比見北人，甚輕此節，行路相逢，便定昆季，望年觀貌，不擇是非，至有結父為兄，託子為弟者。

朋友之義在乎有信，信者誠也；誠者，物之終始，不誠無物，朋友存誠，金石不能破，天地不能違；且誠之現於言者，則無巧飾佞辭，現於行，則無欺僞詭詐之事，此曾子所日省其身也者，名實篇言：

吾見世人，清名登而金貝入，信譽顯而然諾虧，不知後之矛戟，毀前之干櫓也。虙子賤云：「誠於此者形於彼。」人之虛實真僞存乎心，無不見乎迹，但察之未熟耳。一為察之所鑒，巧僞不如拙誠，承之以羞大矣。

故之推誡子交友貴誠，內不自欺，外不欺人，若不誠信，友朋自可於言動神色覲出，自以爲得，而適足傷及友誼，此外友朋造訪，應對談論之間，宜近而不慢，親而不褻，以避「燕朋逆其師，燕辟廢其學。」（注二二）之病也。另家人僮幼之接引賓客，亦應肅敬有禮，不可怠慢，以免滋生誤會，令朋友心存塊壘，有礙彼此情誼。

夫朋友之義既求輔仁成德，則需盡責善之道，唯此甚難。蓋朋友同處，視其過而不告，則於心有所不安；告之而人不受，甚且以爲蔑己則失歡，爲之奈何？之推以爲朋友之誼已屆誠意交孚之時，然後可以有言，且需留有餘地，即誠有餘而言不足，能如此，則言者重而聞者感，於人有聽受之益，在我無見疏之辱，斯爲善矣。名實篇言：

人足所履，不過數寸，然而咫尺之途，必顛蹶於崖岸，拱把之梁，每沈溺於川谷者，何哉？為其旁無餘地故也，君子之立己，抑亦如之。至誠之言，人未能信，至潔之行，物或致疑，皆由言行聲名，無餘地也。吾每為人所毀，常以此自責。若能開方軌之路，廣造舟之航，則仲由之言信，重於登壇之盟；趙熹之降城，賢於折衝之將矣。

若夫朋友行義而有難，當兩脅插刃，義不容辭，但若逆理悖德而得罪於君，或代人報讎，彊立意氣之游俠徒衆，則不足憂卹焉。

此外，朋友又有通財之義，若親朋困迫，須加溫卹，唯其間亦須善加酌量，不予橫生圖計，無理請施者；省事篇言：

親友之迫危難也，家財己力，當無所吝；若橫生圖計，無理請謁，非吾教也。墨翟之徒，世謂熱腹；楊朱之侶，世謂冷腸，腸不可冷，腹不可熱，當以仁義為節文爾。

治家篇又稱譽裴子野之善施，凡有親疏故舊飢寒不能自濟者，皆收養之，嘗逢水旱，家僅餘二石米，熬成薄粥，親友僅得遍焉，而裴子野躬自同之，面無厭色。是亦朋友之道也。

師生之倫，之推涉及較少，然非輕之也，音辭篇提及古人素以爲膏粱之子，其性難正；之推則云非其難整，而實無良師益友之啓迪誘導也，文曰：

> 古人云：「膏粱難整。」以其為驕奢自足，不能剋勵也。吾見王侯外戚，語多不正，亦由內染賤保傅，外無良師友故耳。

夫人雖稟天地正氣以成性，然性相近而習相遠也，蘭芷濡滫，君子不近，非其質之不美，滫使然也；故君子隆師親友，以進德修業矣。

以上論顏氏家訓之倫理思想，知之推立言設教，有一貫之先後本末始終之序，而以明人倫爲綱紀，依性分之所固有，行爲之所當依，俱爲敎化之大端，寓知分知職於生活日用之中，納知倫盡倫於人倫往來之際，故人德立而天德不失，是欲求天道者，求諸人道之中也。

第二節　敎育思想

人不能皆生而知之，必待學而後知之；人不能皆好學，必待敎而後能學，是聖人爲民作之父，作之君，作之師，所以教育之也（注二三），若教育有道，則天無枉生之材；鼓勵以方，則家無鬱抑之童；故天下之英才，不爲少矣，特以施敎無方，道學不明，而不得有所成就也，所謂良玉不剖，與瓦石相類，此之推念茲在茲於人材之長善救失也，爰依教育意義論，方法論與夫教育內容之安排三目分述之。

甲、論教育之意義

書經泰誓：「惟天地，萬物父母；惟人，萬物之靈。」夫人者，以其內稟天地之性，而貴爲萬物之靈；唯性雖天成，而無常守，或隨化而遷，或爲欲所蔽，故須教育輔弼之以成人，若刀玉之爲器也，必刮垢之，磨錯之；磨諸錯諸，質在其中矣；不磨不錯，焉攸用，此教育之意義也；亦之推於家訓中耳提面命子孫黽勉向學之用心也。名實篇言：

勸其立名，則獲其實。且勸一伯夷，而千萬人立清風矣；勸一季札，而千萬人立仁風矣；勸一柳下惠，而千萬人立貞風矣。故聖人欲其魚鱗鳳翼，雜沓參差，不絕於世，豈不弘哉！四海悠悠，皆慕名者，蓋因其情而致其善耳。

此言聖賢典型之垂範留名，足使後人立身受教有所瞻仰欣慕，而能因其情而致其善，則世世代代，千千萬萬之仁人貞士，良臣直史，將如雲合霧集，魚鱗雜襲，嗟乎教育之意義不亦弘哉！

然而人之資質稟賦難以律齊，規模有小大，才性有利鈍，受敎有遲速，不能皆期其從善也如流，之推謂有天之凶民，縱父母怒之弗爲改，師長敎之弗爲變，父慈而子逆，兄友而弟傲，夫義而婦陵，若此頑冥不靈之人，雖敎而無益也；又有上品之人，不敎而善，不學而能，之推言此爲上智之人，受敎與否，曾無損益於其智也，其餘中品之人，需敎而後善，若不受敎而求其賢能者，譬欲壽而刎頸，欲魚而棄網罟，其不達也必矣。勉學篇曰：

> 生而知之者上，學而知之者次，所以學者，欲其多知明達耳。必有天才，拔群出類，為將則黯與孫武，吳起同術；執政則懸得管仲，子產之敎，雖未讀書，吾亦謂之學矣。今子卽不能然，不師古之蹤跡，猶蒙被而臥耳。

是敎育意義因人之氣質清濁，賢愚不一而或異也，唯上智之才，或千百歲而見一；凶頑劣民，或千萬人而有一；其餘若非隨地隨人隨時而施敎之，將因無學而自廢，故天下中知之人，恆藉敎育以成其用，以盡其才，以成其業也。

夫唯世人萬品，稟賦好惡莫不相異，或精於此而麤於彼；或達乎此而塞乎彼；所知所好既有不同，則其蔽也各滯於一隅，之推言敎育之道，卽在針砭其蔽而導正之，使未知養親者孝，未知事君者忠，鄙吝者寬，怯懦者強，勉學篇言：

夫所以讀書學問，本欲開心明目，利於行耳。未知養親者，欲其觀古人之先意承顏，怡聲下氣，不憚劬勞，以致甘腝，惕然慙懼，起而行之也；未知事君者，欲其觀古人之守職無侵，見危授命，不忘誠諫，以利社稷，惻然自念，思欲效之也；素驕奢者，欲其觀古人之恭儉節用，卑以自牧，禮為教本，敬者身基，瞿然自失，斂容抑志也；素鄙吝者，欲其觀古人之貴義輕財，少私寡慾，忌盈惡滿，賙窮卹匱，赧然悔恥，積而能散也；素暴悍者，欲其觀古人之小心黜己，齒弊舌存，含垢藏疾，尊賢容衆，苶然沮喪，若不勝衣也；素怯懦者，欲其觀古人之達生委命，彊毅正道，立言必信，求福不回，勃然奮厲，不可恐懼也；歷茲以往，百行皆然。縱不能淳，去泰去甚，學之所知，施無不達。

是教育之意義在塑造人，使成孝悌慈愛之人，仁順容衆之人，使子弟日遷於善，邪僞之情日以消化，而人類文化之進步，亦同步昂揚矣。

之推言讀書之目的，本在開心明目，利於行道，不在榮身肥家，靑紫富貴；若夫教兒彈琵琶，習鮮卑語，以求伏事公卿，冀得寵愛（注二四）之教育用心也鄙，蓋富貴貧賤，一時之遇也，豐約通塞，有命在天，其能操之於我者，知道行道耳，若彼汲汲於富貴，營營於功名者，是以操之我者委諸天，定乎天者爭之在我，不唯倒行逆施，且爲人物所驅役，其能致乎貞粹清剛之業者鮮矣，自積極意義而言，教育塑造人充實之德性與圓融之情感，使能頂天立地，俯仰不愧，自消極意義而言，教育可防僻禁邪，庶幾免爲小人矣。勉學篇曰：

有學藝者，觸地而安。自荒亂以來，諸見俘虜。雖百世小人，知讀論語、孝經者，尚為人師；雖千載冠冕，不曉書記者，莫不耕田養馬。以此觀之，安可不自勉焉？若能常保數百卷書，千載終不為小人也。

撰諸家訓所論及教育之篇章，明乎之推之教育觀念健康而實在；惜乎世人有未察者，恆拘固於「學者所以求益耳。」（注二五）「讀書學問，本欲開心明目，利於行耳。」（注二六）乃斷章取義，譏其唯利害是圖（注二七），稱其爲「老世故」（注二八）；不知家訓之作爲布帛菽粟之文，雖以守道崇德爲務，然所訓誘之對象厥爲資質參差不一之兒孫，夫以道德之精微者示諭，可施諸才性清靜者，不可以語中下之才者，若乃父兄之誘敎也非其所，則彼之昧者日愈惑，頑者日愈媮，是其所以益之者，乃所以損之也。今之學者既爲利而勤，爲名而脩，之推乃自居爲傅婢刑妻，因其所爲而引之，則勸善勉學之言也易入，而聽者易以進而追慕也，然則絕非唯利是務也，讀其勉學篇可察其心迹，文曰：

有客難主人曰：「吾見彊弩長戟，誅罪安民，以取公侯者有矣；文義習吏，匡時富國，以取卿相者有矣，學備古今，才兼文武，身無祿位，妻子飢寒者，不可勝數，安足貴學乎？」主人對曰：「夫命之窮達，猶金玉木石也；脩以學藝，猶磨瑩雕刻也。金玉之磨瑩，自美其鑛璞，木石之段塊，自醜其雕刻；安可言木石之雕刻，乃勝金玉之鑛璞哉？不得以有學之貧賤，比於無學之富貴也。且負甲為兵，咋筆為吏，身死名滅者如牛毛，角立傑出者如芝草；握素披黃，吟道咏德，苦辛無益者如日蝕，逸樂名利者如秋荼，豈得同年而語矣。

之推言人若能信道篤，則能行道固，守道貞，造次必於是，顛沛必於是，不以豐約、窮達、殀壽而改志，能達乎此者，可謂卓爾自立於世之君子，家訓苦心孤詣勸學之意也，正在乎此！

乙、論教育之方法

夫教者必知至學之難易，與夫人之美惡偏向，愼始乎童蒙專一之時，循序乎學習內容之先後緩急，復濟之以善榜樣，陶之以良師友，若其蹈履差誤，則需酌加懲處，以收束悖行；既顧及此，又須以純良太和之氣浸潤之，以樸素勤勞之習磨練之，以高尙道德之操薰育之；如此可謂教之有方，而君子養成矣。

之推言教育貴愼始，當婦人有娠，即可施以胎教，教子篇：

古者，聖王有胎教之法；懷子三月，出居別宮，目不邪視，耳不妄聽，音聲滋味，以禮節之。

舊說懷胎三月，日月未滿，陰陽未備，腑臟骨節皆未成足，故自初姙迄子將產，飲食居處皆有禁忌，諸如目不視惡色，耳不聽淫聲，口不出傲言，坐而不差，立而不跛等等，此外需多見賢人君子，多觀鐘鼓禮樂之節，調適情性，庶事清淨，則生子皆良慧仁善，此之謂胎教也（注二九），以今日之醫學知識徵之，胎兒之成長確受妊婦之身心影響，若妊者喜怒高亢之際，其自律神經系統、血液循環均直接影響胎兒，且胎兒之心智發展，遠非吾人所目視之無知，故之推承襲傳統胎教之說，洵非無稽之談，且蘊含尊重生命與敬慎教子之睿智也。

及至孩提有識，具喜、怒、懼之情緒後，已知辨人喜怒，此時即可善加誘導，教子篇云：

生子咳𠱓，師保固明仁孝禮義，導習之矣。凡庶縱不能爾，當及嬰稚，識人顏色，知人喜怒，便加教誨，使為則為，使止則止，比及數歲，可省笞罰。

教育之道，貴在及時，當童蒙之齡，見識未明，志性未定，苟非飫聞古人之嘉言懿行，則心志飄忽無主，嗜欲、志氣皆得而奪之，故於蒙養之始，須以孝弟忠信之事，反覆講解，日漸月摩，使其天性自然開發，故引而之於善也易矣，且人生小幼，精神專利，及其長也，思慮散逸，故施教務早，及其精專，習與性成，不異自然也（注三〇）。教子篇引孔子之語「少成若天性，習慣成自然。」及俗諺「教婦初來，教兒嬰孩。」卽在申論學前教育之要也。

除提出學前教育之主張外，之推言父母之教幼兒也，不可溺於小慈而省笞罰，迷其童穉可愛而惑於是非賞罰，宜自小律之以威，繩之以禮，長則無不肖之悔，教子篇：

吾見世間，無教而有愛，每不能然，飲食運為，恣其所欲，宜誡翻獎，應訶反笑，至有識知，謂法當爾。驕慢已習，方復制之，捶撻至死而無威，忿怒日隆而增怨，逮於成長，終為敗德。

此乃父母之通病，卽學記所云「發然後禁，則扞格而不勝。」之推以梁元帝時某學士爲例，誡爲人父母之教子也，善則宜賞，過則宜匡，患則思救，失則輔正，否則縱欲敗度，越禮犯分，終致自取滅亡，教子篇言：

梁元帝時，有一學士，聰敏有才，為父所寵，失於教義，一言之是，徧於行路，終年譽之；一行之非，揜藏文飾，冀其自改。年登婚宦，暴慢日滋，竟以言語不擇，為周逖抽腸釁鼓。

嗟乎，此學士之父不知「慈母有敗兒」之理，致使其子肆欲恣言，得罪權貴而慘死，此情此狀曾其父所忍見耶?之推乃警之曰：「笞怒廢於家，則豎子之過立見；刑罰不中，則民無所措手足；治家之寬猛，亦猶國焉。」（注三一）又剖析蔽於小慈之父母心理。教子篇曰：

凡人不能教子女者，亦非欲陷其罪惡，但重於訶怒。傷其顏色，不忍楚撻，慘其肌膚耳。

當以疾病為諭，安得不用湯藥鍼艾救之哉？又宜思勤督訓者，可願苛虐骨肉乎？誠不得已也。

俗云：「惜兒惜食，痛子痛教。」其此之謂乎？或質以笞罰之不可行，以爲將傷及幼童之尊嚴。曰：懲罰乃不得已而使用之消極教育方法，適用於某一年齡範圍之兒童，使其瞭解何種言行之不見容於社會，藉以形成堅強之性格，並鍛煉其意志與人格，養成健全之道德觀（注三二），酌量而公正之使用笞罰，古今中外皆不可廢也。

至若施教之次第，則當循序漸進，不求躁競或躐等，亦不廢時失機而忘教，之推承禮記內則「子能食食，教以右手，能言，男唯女俞」之論，於蒙養之期，著重正確而優雅之生活習慣與語言之培養，以語言爲例，音辭篇曰：

吾家兒女，雖在孩稚，便漸督正之，一言訛替，以為己罪矣，云為品物，未考書記者，不敢輒名。

蓋幼兒時期，語言之確當運用，有賴父母之示範與教導，且語言爲人類智慧之結晶，是以智慧之開擴與語言之發展，有極其密不可分之關係；之推愼重教導兒女確當使用雅言，可使幼童藉聲音之聯接而學習名物之意義與概念，從而據此爲基石，拓展記憶與理解之能力（注三三）及其少長，博之以禮、樂、詩、論之文；蓋此少年時光，為童蒙期外之勤學時機，其內無室家子女之累，外無經濟職業逼迫之擾，以及人事應酬之勞，一心一意向前，施教最易，不可錯失；及至冠、婚之齡，體性稍定，則可掌握天機，倍加訓誘，以致眞知（注三四）；雖然，幼而學者如日出之光，然若幼年不幸，坎坷失學，猶當晚學，不可自棄，勉學篇勉曰：

人有坎壈，失於盛年，猶當晚學，不可自棄。孔子云：「五十以學易，可以無大過矣。」魏武、袁遺，老而彌篤，此皆少學而至老不倦也。曾子七十乃學，名聞天下；荀卿五十，始來遊學，猶為碩儒；公孫弘四十餘，方讀春秋，以此遂登丞相；朱雲亦四十，始學易、論語；皇甫謐二十，始受孝經、論語；皆終成大儒；此並早迷而晚寤也。世人婚冠未學，便稱遲暮，因循面牆，亦為愚耳。

是教育之施也，遍及於人生各年歲，幼而學者，誠若日出之光，輝彩奪目；然老而學者，亦有秉燭夜行之助，雖曰晚學不及早學，然猶賢乎瞑目而無見者也。

因材施教，厥為另一教育要則，父母宜深知兒童身心發展之通性與別性，慎擇適當之方法以助長之；若園丁之於草木焉，乾則澆灌，弱則扶植；畏寒則納於溫室，貧瘠則予施肥，則其發榮滋長可俟而睹矣；如子弟儉吝，則教之以寬厚；暴悍，則教之以溫和；輕躁者，持以質重；滿露者，教以含藏（注三五），則可謂善教也者矣。

夫唯父母之教子也，無不願其成賢而遠不肖，然則世間人子之賢不肖也，何以相去若遠？曰：教不以法也。夫善教者，必正之於蒙，節其衣食，戢其喜怒而使之順也；教之敬謹誠信，以為應世接人之基，復慎擇良師益友以輔仁，可免夫孤陋而寡聞之闕；此外，非徒口諭之，且身示之，達乎教之法者，可期其子弟之趨善也必至。不善教者反是，或溺愛而不肯教，或假為巧飾，以沽令名，或代子為文，以邀虛譽（注三六），不然則督責過苛，而失自得之趣；求功太切，而陵節躐等，失循次漸進之秩；又有見其愚魯難進而任其曠廢者，嗟乎！日漸月摩，終成不肖之人矣！抑思父母之於兒孫也，何等親愛，何等關顧，而令如是，故教子者不可不善察施教之方。

丙、論教育之內容

夫教育之意義既在塑造身心健全之人，則充實之智識，高尚之道德、圓融和諧之情感、筋骨強健之體魄與夫藝術修養之涵泳，均屬教育內容之要項，然而學海無涯，義理無窮，施教者若無妥善之內容規劃，易使學習者如初至大夏之張騫，不能得月氏之要領；至乎內容所重，宜為施教者一生所用力處，亦即其人之得力處，堪為學習者之入門處，之推世善禮、傳，兼好文字訓詁與音辭，一生涉履多艱，慎審吉凶進退之道，明達應物接人之禮，凡此，皆之推困心衡慮所悟得之人生哲學，亦即其德慧智術之所在，家訓所諄諄告諭者，亦在乎此，即敦重彝倫、勤學勉行、涉務應世與藝術教育，雖去今已千五百年，猶能廣包德育、智育、體育、群育、美育等五育之均衡發展，故之推之教育理念也弘矣。

家訓序致篇開宗明義言作書宗旨在教子忠孝仁義，言行持檢，以盡為人之道，可知守道崇德，乃之推教育內容之首務，而其施行細則，俱見於父子當親，君臣當義，夫婦有別，長幼有序，朋友有信之日用人倫中，首節倫理思想已詳論之，茲不贅述焉，下依勉學、涉務、游藝三目徵之。

夫學者，所以清澄性理，簸揚埃穢，雕鍛鑛璞，礱鍊屯鈍，啓導聰明，飾染質素，察往知來，博涉勸戒，仰觀俯察，於是乎在，人事王道，於是乎備，進可以爲國，退可以保己，是以聖賢罔莫孜孜而勤之，夙夜以勉之，命盡日中而不釋，飢寒危困而不廢，豈以有求於當世哉，誠樂之自然也（注三七），所謂人生至樂，無如讀書；至要，無如教子，之推勉學篇言自古帝王猶須勤學，何況凡庶之子乎？梁元帝年十二，便已好學，雖患疥病，肘膝盡爛，致手不得拳、膝不得屈，猶獨坐蚊廚中讀書，痛甚，閑飲甜酒以寬之，每日讀史書二十卷，有時至曉，猶不知倦，之推稱彼以帝子之尊，童稚之逸，尚能好學不倦，則欲求立人立己之凡庶者，豈可廢學乎？勉學篇曰：

> 古人勤學，有握錐投斧，照雪聚螢，鋤則帶經，牧則編簡，亦為勤篤。……義陽朱詹，世居江陵，後出揚都，好學，家貧無資，累日不爨，乃時吞紙以實腹，寒無氈被，抱犬而臥，犬亦飢虛，起行盜食，呼之不至，哀聲動鄰，猶不廢業，卒成學士。

之推謂「積錢千萬，不如薄伎在身。」而伎之可貴者，無如讀書，且人生難得，韶光易逝，若不及時勤學，將恐年與日去，意與時馳，悲守窮廬，遂成枯落（注三八），惜乎世人多吝惜數年之勤學，終成一生之愧辱（注三九）勉學篇言：

世人不問愚智，皆欲識人之多，見事之廣，而不肯讀書，是猶求飽而嬾營饌，欲暖而惰裁衣也。夫讀書之人，自羲、農已來，宇宙之下，凡識幾人，凡見幾事，生民之成敗好惡，固不足論，天地所不能藏，鬼神所不能隱也。

既知智識之切要，則需著手讀書，之推謂文字爲墳籍之根本，故爲學須先曉字，字如不明，焉能讀書，曉字以後必讀六經，蓋六經者，處世之常道也，易所以志吾心之陰陽消息者也，書所以志吾心之綱紀政事也，詩所以志吾心之歌詠性情也，禮所以志人與人相接之條理節文也，樂所以志吾心歡喜平和之節奏也，春秋所以志吾心之誠僞邪正也（注四〇）故經不可不明，至於百家之書，則但涉獵爾，勉學篇言：

夫明六經之指，涉百家之書，縱不能增益德行，敦厲風俗，猶為一藝，得以自資。

即言習經之人，終身可得託也，亦太公家教所云：「積財千萬，不如明解一經；良田千頃，不如薄藝隨軀」之意也。

之推又叮囑兒孫讀聖賢書之際，宜心存敬重，知所愛惜，先潔淨几案，整肅身心，始莊重讀之，治家篇云：

吾每讀聖人之書，未嘗不肅敬對之，其故紙有五經詞義，及賢達姓名，不敢穢用也。

若夫讀書未竟，雖有急速之事，亦必卷束整齊，莫任其部帙分散，狼籍几案，而使經籍損敗；若有任容童幼婢妾點汚、風雷蟲鼠毀傷者，之推言此為累德之行，不可輕率。

之推又云學須專精，所謂「多為少善，不如執一。」試觀鼫鼠，雖具五能，然其飛也不能過屋，其緣也不能窮木，其游也不能度谷，穴既不能掩身，走亦不能先人，終不成技術。

綜括言之，之推言教育內容以蓄德養志為先，然欲蓄德，非由學問之道，則無以大其德，故君子務勤學，而以六經為要，藉經籍所載聖賢行事之迹，以觀其利用之道；察其立言之旨，以求浹洽而得之於心；專精致志，自然無浮偽，無游移，而學業亦可居之以為安，日往月來，融會通達，其德業也篤實而輝光矣。

夫君子之學也，入乎耳，存乎心，布乎四體動靜，著重知行合一，此之推立涉務篇之意也。子曰：「愛之，能勿勞乎？」亦闡揚實踐精神之可貴與必要。凡人心一懶，百骸俱怠，萬事隨之而廢矣，故童蒙之教，卽可先於灑掃進退處訓練，風操篇曰：

吾觀禮經，聖人之教，箕帚匕箸，咳唾唯諾，執燭沃盥，皆有節文，亦為至矣。

序致篇且自述齠齔之齡，即隨長兄曉夕溫凊，規行短步，安辭定色，鏘鏘翼翼，若朝嚴君焉。諸如此類灑掃庭除，執帚捧箕，規行矩步，溫褥凊席等瑣務之練習，不僅從中獲得生活技巧，且能藉雜務之實踐而養成勤勞、堅毅之美德，及對勞動者之尊重，與對物資之愛惜（注四一）。

及其漸長，則令其躬親農事，之推諭子宜敬重農業與農夫，蓋農人耕耨於田畝之中，田泥沾體塗足，風雨襲其軀體，烈日炙其髮膚，盡其四肢之力，勠力從事於田野，以養天下之民，樸野而不慝，允爲天地間高貴之職業，安可賤之乎？然自晉中興以來，士大夫羈旅江南，未嘗目觀起一撥土，耘一株苗；甚且有不識稻者，士而至此，安識世間之餘務乎？故有指馬爲虎（注四七），膚脆骨柔，體羸氣弱之輩，治官則不了，營家則不辦之輩，之推言此皆優閑之過也（注四二），故須幼事農業，使其知粟入之艱難而不生侈心，力涉勤苦而興起善心，習恆敦實而不生惰意（注四三）治家篇曰：

> 生民之本，要當稼穡而食，桑麻以衣。蔬果之畜，園場之所產；雞豚之善，塒圈之所生。爰及棟宇器械，樵蘇脂燭，莫非種殖之物也。至能守其業者，閉門而為生之具以足。

預習農事，既可鍛鍊意志體魄，復可贍養一家，此之推久處困阨，深契未雨綢繆之道，且人生會當有業，不必皆爲仕，但能存善心，行正事，節儉勤奮，循禮守法，於義中求利，則農、工商、賈，皆可爲業。

之推以開闊之心胸，健康之態度，尊重各行各業，誡兒孫切莫恥涉農、商，或以勞務工伎爲賤而羞學，需知職業無貴賤，農、工、商、賈、文武百官，皆正經治生之業，一方爲己治生，一方爲人群服務，進而協助社會國家之發展也，可恥者厥惟既無濟世之才，復乏資生之藝，飽食醉酒，忽忽無事以終日之人（注四四）。

子曰：「志於道，據於德，依於仁、游於藝。」（注四五）言六藝但可飾身，未足依據，故曰游，然可陶冶活潑敏銳之性靈，養成純潔高尚之情操，若能使禮、樂、射、御、書、數諸藝常潤染乎童子之心，使其樂習不倦，自無暇及於邪僻，此之推立雜藝篇之衷也乎！且童子之情，樂嬉游而憚拘檢，又性好忙碌；今教童子，必以其情性所喜悅者鼓舞之，則其進自不能已；譬如草木之始萌芽，時雨春風沾被之，則舒暢條達，萌動發越，自然日長月化；若冰霜摧撓之，則生氣蕭索，日趨衰痿矣。故誘之以音樂，非特宣其心情，亦所以泄其跳號呼嘯於詠歌，宣其幽抑結滯於音節也。導之以習禮者，非但肅其威儀而已，亦所以周旋揖讓而活動其血脈，拜起屈伸而固束其筋骸也（注四六）；及其長也，投壺、彈棊、博弈亦可消愁釋憒以濟案牘之勞神；此外弧矢射藝，書法丹青並足使人性情淵雅，好尚崇高矣。雜藝篇曰：

> 真草書迹，微須留意，江南諺云：「尺牘書疏，千里面目也。」承晉、宋餘俗，相與事之，故無頓狼狽者。吾幼承門業，加性愛重，所見法書亦多，而翫習功夫頗至。

顏家屢有善書者垂名史策，如顏騰之善草隸書，並工尺牘，為梁武帝所譽（注四七）；之推父顏協工草隸飛白，荆楚碑碣，皆協所書（注四八）；之推亦工尺牘，精繕文字；傳遞於唐，集大成於眞卿，論者譽其隸書奇絕，風稜秀出，精彩注射，勁節直氣，力透紙背，故書法為顏家世傳雅業，唯之推以為此藝不須過精，否則常為人所役使，更覺為累，昔韋仲將能書，魏明帝起殿，誤先釘榜，使仲將立乎籠中，轆轤長絙引上，使就榜題之，既下，頭鬢盡白，因敕兒孫勿復學書（注四九），之推慮兒孫勞於帝王役使，故引韋仲將之遺戒以訓之，雜藝篇言：

> 王逸少風流才士，蕭散名人，舉世惟知其書，翻以能自蔽也。蕭子雲每歎曰：「吾著齊書，勒成一典，文章弘義，自謂可觀；唯以筆迹得名，亦異事也。」王褒地胄清華，才學優敏，後雖入關，亦被禮遇。猶以書工，崎嶇碑碣之間，辛苦筆硯之役，嘗悔恨曰：「假使吾不知書，可不至今日邪？」以此觀之，慎勿以書自命。雖然，廝猥之人，以能書拔擢者多矣。故道不同不相為謀。

至於樂也者，人情之所必不免也，以其自人心出，故其入人也深，化人也著。之推言琴瑟之樂，和悅雅致，洵有深味，且能舒暢性靈，不可闕廢，然亦不可令有聲譽外揚，恐將見役勳貴，權充伶官之辱，雜藝篇曰：

> 禮曰：「君子無故不徹琴瑟。」古來名士，多所愛好。洎於梁初，衣冠子孫，不知琴者，號有所闕；大同以末，斯風頓盡。然而此樂愔愔雅致，有深味哉！今世曲解，雖變於古，猶足以暢神情也。唯不可令有稱譽，見役勳貴，處之下座，以取殘盃冷炙之辱。

此外，之推亦甚推重弧矢之藝。孟子曰：「仁者如射，射者正己而後發，發而不中，不怨勝己者，反求諸己而已矣。」（注五〇）故射有似於君子也，且可健固筋骨，專致思慮，明失諸正鵠，反求諸己之運動精神，又揖讓而升下而飲之進退儀節，復可從而觀摩之，此射也者，自古即居六藝之緣故，易曰：「弦木爲弧，剡木爲矢，弧矢之利，以成天下。」（注五一）雜藝篇言：

> 弧矢之利，以威天下，先王所以觀德擇賢，亦濟身之急務也。江南謂世之常射，以為兵射，冠冕儒生，多不習此；別有博射，弱弓長箭，施於準的，揖讓昇降，以行禮焉。

然之推雖以射藝輔德，而不讚同跨馬按弦以要輕禽，截猛獸之射箭狩獵行爲，除慮其險患外，戕害生靈之行，亦非信佛戒殺之之推所容許矣。

> 外此之游藝有投壺、彈棊、博弈等，消愁解悶，可有時而爲之，雖聖人薄之，之推言猶勝乎

忽忽無事，兀然端坐耳。蓋因久坐案前讀書，每易疲憊瞌睡，此時可謂以博弈之藝，其餘如圍棋

、彈棋亦屬近世雅戲，唯一切均求適可卽止，切莫玩物喪志，廢事棄業；至於算術，亦爲六藝之一，自古儒士論天象、定律歷，皆通學之，之推、愍楚並兼明曆算，嘗於朝中論曆。關乎算學也，之推一本其審愼保守態度，言可兼通，不可專以算歷爲業。若夫卜筮之術，原爲卜決疑，察風雨及其他徵候以燮理陰陽者，但若事事皆委諸卜筮，反拘牽多忌，有礙於行，且世傳解陰陽者，爲鬼所嫉，坎壈貧窮，多不稱泰，故之推於卜筮一藝，仍持保留態度，雜藝篇曰：

> 凡陰陽之術，與天地俱生，亦吉凶德刑，不可不信，但去智既遠，世傳術書，皆出流俗，言辭鄙淺，驗少妄多。至如反支不行，竟以遇害，歸忌寄宿，不免凶終，拘而多忌，亦無益也。

夫致天下之治者在人才，成天下之才者在教育，教育之所，始於家庭，本於學校，而終乎社會，而教育之爲用也甚緩，非旦夕可致功效，故稱之爲百年樹人大計；然則百年樹人之教育也，養之恆不足，奈何一朝一夕敗之而有餘，是以需秉剛毅堅忍之精神，行此艱難而紓緩之大業；南北朝之政局不定，衆所周知，庠序之敎亦隨之旋興旋滅，之推身處教化陵夷之境，常能憂深慮遠，激發感悟，以篤實之志，殷殷勸學，以恬淡之懷，循循善誘，以犀利之智，洞燭人性之蔽與教育常病；既慈祥導善，復威嚴禁暴；故終能整肅家風，提撕子孫，其教育思想也不亦宏富乎！

第三節　宗教思想

東晉以來，佛教之流衍，正如春日扶疏，方興未艾。逮乎蕭衍主梁，藉帝王之尊，政治之勢，廣弘佛法，其在位達四十八年之久，於此半世紀之中，嘗親受菩薩戒，制斷酒色，復戒血味，且四捨同泰寺，大施法會，舉國上下，莫不同弘佛法，佛教之興盛蓬勃，可謂至極矣。之推嘗飫其餘風，積染佛習；且一生萍飄南北，又自幼喪親，倍極慘惕，未及冠，復遭侯景之亂，餓殍盈城，哀號遍野；不旋踵，梁室覆滅，之推隱忍亡國之慟，携妻孥離鄉背井，偷生於異邦，苟活於胡、漢傾軋鬥爭之隙；回首前塵，骨横朔野，身逐飛蓬，則人生無非一生、老、病、死之大苦海；聚散無常，福禍變幻無端，故其寄托於佛教信仰，以求心靈之平安，苦痛之解脫，吾人實不忍致詰也，何況之推崇重倫理，不棄世務，實與彼等佞佛者有間矣，援論持戒，因果、宇宙三目，試窺其宗教思想所在。

甲、論持戒

夫佛在世時，以佛為師；佛滅度後，以戒為師，故戒律實為佛教之法典，凡能敬持戒律，則能使受戒者心生防惡之功能，歸心篇曰：

內外兩教，本為一體，漸積為異，深淺不同，內典初門，設五種禁；外典仁義禮智信，皆與之符。仁者，不殺之禁也；義者，不盜之禁也；禮者，不邪之禁也；智者，不酒之禁也；信者，不妄之禁也。

佛家之戒律有五戒、八戒、十戒、二百五十戒、五百戒等之別，凡出家五衆者，比丘、比丘尼受具足戒，學法女受六法，沙彌、沙彌尼等出家之男女其修行未成熟者受十戒，至於在家二衆，即在家修行之信男信女受五戒，五戒者，一不殺生，二不偸盜，三不邪淫，四不妄語，五不飲酒，前四者爲自性罪，名性戒，後一者爲遮制，名遮戒。之推以仁義禮智信之五常德，附會戒殺、戒盜、戒邪、戒妄、戒酒之五戒，所謂「五戒如五常」（注五二），且南北朝之士偏好談理，常見儒、釋二家調和折衷之說，之推以爲佛在濟神，儒在救形，雖智度有內外，而其仁慈救世之旨也一；且慈悲爲懷近仁，奉持戒律近禮，賑貧濟困近義，故二教殊塗而同歸，六度可與五教並行，信順無妨與慈悲齊立，內外兼行，諸善生矣。五戒中，之推重戒殺。蓋人旣與天地同體，草木瓦石無情之物，猶當愛惜，遑論同爲血肉之軀之衆生乎？其貪生惡死之情，與我相同；且佛家言衆生皆有佛性，無量刼來，曾互爲眷屬，均當護惜，安可斷彼之命，以快我口體之需？彼苦甚劇，而我樂有限，且一般皮肉，一般痛苦，於心何忍？故禮記曲禮稱「國君春田不圍澤，大夫不掩群，士不取麛卵。」王制篇更曰：「諸侯無故不殺牛，大夫無故不殺羊，士無故不殺犬豕。」均有護生之意，至於孔子釣而不綱，弋不射宿，孟子之遠庖廚、成湯之網開三面，皆有慈悲好生之心（

注五三），歸心篇：

王克為永嘉郡守，有人餉羊，集賓欲醼。而羊繩解，來投一客，先跪兩拜，便入衣中，此客竟不言之，因無救請。須臾，宰羊為羹，先行至客，一臠入口，便下皮肉，周行徧體，方復說之，遂作羊鳴而死。

此殺生致禍也。之推稱含生之徒，莫不愛命；去殺之事，必勉行之，否則臨死報驗，子孫殃禍，歸心篇又曰：

梁世有人，常以雞卵白和沐，云使髮光，每沐輒二三十枚。臨死，髮中但聞啾啾數千雞雛聲……梁孝元在江州時，有人為望蔡縣令，經劉敬躬亂，縣廨被焚，寄寺而住。民將牛酒作禮，縣令以牛繫剎柱，屏除佛像，鋪設牀坐，於堂上接賓。未殺之頃，牛解，徑來至階而拜，縣令大笑，命左右宰之。飲噉醉飽，便臥簷下。稍醒而覺體癢，爬搔隱疹，因爾成癩，十許年死。

說者云被殺衆生其死時，怨恨恐懼蓄積爲能量，散而布於其身，人食其血肉，卽將此怨懼之能量引入自身，從而與之招感，雖獲一時口腹之飽足，反造未來之罪孽（注五四）。

乙、論因果

佛謂萬法之生起，必仗因托緣，觀現象世界及一切事物之成立，皆緣時間所現之異時因果關係，與客觀所現之互存關係而織綜形成，故吉凶禍福與森羅萬象，皆爲時間與空間相互依存之集合體，而同時與異時之因果關係卽成立於其中，故之推云：「三世之事，信而有徵。」（注六四）。三世者，過去世、現在世、未來世也，現世之果，種因於前世；來世之果，肇因於今世，彼此因果循環，「此有故彼有，此生故彼生，此無故彼無，此滅故彼滅。」依因緣之彼此連鎖而循環，無始無終；故就生命體而言，此生命體之死亡，並非終止結束，而係另一生命體之承接誕生，如海洋之波峯相次，流轉不已，因此當生命體死亡之後，其業力猶存，卽其在世行爲之身心能量所聚之動力（注五五），得決定另一生命體之存在形式，業緣生見，如影從身，此乃生命之輪迴是也，歸心篇：

夫信謗之徵，有如影響；耳聞目見，其事已多，或乃精誠不深，業緣未感，時儻差闌，終當獲報耳。善惡之行，禍福所歸。九流百氏，皆同此論，豈獨釋典為虛妄乎？項橐、顏回之短折，伯夷、原憲之凍餒，盜跖、莊蹻之福壽，齊景、桓魋之富强，若引之先業，冀以後生，更為通耳。

夫宇宙萬有之生起，既取決於生命體自我之因果律，則如因果經云：「欲知前世因，今生受者是；欲知未來果，今生作者是。」（注五六），唯俗之謗者大抵以吉凶禍福或未報應為欺誑也（注五七），是以之推言善惡之說，九流百氏皆同，復舉古往今來之例以驗之。易乾文言曰：「積善之家，必有餘慶；積不善之家，必有餘殃。」說苑卷一七雜言篇云：「人為善者，天報以福；為不善者，天報以禍。」淮南子卷一〇人間訓曰：「夫有陰德者，必有陽報；有陰行者，必有昭名。」皆說明善惡報應之理，並使聞之者震聳而生敬畏之心，好為善而不敢作惡矣。歸心篇曰：

形體雖死，精神猶存。人生在世，望於後身似不相屬；及其歿後，則與前身似猶老少朝夕耳。世有魂神，示現夢想，或降童妾，或感妻孥，求索飲食，徵須福祐，亦為不少矣。今人貧賤疾苦，莫不怨尤前世不修功業；以此而論，安可不為之作地乎？夫有子孫，自是天地間一蒼生耳，何預身事？而乃愛護，遺其基址，況於己之神爽，頓欲棄之哉？凡夫蒙蔽，不見未來，故言彼生與今非一體耳；若有天眼，鑒其念念隨滅，生生不斷，豈可不怖畏邪？

歸心篇舉梁時有江陵人劉氏，宰鱓製羹為業，後生一兒，頭是鱓，頸下方為人身。又言西陽郡守楊思達，值侯景亂，時復旱儉，飢民餓極而盜田中麥裹腹，思達乃遣士卒截斷盜者手，凡戮十餘人，該士卒後生一男，自然無手；此外，之推另著寃魂志三卷，皆在闡論果報之說。

然而佛家之因果律，縱其邏輯圓密，不容否認，唯現於經驗界，亦常有不能相合者，如王充論衡命義篇所陳，或性善而命凶，或性惡而命吉，且才高行潔者，不得保以必尊貴；能薄操濁者，不可保以必卑賤（注五八），之推勉兒孫不能以行善而偶鍾禍報，爲惡而儻值福徵，便心生怨悔，率爾改志，宜稟其初念之勇，篤行善道；依其轉念之怯，禁絕罪惡，且學道者當離我，法二執，但發菩提心，視諸相皆空，則無窒礙可撓，無痛苦可畏，如此始堪立身行世；譬如播種，雖偶有歉收者，稼穡不可廢；君子行仁由義，雖偶值禍患，而行業不可惰也。

丙、論宇宙

夫古來創設宗教者，殆無不對宇宙之大原從事考察者，考察之道有二：其一爲宇宙萬象，如何生起？即如何解釋現象界？其二，既有現象，必有使其顯現之本體，而其本體果爲何物？歸心篇詳載之推關乎宇宙之諸多疑惑，文曰：

> 天為積氣，地為積塊，日為陽精，月為陰精，星為萬物之精，儒家所安也。星有墜落，乃為石矣；精若是石，不得有光，性又質重，何所繫屬？一星之徑，大者百里，一宿首尾，相去數萬；百里之物，數萬相連，濶狹縱斜，常不盈縮。又星與日月，形色同爾，但以大小為其差等，然而日月又當石也？石既牢密，烏兔焉容？石在氣中，豈能獨運？日月星辰，若皆是氣，氣體輕浮，當與天合，往來環轉，不得錯違，其間遲速，理宜一等；何故日

月五星二十八宿，各有度數，移動不均？寧當氣墜，忽變為石？地旣滓濁，法應沈厚，鑿土得泉，乃浮水土；積水之下，復有何物？江河百谷，從何處生？東流倒海，何為不溢？歸塘尾閭，渫何所到？沃焦之石，何氣所然？潮汐去還，誰所節度？天漢懸指，那不散落？水性就下，何故上騰？……以此而求，迄無了者，豈得以人事尋常，抑必宇宙外也。

之推所提之諸多疑問，囿於當時科學知識之局限，故臆說紛紛，此固不足嗤矣。卽以今日之科學知識，亦未能盡解宇宙之奧秘，以地球運轉而言，因其自轉而有晝夜，因其公轉而判四季，此運行規律唯適用於地球耳，蓋宇宙全體，無時不在變動之中，因核子之跳躍不循一定之軌迹，而星球適由核子所組成，亦隨其俱變，今日科學所確定適用於地球之準則也，未必適用於其他星球；適於今日者，未必能合於將來；此佛家言一切法相始於無明，因無明妄動，蓋覆眞性，封蔀妙明，故從眞起妄也（注五九）

且宇宙萬有之事理，人本不能盡知，何況吾人推測事理，每緣四塵、五蔭、六根是依，不知浮根之色、香、味、觸四塵，僅在我面；色、受、想、行、識等五蘊，皆如水泡聚沫之空虛，之推遂緣此而質彼等以世界外事及神化無方爲迂誕之謗論，歸心篇曰：

凡人之信，唯耳與目；耳目之外，咸致疑焉。儒家說天，自有數義：或渾或蓋，乍宣乍安。斗極所周，管維所屬，若所親見，不容不同；若所測量，寧足依據？何故信凡人之臆說，迷大聖之妙旨，而欲必無恆沙世界、微塵數刼也？

佛言諸行無常，萬法歸空，時空所據之法界或宇宙，如一生死波動之大海，自動者而觀之，則森羅萬象，變化無常；自其靜者而觀之，則寂滇圓融，平素如一，緣起緣滅，諸法既因浮漚而集聚，亦因浮漚而消散，一如海水之波漚也；然則與此輪廻相對之領域也，必是一無時空，無緣起、無轉化，眞如、如實、如來、如去之境界，卽涅槃是也（注六〇），此乃佛家追求之終極目的，亦歸心篇之推所慕之極妙樂土，有自然之稻米、無盡之寶藏、完全之自由。

噫！大道也無涯，包羅萬有，奧義多端，總歸一本，儒家之用世，佛家之出世，其淑世化民之道也，各有所應，之推精心妙悟，兼通內外，隨順世法，深契乎隨緣之道，雖勸誘兒孫敬信佛教，猶能掌握佛法修福德善根之精神，囑其不必皆捨衆入山，罷官職、去父母、落髮爲僧尼，何況室家之養，乃責任所在，不容逃避，歸心篇曰：

君子處世，貴能克己復禮，濟時益物。治家者欲一家之慶，治國者欲一國之良，僕妾臣民，與身竟何親也，而為勤苦修德乎？亦是堯、舜、周、孔虛失愉樂耳。一人修道，濟度幾許蒼生？，免脫幾身罪累？幸熟思之！汝曹若觀俗計，樹立門戶，不棄妻子，未能出家；但當兼修戒行，留心誦讀，以為來世津梁。人生難得，無虛過也。

第四節　養生思想

太史公曰：「凡人所生者神也；所託者形也。神大用則竭，形大勞則敝，形神離則死，死者不可復生，離者不可復反，故聖人重之。」（注六一）此君子愛其身以養有爲也。養其生以有待也之故。況魏、晉南北朝之世，兵革相尋接踵，政綱轉易不安，黔黎身被戰亂，淒涼憂懼於烽火之中，而朝臣文士，亦飽受朝不保夕之怖慄；此時歸眞返璞，省慾戒奢，煉丹求仙之養生論，遂應運而興：如嵇康之養生論，云神仙雖未目見，其有必矣，吾人若導養得理，以盡性命，上可獲千餘歲，下亦得數百年（注六二）。又若葛洪之抱朴子告人若能內保精氣，外服上藥，淡默恬愉，不染不移，不傷不損，則能內疾不生，外患不入，長生不死而爲仙人（注六三）。之推於家訓中亦設專篇論養生，然一本其平實理智之觀念，謂養生說之調攝生息、鍊養血肉之術，其裨益人也，昭晰可見；至於登涉煉丹之成仙術，則學者如牛毛，成者如麟角，華山之下，白骨成丘足可證。養生篇曰：

神仙之事，未可全誣；但性命在天，或難鍾值。人生居世，觸途牽縶；幼少之日，既有供養之勤，成立之年，便增妻孥之累。衣食資須，公私驅役；而望遁跡山林，超然塵滓，千萬不遇一爾。加以金玉之費，鑪器所須，益非貧士所辦。學如牛毛，成如麟角。華山之下，白骨如莽，何有可遂之理？考之內教，縱使得仙，終當有死，不能出世，不願汝曹專精於此。

職是之故，家訓養生之說，既緣平實易辦之規律生活方式衞生；復以知止知足，遠禍避辱之應世法，防患未然；茲依養生調息，藥餌小術、知止避禍三目分述之。

甲、養生調息

之推以為白日飛昇之術無徵，而延年益壽之事有益，且道士煉丹，事大費重，非寒士可辦，觀抱朴子內篇卷一一僊藥，每以丹砂、黃金、白銀、靈芝、明珠、雲母合製，而丹砂昂貴、金液、朱草、鶴卵、丹魚稀罕；不若養生調息之安全易辦且不廢世務也，養生篇云：

> 愛養神明，調護氣息，慎節起臥，均適寒暄，禁忌食飲，將餌藥物，遂其所稟，不為夭折者，吾無間然。

夫人生天地之中，稟自然之形，縱年有壽夭，形有脩短，而其死也則齊，古往今來，未聞可得遁逃之人，亦未聞有享萬年之壽，久生不已之期者，以及足使老者少，死者生之藥也；故達者論養生也，唯求稟和氣，以得年命之正數，全理盡年，不求過分矣。之推之養生論也，合於醫家調養之學，非服食求神仙者可比也。

之推以愛養神明、調護氣息、愼節起臥、均適寒暄、禁忌食飲爲積極保健延年之道。蓋我民族傳統醫家以爲人體者，以五臟爲中心，憑經絡之彼此聯繫，而使六腑、九竅、四肢百骸組成一有機體，藉精、神、氣、血、津液之運作，達成此生命體之全部功能與活動，其中又以精神爲最要，何則？蓋精神平和則氣血調暢，若七情暴動，則易傷精氣，精氣竭絕，形體毁沮矣（注六四），是之推以愛養神明爲養生之首務，凡人悲哀愁憂則心動，心動則五臟六腑皆搖，怒則氣上，喜則氣緩，悲則氣消，恐則氣下，驚則氣亂，思則氣結（注六五），暴樂暴苦而形神虧勞矣。故需攝養精神，使恬淡、清靜，外不勞形於事，內無思慮之患，以恬愉爲務，以自得爲功，形體不敝，精神不散，保養正氣、增強抵抗力，則風寒苛毒，莫之能害也（注六六）。

之推又倡調護氣息，此即嵇康養生論所及之「呼吸吐納，服食養身，使形神相親，表裏俱濟。」之呼吸行氣法。蓋人在氣中，氣在人中，氣竭則人命終矣，玆引抱朴子別旨篇之導引行氣法以輔佐說明之：

> 夫導引不在於立名象物，粉繪表形著圖，但無名狀也。或伸屈，或俯仰，或行臥，或倚立，或躑躅，或徐步，或吟或息，皆導引也。不必每晨為之，但覺身存不理則行之，皆當閉氣，閉氣節其氣衝以通也。亦不待立息數，待氣似極，則先以鼻少引入，然後口吐出也。緣氣閉既久，則衝喉，若不更引而使以口吐，則氣不一麤，而傷肺矣。但疾愈則已，不可

使身汗，有汗則受風以搖動故也。凡人導引，骨節有聲，如大引則聲大，小引則聲小，則筋緩氣通也。

之推自述調護氣息，自然可全性盡命，不爲夭折矣。此外人稟自然以生而生於自然之中，內經素問卷一四氣調神大論云：「陰陽四時者，萬物之終始也，死生之本也，逆之則災害生，從之則苛疾不起。」此之推所云愼節起臥，均適寒暄是也。醫家言春溫、夏熱、秋涼、冬寒之規律，使人體之腑臟、經絡、氣血，滋生一定之影響；且人之五臟六腑必應天時，春夏陽氣升騰宜養陽，秋冬陰氣充盈宜養陰，素問四氣調神大論云春三月之時，曰發陳，宜夜臥早起，廣布於庭，被髮緩行，以使志生；夏三月之時，曰蕃秀，夜臥早起，無厭於日，使志無怒；秋三月，爲容安，早臥早起，與雞俱興，使志安寧；冬三月，謂閉藏，早臥晚起，必待日光；此外冬不欲極溫，夏不欲窮涼；大寒、大熱、大風、大寒，皆毋冒之，如此始可身心健康，且據近年之醫學實驗，知皮膚受寒，將使呼吸道之生理功能改變，從而降低呼吸道之防禦能力，使病毒入侵；故均適寒暑，愼節起臥洵爲古今不易之養生要則也。

以上就積極意義而言養生，此外，之推又云消極地禁忌不宜之飲食。凡飲食需有節，即定時、定量、衞生、清淡與不偏食諸原則也。若飲食相背，脾胃必傷內經素問卷三五臟生成篇言多食鹹，則脈凝而變色；多食苦，則皮槁而毛拔，多食辛，則筋急而爪枯；多食酸，則肉胝而脣揭；多食甘則骨痛而髮落；此外暴飲暴食，將戕害脾胃之腐熟功能；偏飲偏食，亦使營養之失調而造成某一腑臟之損害，不可不愼。又，穢飯、餒受、臭魚，食之皆傷人；六畜疫死，其肉有毒，不可食之；生水不飲，必飲煎水，皆日常生活進食時所需留意者也。

此外，適當之運動，亦是保健之道，之推倡導之幼時灑掃勞務，稍長時躬親稼穡之體能教育，正合衞生之旨，華佗云：「人體欲得勞動，但不當使極耳。動搖則谷氣得消，血脈流通，病不能生。譬猶尺樞，終不朽也。」（注六七）且「久視傷血、久臥傷氣、久坐傷肉、久立傷骨、久行傷筋。」（注六八）是以之推立雜藝篇，建議射箭、博弈、彈棊、投壺、圍棊等舒放筋骸之活動，可以調適久坐案牘，久視經籍之弊也。

內經云：「不治已病，治未病；不治已亂，治未亂。」治未病者，其義有二、一曰未病先防，二曰既病防變。之推既以護生養性之要教子，又恐其居家偶値小疾，乃諭兒孫可博習醫事以救急，雜藝篇云：

醫方之事，取妙極難，不勸汝曹以自命也。微解藥性，小小和合，居家得以救急，亦為勝事。

乙、藥餌小術

除飲食起居之攝養外，之推云部分藥餌及健身小術，亦可以延年壯身，唯取用之道宜愼，免反爲藥所誤。養生篇曰：

将餌藥物，遂其所稟，不為夭折者，吾無間然。諸藥餌法，不廢世務也，庾肩吾常服槐實，年七十餘，目看細字，鬚髮猶黑。鄴中朝士，有單服杏仁、枸杞、黃精、朮、車前得益者甚多，不能一一說爾。

此舉槐實、杏仁、枸杞、黃精、朮、車前等益壽健身之藥材，多見於抱朴子僊藥，唯之推已汰除夸誕虛妄之說，擇平實合理而易行者爲法。夫槐實者，豆科落葉喬木槐樹之果實也，冬至前後，采擷成熟之果實，去槐子，以新甕合泥封之二十餘日，至其表皮皆爛，洗之，如大豆，葛洪言日服此物，主補腦；久服之，令人髮不白而長生（注六九），故之推稱庾肩吾因常服槐實，致益壽延年，目明而髮黑。杏仁者，薔薇科落葉小喬木山杏、遼杏、西伯利亞杏之成熟果實核仁。夏季采收成熟之種仁，曬乾備用，其性苦微溫，具小毒，具止咳平喘、潤腸通便之效；然杏仁皮具毒性，縱燀去皮，可減毒性，唯劑量若鉅，將致中毒，甚者呼吸痲痺而死，故盧文弨評古服杏仁金丹將愈萬疾之說爲妄誕，杏仁宜參伍配服，豈可輕率久服哉（注七〇）？枸杞者，茄科多年生落葉灌木之植物，多取其成熟果實爲藥，名曰枸杞子、天精、地仙、仙人丈、卻老。本草經疏曰：「枸杞子，潤而滋補，兼能退熱，而專於補腎、潤肺、生津、益氣，爲肝腎眞陰不足勞乏內熱補益之要藥。老人陰虛者十之七八，故服食家稱爲益精明目之上品。」夏、秋兩季，俟果實成熟而采擷之，曬至外皮起皺乾硬爲度，時果內柔軟可入藥。枸杞性甘平，具養肝明目，補腎益精，滋陽潤肺之效。唯枸杞滋膩，凡脾虛濕滯者忌服（注七一）。黃精者，與枸杞並爲補陰之藥，屬百合科多年生草本植物，今用其根莖，秋季采挖，去其鬚根，曬乾、洗淨、反覆水蒸燜潤，至內外色黑而滋潤，味甜無麻味爲度，即可烘乾入藥（注七二），抱朴子內篇僊藥稱其花、實、根、莖皆可用：

黃精，一名白芨而實非中以作糊之白芨也。按本草藥之與他草同名者甚多，唯精博者能分別之，不可不詳也。黃精一名兎竹，一名救窮，一名垂珠。服其花，勝其實；服其實，勝其根，但花難多得。得其生花十斛，乾之，纔可得五六斗耳，而服之日可三……服黃精僅十年，乃可大得其益耳……黃精甘美易食，凶年，可以與老小休糧，人不能別之，謂為米脯也。

黃精性甘平，具滋潤肺、補腎益精、補中益氣諸效，然本品滋膩，若脾虛而濕、咳嗽多痰、中寒便溏者忌服。車前子者，車前科多年生草本植物車前之種子，夏、秋采摘成熟種子後，以鹽水拌勻，復以文火炒乾，包覆以布而入煎。其性甘而微寒，具清熱利尿、利水止瀉、清熱明目、祛痰止咳多效（注七三）。以上諸藥，之推言有朝士嘗多食而致益，雖然，猶需詳明其藥性之升降浮沈，四氣五味，與食藥者之虛實表裏，五行生剋等，冀免反受服藥之害也。

之推又恐兒孫不知藥餌之利害，復舉當時眞人實事之例以警之，養生篇曰：

凡欲餌藥，陶隱居太清方中總錄甚備，但須精審，不可輕脫。近有王愛州在鄴學服松脂，不得節度，腸塞而死，為藥所誤者甚多。

蓋魏、晉南北朝之際，盛傳上黨人趙瞿病癩不愈，垂死、子孫賚糧送置山穴，不意邂逅異人，賜以一囊松脂，教服之，服之百許日而顏色豐悅、肌膚玉澤；瞿遂長服，壽百七十，齒不墮、髮不白，世人聞之，乃競相服食松脂（注七四）因有腸塞死亡者，古詩所云：「服食求神仙，多爲藥所誤」（注七五），此之推以戒慎恐懼之心服食藥餌也。

此外，之推介紹健齒之道，此亦出自抱朴子，養生篇曰：

吾嘗患齒，搖動欲落，飲食熱冷，皆苦疼痛。見抱朴子牢齒之法，早朝叩齒三百下為良；行之數日，即便平愈，今恆持之。此輩小術，無損於事，亦可脩也。

夫修小術，服草木之藥，行之得當，可以除疾疢，保性命也；之推憂子孫疲於世務而不知護生之道，故諄諄示以和平調理之要，云可假藥物之滋以調中養氣，行健身小術以通滯解結，無庸惑於道士之白日飛昇，輕身不死之事，「華山之下，白骨如莽。」聞之者足悚然自惕也。

丙、知止避禍

夫無欲者自足，空虛者受實，故善養生者，能抱盈居沖，寡慾止足；寡慾則清虛靜泰，知止知足則避殆辱之累，易乾卦曰：「亢之爲言也，知進而不知退，知存而不知亡，知得而不知喪，其唯聖人乎！知進退存亡而不失其正者，其唯聖人乎！」之推於家訓文中，亦屢設誡辭，云當進退據心，存亡據身，得喪據位，而又能進退得失不離其道，方可謂知養生之道者也。養生篇曰：

> 夫養生者先須慮禍，全身保性，有此生然後養之，勿徒養其無生也。單豹養於內而喪外，張毅養於外而喪內，前賢所戒也。嵇康著養生之論，而以傲物受刑；石崇冀服餌之徵，而以貪溺取禍，往世之所迷也。

蓋欲養生者，須先慮禍以保身，苟無其身，何以養爲？而保生之道雖不一而足，其大者莫重於寡慾知足，其細者莫切於愼言戒鬥，古云日中則昃，月滿則虧，再實之木，其根必傷，天道盛衰之理從來如此，故之推專設止足篇以諭之，文曰：

> 禮云：「欲不可縱，志不可滿。」宇宙可臻其極，情性不知其窮，唯在少欲知足，為立涯限爾。

自古極盛難繼，持滿易傾。抱朴子外篇卷四九知止曰：「禍莫大於無足，福莫厚乎知止。」觀彼衣服華艷，飲食豐腴，侍妾艷冶，宮室奢靡、言行肆誕者，多賈禍招尤，故宜韜光養晦，效履薄臨深之心，兢兢自保，知止知足以避禍遠辱是也，止足篇云：

> 天地鬼神之道，皆惡滿盈。謙虛沖損，可以免害。人生衣趣以覆寒露，食趣以塞飢乏耳。形骸之內，尚不得奢靡，己身之外，而欲窮驕泰邪？周穆王，秦始皇、漢武帝，富有四海，貴為天子，不知紀極，猶自敗累，況士庶乎？

之推一生艱險困厄，養就慮患遠辱之憂患意識，示子孫不可多盛奴婢，良田唯十頃，足以養家餬口即止，堂室足蔽風雨，車馬足代杖策，錢財足擬吉凶急速之用，過於此者，一皆以義散之（注七六），至於仕宦之位，唯求處於中品即可，高於此者，皆應收退，是亦顏氏先祖含之遺訓也，止足篇言：

> 先祖靖侯戒子姪曰：「汝家書生門戶，世無富貴；自今仕宦不可過二千石，婚姻勿貪勢家。」吾終身服膺，以為名言。

易謙彖辭曰：「天道虧盈而益謙，地道變盈而流謙，鬼神害盈而福謙，人道惡盈而好謙。」故當其盈滿之時，宜思其後不足而先防之，此之推榮登黃門侍郎之位後，旋思收退之意，止足篇曰：

仕宦稱泰，不過處在中品，前望五十人，後顧五十人，足以免恥辱，無傾危也。高此者，便當罷謝，偃仰私庭。吾近為黃門郎，已可收退；當時羈旅；懼罹謗讟，思為此計，僅未暇爾。自喪亂以來，見因託風雲，徼倖富貴，旦執機權，夜填坑谷，朔歡卓、鄭，晦泣顏、原者，非十人五人也，慎之哉！慎之哉！

夫顚者危勢，豐者虧頹，處亂世之際，尤宜愼守進退得失生存之哲理，易既濟卦曰：「君子以思患而豫防之」其此之謂乎！

此外，愼言語、戒鬥爭、亦之推養生之要則。蓋人少血氣方剛，易與人鬥，行其少頃之怒，將喪終身之軀，使父母悲憤，妻孥失養、室家殘破、親族罹謗，愼不可逞勇鬥狠也。誡兵篇曰：

頃世亂離，衣冠之士，雖無身手，或聚徒衆，遺棄素業，徼倖戰功。吾既羸薄，仰惟前代，故寘心於此，子孫誌之。孔子力翹門關，不以力聞，此聖證也。吾見今世士大夫，纔有氣幹，便倚賴之，不能被甲執兵，以衞社稷；但微行險服，逞弄拳掔，大則陷危亡，小則貽恥辱，遂無免者。

至夫言語謹愼，尤爲養德養生要則，荀子稱：「與人善言，煖於布帛；傷人之言，深於矛戟，故薄薄之地，不得履之，非地不安也，危足無所履者，凡在言也。」（注七七）之推亦嘗因言語之故，爲人所毀，名實篇言：

至誠之言，人未能信；至潔之行，物或致疑，皆由言行聲名，無餘地也。吾每為人所毀，常以此自責。

噫！古來皭然不緇之至清至賢者，不知「清受塵，白取垢，青蠅所汚，常在練素處。」（注七八）之理，言至誠而見疑，行至潔而見妬，忠言招患，高行招恥，以致忠孝冷落，賢良惆悵，是之推所憂心子孫以言語得罪世俗而預爲之說，簡言之，言語須留餘地，勿切盡致，毫無保留也。另，文者，言之徵也，文人爲文最易意氣騰湧，凌人傲物，殊不知求益反損，結怨多端，將恐蒙殺生之災厄也，文章篇曰：

文章之體，標擧興會，發引性靈，使人矜伐，故忽於持操，果於進取，今世文士，此患彌切，一事愜當，一句清巧，神厲九霄，志凌千載，自吟自賞，不覺更有傍人。加以砂礫所傷，慘於矛戟，諷刺之禍，速乎風塵，深宜防慮，以保元吉。

夫之推雖預爲兒孫謀慮避難消災之諸多法則，然亦不齒臨難苟免，爲生害義之徒，且之推向重君子之修德養性，是既愛其形，益愛其神，是以行孝見賊、蹈仁見殺，爲國捐軀，君子死而無悔也。養生篇：

夫生不可不惜，不可苟惜。涉險畏之途，干禍難之事，貪欲以傷生，讒慝而致死，此君子之所惜哉！行誠孝而見賊，履仁義而得罪，喪身以全家，泯軀而濟國，君子不咎也。自亂離以來，吾見名臣賢士，臨難求生，終為不救，徒取窘辱，令人憤懣。

夫天地之間，有可以朽，有不可以朽者，形骸軀殼，歿於地而朽者；忠義仁孝，昭於天而不可朽者，君子一思及此，則輕重本末取捨之際，吾心自有權衡，而不拘拘於養形愛生耳，此之推仁厚不凡之養生思想也。

注釋

注一：見孟子卷七離婁上，頁五九，台灣商務印書館四部叢刊。

注二：中庸二十章曰：「天下之達道五，所以行之者三，曰君臣也，父子也，夫婦也，昆弟也，朋友之交也，五者天下之達道也。」

注三：語見宋書卷七三顏延之傳，頁一八九四，鼎文書局。

注四：參家訓治家篇。

注五：同注四。

注六：同注四。

注 七：見家訓後娶篇趙曦明注引琴操履霜操文。

注 八：見家訓教子篇。

注 九：見韓非子卷一八六反篇，頁九〇，台灣商務印書館四部叢刊。

注一〇：見家訓治家篇。

注一一：見家訓勉學篇。

注一二：參北齊書卷六孝昭帝紀，頁八四—八五，鼎文書局。

注一三：參黃標庭書頻說，收於張伯行編課子隨筆鈔卷三，頁二，廣文書局。

注一四：參年允中庸行篇，收於張伯行編課子隨筆鈔卷四，頁二二，廣文書局。

注一五：見周易卷一乾文言傳，頁二，台灣商務印書館四部叢刊。

注一六：見家訓文章篇。

注一七：見家訓勉學篇。

注一八：見春秋左氏傳卷二六昭公三十二年，頁二三二，台灣商務印書館四部叢刊。

注一九：見顏元存學編卷一頁一二，另卷二曰：「愧無半策匡時艱，惟餘一死報君恩。」頁二四，台灣商務印書館叢書集成簡編。

注二〇：見荀子卷一勸學篇，頁五，台灣商務印書館，四部叢刊。

注二一：見家訓慕賢篇。

注二二：見禮記卷二學記篇，頁一一〇，台灣商務印書館四部叢刊。

注二三：見張念宏編教育名言大全，北京科學技術出版社。

注二四：見家訓教子篇。

注二五：見家訓勉學篇。

注二六：同注二五。

注二七：王利器語，見其顏氏家訓集解，頁三—頁六。明文書局。
注二八：黃叔琳語，錄於王利器顏氏家訓集解，頁五，明文書局。
注二九：唐孫思邈備急千金方養胎篇。
注三〇：見家訓勉學篇。
注三一：見家訓治家篇。
注三二：參張念宏編教育名言大全，頁一五六，北京科學技術出版社。
注三三：參賈馥茗教育哲學，三民書局。
注三四：見家訓勉學篇。
注三五：同注三四。
注三六：見家訓名實篇。
注三七：參葛洪抱朴子外篇卷三勗學篇，頁四三一，台灣商務印書館。國學基本叢書。
注三八：見諸葛亮誡子書，收於楊知秋編歷代家訓選，頁九，廣西人民出版社。
注三九：見家訓勉學篇。
注四〇：見王守仁王文成公全書卷七稽山書院尊經閣記，頁二四九，台灣商務印書館四部叢刊。
注四一：參張念宏編教育名言大全，頁二七八，北京科學技術出版社。
注四二：見家訓涉務篇。
注四三：見霍韜家訓，收於張伯行編課子隨筆鈔，頁一八九，廣文書局。
注四四：見家訓勉學篇。
注四五：見論語述而篇。
注四六：見王守仁訓蒙大意示教讀劉伯頌等，王文成公全書，台灣商務印書館四部叢刊。
注四七：見馬宗霍書林藻鑑卷七，頁八二，世界書局。

注四八：見馬宗霍書林藻鑑卷七，頁八二，世界書局。
注四九：見劉義慶世說新語卷下巧藝篇，頁一一五，台灣商務印書館四部叢刊。
注五〇：見孟子卷三公孫丑下，頁二九，台灣商務印書館四部叢刊。
注五一：見周易卷八繫辭下，頁四九，台灣商務印書館四部叢刊。
注五二：參魏書卷一一四釋老志，頁三〇二六—三〇二七，鼎文書局。
注五三：見周中一佛學原理，頁三一八—三一九，東大圖書有限公司。
注五四：同注五三。
注五五：見高楠順次郎佛教哲學要義，頁二九，正文書局。
注五六：見周紹賢佛學概論，頁三七，台灣商務印書館。
注五七：見家訓歸心篇。
注五八：見王充論衡卷一逢遇篇，頁一三，廣文書局。
注五九：同注五三，頁八三。
注六〇：同注五五，頁四九。
注六一：見司馬談論六家要指，收於高師仲華等編兩漢三國文彙，頁一五，中華叢書編審委員會。
注六二：見嵇康養生論，收於高師仲華等編兩漢三國文彙，頁一六七—一六九，中華叢書編審委員會。
注六三：見葛洪抱朴子內篇卷二論仙，頁一一—三二，台灣商務印書館。國學基本叢書。
注六四：見王冰黃帝內經素問卷二三，疏五過論篇，册四，頁六五—六七，台灣商務印書館。國學基本叢書四百種。
注六五：同注六四，卷一一舉痛論，册二，頁三九—四二。
注六六：同注六四，卷一上古天眞論，册，頁一—四。
注六七：見周萍編中醫學，頁八，湖南科學技術出版社。
注六八：同注六五。

注六九：見葛洪抱朴子內篇卷一一仙藥篇，頁二〇三—二〇四，台灣商務印書館，國學基本叢書。

注七〇：同注六七，頁一七七。

注七一：見曲祖貽古代養生襍談，頁一二四，北京出版社。

注七二：同注六七，頁二一三—二一四。

注七三：同注六七，頁一六二。

注七四：同注六九，頁二〇六—二〇七。

注七五：古詩十九首曰：「驅車上東門，遙望郭北墓，白楊何蕭蕭，松柏夾廣路，下有陳死人，杳杳卽長暮，潛寐黃泉下，千載永不寤，浩浩陰陽移，年命如朝露，人生忽如寄，壽無金石固，萬歲更相送，聖賢莫能度，服食求神仙，多爲藥所誤，不如飲美酒，被服紈與素。」

注七六：見家訓止足篇。

注七七：見荀子卷二榮辱篇，頁一八，台灣商務印書館四部叢刊。

注七八：見王充論衡卷一累害，頁二一，廣文書局。

第五章　顏氏家訓文學理論研究

引　言

自東晉渡江，中原淪喪於戎虜之手，搢紳士族，乃相率倉皇南遷，雖曰衣冠軌物，圖書記注，皆歸江左，晉、宋、齊、梁間之經史學藝嘗盛；唯流光荏苒，嬗子遞孫，忽焉數代，士族子弟俯仰生息於江南既久，則萍飄蓬轉之慟，早爲紅袖笙歌所代；自棄自暴者，悠悠皆是，甚而「熏衣剃面，敷粉施朱，駕長簷車，跟高齒屐，坐棊子方褥，憑斑絲隱囊。」（注一），嗤薄沈深宏博之雅文，競務輕綺新巧之細製，本末倒置，玉石混淆，即貴爲帝王之簡文帝，猶非難鎔式六經三禮之文爲懦鈍浮疏（注二），梁元帝更倡文須「綺縠紛披，宮徵靡曼，脣吻遒會，情靈搖蕩。」（注三），如此轉相趨尙，文愈華而情愈痟，終爲論者貶爲亡國之音。

之推不忍文德凋零、士人自棄，以其淹博之學識，洞燭時弊之慧眼；論文章原出五經，並提出折衷溫和之改革文體主張，言及創作之條件，則以爲文士須兼備天資、德性，且佐之以學殖。至於論文章之創作條件，強調內容與形式須華實並茂，用事、練字、聲韻則求和易自然，至於不祥失當之凶辭，宜避而不用；之推又嘗評賞詩歌，吟詠諷味，別具會心，極得深致；凡此文論，具見於文章篇，職是之故，茲篇非特為家訓精髓之一，且為我國北朝最具價值之文學批評（注四）。本章分四節，節下各有子目，茲分別敍述如下：

第一節　文體略論

魏、晉、南北朝緣文學自然演化之趨勢，與特殊社會環境之推波助瀾下，一時文藝彬蔚，衆制鋒起，能詩善文之士，文集蠭出，衆體備具；伴隨各體文章之鉅量累積，與創作經驗之豐盈心得，文體研究之學，於焉肇端。大凡各類文體之發展，恆循孕育、萌芽、茁長、成熟、衰敝之生命流程，此外各體文學之成長，除受歷史、社會等時空條件陶染外，復經無數作家、作品之反覆揣摩演練方克成熟。本節擬先探之推略論文體原出五經說，繼探當代文體之流弊，與之推兼採古今之改革文體主張。

甲、文體原出五經說

夫有天地自然玄黃之象，始有人心營構之文。人於天地之間，既受陰陽四時之盈虧消息，復感於人事喜怒哀樂之情變，是以聖人仰觀俯察，擬諸形容，象諸物宜，文籍由是而生；之推善周禮、春秋之學，素稟儒家之彝訓，因主文章原出五經之說，文章篇云：

夫文章者，原出五經：詔命策檄，生於書者也；序述論議，生於易者也；歌詠賦頌，生於詩者也；祭祀哀誄，生於禮者也；書奏箴銘，生於春秋者也。

之推將詔、命、策、檄、序、述、論、議、歌、詠、賦、頌、祭、祀、哀、誄與書、奏、箴、銘等二十種文體之淵源，分繫乎書經、易經、詩經、禮經與春秋；其中除歌、詠、賦、頌為有韻之文外，其餘屬無韻之筆。而其所涉及之文體類別，少於文選之三十九類，與文心雕龍之三十七類。細究之推之文學理論，知其與論衡、文心雕龍、抱朴子、金樓子等書之主張遙相呼應，是皆研探文章篇文論所宜借鏡之重要線索也。文心雕龍卷一宗經篇：

論說辭序，則易統其首；詔策章奏，則書發其源；賦頌謌讚，則詩立其本；銘誄箴祝，則禮總其端；記傳盟檄，則春秋為根；並窮高以樹表，極遠以啓疆，所以百家騰躍，終入環內者也。

劉勰謂文章各體，莫不以經典為宗，前呼此者，揚雄嘗云言惟五經為辯（注五），王充云文人宜遵五經六藝為文，皆主文必宗經，迄乎劉勰而集其大成，劉勰以為「易張十翼、書標七觀。詩列四始，禮正五經，春秋五例，義既挺乎性情，辭亦匠於文理，故能開學養正，昭明有融。」五經其藝術造詣，復達登峯造極之境。是以經典之澤被後世，為萬世文章不祧之宗也。

之推云：「詔命策檄，生於書者也。」夫詔者，本三代王言之見於書者、曰誥、曰誓、曰命，至秦而改之曰詔，歷代因之（注六）；命者，上古王言之令也，或以命官，如書說命、冏命是也；或以封爵，如書微子之命也；或以飭職，如書畢命是也；或以錫賚，如書文侯之命是也；或傳遺詔，如書顧命是也（注七）；策者簡也，釋名曰：「策書教令於上，所以驅策諸下也。」檄者，軍書也，劉勰謂檄文大體，或述此休明，或敘彼苛虐，指天時、審人事、算強弱、角權勢（注八），如書之甘誓、泰誓、牧誓、費誓也（注九）；故之推稱詔、命、策、檄之文，出自書經是也。

之推又曰：「序述論議，生於易者也。」夫序者，所以明作書之旨也，初無篇第相仍之義，周易序卦二篇，次序六十四卦相承之義（注一〇）故稱序之體，生於易者也（注一一）；述者，敍體之誤，劉勰言遷史、固書，託讚褒貶，約文以總錄，頌體以論辭，紀傳後評，亦同其名，而摯虞文章流別志誤稱爲述（注一二）。

論者，彌論群言，研精一理者也；劉勰謂其爲體則辯正然否，窮有數，追無形，迹堅求通，鉤深取極，乃百慮之筌蹄，萬事之權衡也（注一三），易經之精義入神，變化無恆，其言曲而中，其事顯而理微，是爲論議體之源也。

之推又曰：「歌詠賦頌，生於詩者也。」夫人稟七情，應物斯感，悅豫之情發，則和樂興而頌聲作；憂愁之意起，則哀傷生而怨刺發，故詩歌所以申導人之志意也，而一皆自詩經出。賦體者，自詩經六義之「賦」而來，文選序云（注一四）：

詩有六義焉，一曰風，二曰賦，三曰比，四曰興，五曰雅，六曰頌。至於今之作者，異乎古昔，古詩之體，今則全取賦名。荀、宋表之於前，賈、馬繼之於末，自茲以降，源流實繁。

頌者，容告神明之文體也，鄭玄周頌譜曰（注一五）：

頌之言容，天子之德，光被四表，格於上下，無不覆燾，無不持載，此之謂容。

是以劉勰稱「四始之至，頌居其極。」（注一六）此亦之推所云「歌詠賦誦，生於詩者」之準。之推又言：「祭祀哀誄，生於禮者也。」夫祭文者，祭奠親友之辭也，古之祭祀，止於告饗而已，中世以還，兼讚言行，以寓哀傷之意也，故出於禮。祀者，郊廟祭祀樂歌。古者祀享，史有册祝，載其所以祀之之意，故祀也者，亦自禮之郊廟祭祀典儀生。哀者，周書諡法解曰：「蚤孤短折曰哀。恭仁短折曰哀。」肇自周公旦，太公望開嗣王業，建功於牧野，臨終將葬，乃制諡法，布行天下。及建安中，魏文帝與臨菑侯並遭喪子之慟，乃命徐幹、劉楨等爲作哀辭，以哀痛愛子夭折之辭爲主，故文心雕龍卷三哀弔篇言：「賦憲之諡，短折曰哀，哀者，依也，悲實依心，故曰哀也。」是亦自禮出。誄者，累也，累列生時行迹，讀之以作諡。周禮大宗伯大祝作六辭，其六曰誄。鄭司農注云：

誄，謂積累生時德行以錫之命，主為其辭也。……故大祝官主作六辭，或曰誄，論語所謂誄曰禱爾於上下神祇。

此之推主張「祭祀哀誄，生於禮者也。」之推復言：「書奏箴銘，生於春秋者也。」夫惟書也者，舒布其言，陳之簡牘，所以記時事也，文心雕龍卷五書記篇曰：

三代政暇，文翰頗疎。春秋聘繁，書令彌盛：繞朝贈士會以策，子家弔趙宣以書，巫臣之遺子反，子產之諫范宣，詳觀四書，辭若對面。又子服敬叔進弔書於知君，固知行人挈辭，多被翰墨矣。

此書體原於春秋之徵。奏者，進也；論衡卷二九對作篇曰：「上書謂之奏。」七國以前，皆稱上書，秦初，改書曰奏，凡陳政事、獻典儀，上急變、劾愆謬、總謂之奏。箴者，所以如藥石針砭之攻疾防患也，如春秋左氏傳載襄公四年，魏絳以虞人之箴對晉侯；又宣公十二年，欒武子箴楚王曰：「民生在勤，勤則不匱是也」銘者，或論譔其先祖之有德善功勞聲名，而酌之祭器，自成其名焉；或如武王盤盂几杖皆有銘，所以因其器名而書以為戒也（注一七）。是故，之推以為「書奏箴銘，生於春秋者也」。

夫五經，傳世數千年，放諸四海而皆準，輔參天地而不過，昭耀三光而不忒，調燮陰陽四時而不愆，若問天地間之至文者何？必曰五經是矣。之推以爲經典既爲通聖達賢之廣衢，復爲文章之根本源頭也，苟能於此留神焉，不作則已，作必爲圓規方矩之文，斯文章篇開宗明義所揭櫫之文章圭臬也。

乙、折衷古今論改革文體

自漢、魏以來，迄於兩晉，雅俗所作，大半駢詞爲多。厥時聲病之律未興，對偶之法亦寬，迨至齊、梁，大道湮微、文氣日削，濡染沈、謝之風，致力宮商，研精對偶，騖乎外而不攻其內，屬乎小而不圖其大，雅、鄭不分，本末不比，滑其眞，散其神，徇其私，麗其蔽，此又死文之心也（注一八）；故裴子野雕蟲論曰：

> 自是閭閻年少，貴遊總角，罔不擯落六藝，吟詠情性。學者以博依為急務，謂章句為專魯，淫文破典，斐爾為功。

唯目睹釆濫辭詭之昌熾，非徒裴子野忿忿不滿，之推亦有感而興文體改革之說，文章篇曰：

> 今世相承，趨末棄本，率多浮艷。辭與理競，辭勝而理伏；事與才爭，事繁而才損。放逸

者流蕩而忘歸，穿鑿者補綴而不足。時俗如此，安能獨達？但務去泰去奢耳。必有盛才重譽，改革體裁者，實吾所希。

之推理想之作品，以出自胸臆肺腑之理致爲內容，然後以辭采爲華麗之冠冕修飾之，以金聲玉振爲和諧悅耳之聲律調和之；換言之，卽以文章內在之情志思想爲根本，外在之藝術形式爲輔佐；內外表裏，自相副稱，是以之推主張折衷溫和之改革，此固因其半生苦難所鍛鍊出圓融之處世原則，亦緣其識見之公允卓絕，能博采古今文章之獨特優點。文章篇云：

古人之文，宏材逸氣，體度風格，去今實遠；但緝綴疎樸，未為密緻耳。今世音律諧靡，章句偶對，諱避精詳，賢於往昔多矣。宜以古之製裁為本，今之辭調為末，並須兩存，不可偏棄也。

之推論文體改革之綱領有二，謂繼承與創新是也。周易繫辭曰：「易窮則變，變則通，通則久。」又云：「一闔一辟謂之變，往來不窮謂之通。」文章之道亦然，能資以古文之宏材逸氣、體度風格爲樞紐，繼而采今世之藝術理論：則能掌握文學創作之脈動，進而改變不良文風，之推此說，與文心雕龍之通變理論如出一轍，劉勰論文學之發展規律，係以通與變爲中心，通變篇云：「文律運周，日新其業，變則可久，通則不乏。趨時必果，乘機無怯。望今制奇，參古定法。」是以文體所資，必樞紐經典，採故實於前代，觀通變於當今（注一九），所謂練青濯絳，必歸藍蒨，矯訛翻淺，還宗經誥者是也（注二〇）。

之推之論改革文體，既崇古尊經，又能雅納時文之藝術成就，似較蘇綽文必法尚書誥體之說活絡勃發，且勝於形式主義之「情急於藻，義牽其旨，韻移其意。」（注二一）大凡宇宙萬事萬物之理，莫不循此知化通變之軌轍，而可大可久；此蕭子顯於南齊書文學傳論所云：「若無新變，不能代雄」之旨也。六朝文纏綿鋪麗、脣吻調利、巧構形似，日追駢麗飣餖之習，而失之輕纖碎巧；故之推以宏材逸氣，體度恢宏之古文矯之；又恐濶而實莽，失之疏朴，又援「音律諧靡，章句偶對，避諱精詳。」等巧思密緻潤飾之；因此其改革文體雖僅言「去泰去甚」，但其所衷之文體改革論，實深契「日新之謂盛德，生生之謂易」之理。

第二節　論文章功用

夫儒家之所謂文者，天生之，地載之，聖人宣之，本立則末生，根固則葉榮，體著則用章，斯所謂乘陰陽之大化，正三綱而齊六紀者也，亙宇宙之終始，且類萬物而周八極者也（注二二），故文之用，上者日月疊璧之天文也，下者山川煥綺之地理也，中者輔俗化民，陶鈞情性之人道也。

之推稟儒家傳統，主張文學首重開物成務，故施之朝廷，則有詔誥冊祝；行之軍旅，則有符檄誓命；載之國史，則有記表志傳，至於陶性靈，發幽思，褆身善性，行有餘力，則可為之，彼此本末相涵，終始交貫，是爲文章之表裏功用也。

甲、敷顯仁義

文章篇論文章施用之緩急曰：

> 朝廷憲章，軍旅誓誥，敷顯仁義，發明功德，牧民建國，施用多途。至於陶冶性靈，從容諷諫，入其滋味，亦樂事也。

之推向主君子之處世，貴能有益於物之說，是以文章之存於天下也，亦以致用爲貴。以爲文章之道，首重行道利世、輔俗化民，因推崇漢儒賢後，通經致用，不唯弘揚聖人之道，且上明天時，下該人事，用致卿相，經綸世務（注二三），若平當以禹貢治河，夏侯勝以洪範察變，董仲舒以春秋決獄，王式以詩經爲諫書，以文弘道濟業，斯之推所景抑之文章大用矣。

唯末世之文不復爾，專儒者，空守章句，但誦師言，施之世務，殆無一可（注二四）；至於文人，則搜文摘句，以競濃艷，好勝馳騁，務以悅人；及有試用，多無所堪，譬如張錦繡於荒野，列珠貝於溝瀆，美則美矣，去道益遠，故涉務篇痛責文義之士迂誕浮華，悖慢無檢；但沈醉於吟詠諷誦、品藻議論，故意氣虛憍而凌人傲物，此所曹丕歎「古今文人，類不護細行，鮮能以名節自立。」（注二五）而之推疾言厲色指責之由也，文章篇云：

然而自古文人，多陷輕薄：屈原露才揚己，顯暴君過；宋玉體貌容冶，見遇俳優；東方曼倩，滑稽不雅；司馬長卿，竊貲無操；王褒過章僮約，揚雄德敗美新；李陵降辱夷虜；劉歆反覆莽世；傅毅黨附權門；班固盜竊父史，趙元叔抗竦過度；馮敬通浮華擯壓；……杜篤乞假無厭；路粹隘狹已甚；陳琳實號麤疏；繁欽性無檢格；劉楨屈强輸作；王粲率躁見嫌；孔融、禰衡，傲誕致殞，楊修、丁廙，扇動取斃；阮籍無禮敗俗；嵇康凌物凶終；傅玄忿鬬免官；孫楚矜誇凌上；陸機犯順履險……謝靈運空疎亂紀；王元長凶賊自詒，謝玄暉侮慢見及。

之推以爲古今辭人，顚倒文章本末之用，不知先務修道明德以措之於身心，施之於事業；使其心氣致平、動靜煜乎有儀，儼乎有威；行之於文章，溫恭不卑、皎厲不亢、察乎其政、徵乎其家，一皆圓規方矩，倫類井然；此所謂立文之大道也；惜乎古今辭人舍本逐末，但務性靈之發引，興會之標擧，自吟自賞，志凌九霄千載；自矜自伐，進取無操，終致損敗，凡此過患，自魏、晉以迄南北朝，志士不滿而摘斥者甚衆，如魏書文苑溫子昇傳稱楊愔曾作文德論，謂古今辭人，皆負才遺行，澆薄險忌，惟邢卲、溫子昇、王元美彬彬有德業，而楊愔素爲之推所景仰。又如文心雕龍卷一〇程器篇之指摘文士疵病，與之推所論有同影響。蓋文人才子之瑕累，多肇因蔑忽立文之本，故身弛心汨而氣乖，言行則棼如，立家則倫理謬，治官則政教泯，多見其無本之失也。

夫文之不可絕於天下者，以其有益於明道、政事、風俗、人情也，故士當以器識爲先，其次方優柔於藝文之場，厭飫於古今之文，搴英咀華也。而魏、晉以來文人多務華棄實，故文章篇揭學文以「朝廷憲章」，以「軍旅誓誥」，以「發明功德、牧民建國。」為急務也。

質而言之，文章之用，當法經典；君臣資文以炳蔚，軍國資文以煥彰，風俗資文以善美；由是言之，文之用也，洵乎博偉深奧矣。

乙、陶冶性靈

論語學而篇曰：「子曰：『弟子入則孝，出則悌，謹而信，汎愛衆而親仁，行有餘力，則以學文。』」申君子以德為本，行有餘力，則可學文之為學次第，之推即承此說加以發揮，文章篇曰：

至於陶冶性靈，從容諷諫，入其滋味，亦樂事也。行有餘力，則可習之。

之推於勉學篇嘗謂學者猶種樹，春玩其華，秋登其實；講論文章，春華也；脩身利行，秋實也。以為綴文屬句，使其斑爛映發，脣吻諧調之事，猶若春日枝頭之花蕊，美則美矣，芬則芬矣，然若不能拯風俗之流遯，世塗之陵夷，賑貧者之匱乏，則春華縱美，不為肴糧之用；莖蕙縱芳，不救冰寒之急也（注二六）；但若文士致力脩身治世之餘，猶有閑暇，則之推勉其可搦筆濡墨，涵泳詩文之中，既能入其滋味以體箇中情趣，復能申敍性靈，陶冶情志。文章篇藉席毗與劉逖之對語，再陳此一論點，文曰：

齊世有席毗者，清幹之士，官至行臺尚書，嗤鄙文學，嘲劉逖云：「君輩辭藻，譬若榮華，須臾之翫，非宏才也，豈比吾徒千丈松樹常有風霜，不可凋悴矣。」劉應之曰：「旣有寒木，又發春華，何如也？」席笑曰：「可哉！」

自齊、梁間區文史玄儒爲四科後，采掇著書之文人與博覽治經之鴻儒因茲相對，當清明能幹，練達識體之尚書席毗，嘲諷文藻忽如晨結而日殞之朝菌時，素來卷不離手，頗工詩詠之劉逖，乃以「旣有寒木，又發春華」駁之；此語蓋深中之推之心，故特錄於文章篇中，以與其向所積極支持之「文質彬彬」相互闡發也。

然則，文章何以陶冶性靈乎？蓋文之初發，必備一澄然明淨，廓然灑脫之氣志，使如冰壺之澄澈、如水鏡之淵渟，然後煙雲秀色，與天地生生之氣，自然湊泊，如陸機文賦所陳之精神境界：「佇中區以玄覽，頤情志於典墳；遵四時以歎逝，瞻萬物而思紛；悲落葉於勁秋，喜柔條於芳春；心懍懍以懷霜，志眇眇而臨雲，詠世德之駿烈，誦先人之清芬。」故能陶鈞文思，神與物遊，此殆之推所陳「陶冶性靈」之意乎！一切營營世念，城府丘壑，在此應感會通之際，一皆煙消雲散，此之推所謂創作詩文之樂也。蓋能忘身，故能釋憂，而得性靈之恬適寧靜也；莊子達生篇不云乎「忘足，履之適也；忘腰，帶之適也；知忘是非，心之適也」？

第三節　論創作要則

夫文藝創作誠爲不易也，有可言傳者，有不可言傳，但可意會者，且自然之恆資，脩短不一，性情之剛柔，趣向有殊，學識之積儲，淺深不齊，故文無定法也，雖然，之推猶搜索一生之創作經驗以示兒孫也。

之推言創作之首務在才、德、學之兼備。此外，言爲心聲，文實吾志；辭爲膚葉，志實骨髓，宜華實並茂，情采兼善也。至於修飾潤色之術，可使拙辭出巧義，庸事萌新意，不容輕忽，唯當以自然和易爲務，使人不見其營度之迹。以下分四子目詳論之。

甲、論爲文須才德學兼備

之推既承襲儒家傳統之文學觀，以爲「弟子入則孝，出則悌，謹而信，汎愛衆而親仁，行有餘力，則以學文。」（注二七），是以其理想之文士修養，以備經世濟民，開物成務，敦睦人倫之德行爲至要，如徐幹中論卷上藝紀所描述之完美士人典範：「君子者，表裏稱而本末度者也。故言貌稱乎心志，藝能度乎德行，美在其中，而暢於四支，純粹內實，光輝外著。」其次方爲講論文章，著書立說是也。王充論衡卷一三超奇嘗謂具奇異超拔之文才者，方可衍傳書之意，出膏腴之辭矣，故士人綴文，猶須天資以佐之，之推文章篇云：

學問有利鈍，文章有巧拙。鈍學累功，不妨精熟；拙文研思，終歸蚩鄙。但成學士，自足為人。必乏天才，勿強操筆。吾見世人，至無才思，自謂清華，流布醜拙，亦以衆矣，江南號為詅癡符。

之推以爲學問可藉學習鍛鍊，由鈍而精，由少積多；但才性與氣質，乃先天之所稟賦，雖在父兄，無可改易，而情性天資素爲文學藝術之根本條件，其資稟之清濁庸俊，關乎文章之美惡，故之推諭子孫以學士自居卽足，若必無才華，文藻紕繆者，愼勿矜伐自鬻，自暴醜拙，所謂金鐏玉盃，不能使薄酒更厚，鸞輿鳳駕，不能使駑馬健捷。文章篇：

近在并州，有一士族，好為可笑詩賦，誂擎邢、魏諸公，衆共嘲弄，虛相讚說，便擊牛釃酒，招延聲譽。其妻，明鑒婦人也，泣而諫之。此人歎曰：「才華不為妻子所容，何況行路！」至死不覺。自見之謂明，此誠難也。

之推稱此人自賣癡騃，既無文才，復輕蔑邢邵與魏收（注二八），故爲知音之士所共嗤。抱朴子卷四〇外篇辭義亦持是論，文曰：

夫才有清濁，思有修短，雖並屬文，參差萬品，或浩瀁而不淵潭，或得事情而辭鈍，違物理而言功，蓋偏長之一致，非兼通之才也。闇於自科，强欲兼之，違才易務，故不免嗤也。

由是可知創作者之先天才氣，勢將左右文章之良窳，蓋因文章也者，所以宣達情思，攄寫衷腸也；故綴文者之稟氣雖微妙難識，一旦發諸於文，則其氣之清濁，才之脩短，嗜愛之趣向，莫不緣其文章而外顯，無所隱遁，文章篇曰：

凡為文章，猶人乘騏驥，雖有逸氣，當以銜勒制之，勿使流亂軌躅，放意填坑岸也。

蓋循實反本，酌中合古，素爲之推應世接物之則，其於文章之道，亦作如是觀，之推雖適度贊同文章有陶冶性靈之功，唯又懼其有損性靈之虞，故曉之曰：

自古執筆為文者，何可勝言？然至於宏麗精華，不過數十篇耳。但使不失體裁，辭意可觀，便稱才士；要須動俗蓋世，亦俟河之清乎。

之推恐子孫執意操筆，必欲製作蓋世動俗之文而廢頓人事，曲筆悅俗，違情干譽，故以此語醒其目，庶幾免夫陷溺矯揉之累矣。

夫才氣既本之性情，原由天定，然猶需學習陶染以廣其才，且若淑姿天成，而所習紕繆，亦足以賊其性，施諸文章猶然，觀其文章論究事理之淺深，則可窺其學殖之貧富，若學淺而欲出深義，則弊精勞神，猶不可得也。如殷仲文天才宏贍，然不重學識，故其文雖滔滔風流，而大澆文意（注二九），是才富學淺者之文，患乎妍而無據，證援不給，縱皮膚鮮澤而骨鯁迴弱也；故才氣固爲屬文要件，然非唯一之條件，猶須學殖以爲基石，蓋欲文之高致也，必豐其基；欲文之華茂者，必深其根，勉學篇曰：

夫學者貴能博聞也。郡國山川，官位姓族，衣服飲食，器皿制度，皆欲根尋，得其原本。

之推以一權貴誤羊肉爲蹲鴟而貽笑柄之例警之曰：

江南有一權貴，讀誤本蜀都賦注，解「蹲鴟，芋也。」，乃為「羊」字；人饋羊肉，答書云：「損惠蹲鴟。」擧朝驚駭，不解事義。久後尋迹，方知如此。……談說製文，援引古昔，必須眼學，勿信耳受。莊生有乘時鵲起之說，故謝朓詩曰：「鵲起登吳臺。」吾有一親表，作七夕詩云：「今夜吳臺鵲，亦共往填河。」羅浮山記云：「望平地樹如薺。」故戴暠詩云：「長安樹如薺。」又鄴下有一人詠樹詩：「遥望長安薺。」又嘗見謂矜誕為夸毗，呼高年為富有春秋，皆耳學之過也。

故不致力積學，不僅無專練精覈之雅文可期，且貽笑大方，文章篇載自古宏才博文者之謬如下：

詩云：「有鷕雉鳴。」又曰：「雉鳴求其牡。」毛傳亦曰：「鷕，雌雉聲。」又云：「雉之朝雊，尚求其雌。」鄭玄注月令亦云：「雊，雄雉鳴。」潘岳賦曰：「雉鷕鷕以朝雊。」是斯混雜其雄雌矣。

之推又指陸機與長沙顧母書一文，述從祖弟士璜死，乃言「痛心拔腦，有如孔懷。」孔者，甚也；夫心既痛矣，卽爲甚思，何故言如孔懷哉！之推云陸機襲詩「父母孔邇。」而誤呼二親爲孔邇，兄弟爲孔懷，於義不通；又如異物志云小蟹螯蚏：「擁劍狀如蟹，但螯偏大爾。」而向以詩文清巧著稱之何遜竟不分魚蟹而詩曰：「躍魚如擁劍。」凡此多誤信耳學，未究原委之過也。文章篇又曰：

文章地理，必須愜當。梁簡文雁門太守行乃云：「鵝軍攻日逐，燕騎蕩康居，大宛歸善馬，小月送降書。」蕭子暉隴頭水云：「天寒隴水急，散漫俱分瀉，北注徂黃龍，東流會白馬。」此亦明珠之纇，美玉之瑕，宜慎之。

夫素絲雖白，匪染弗麗；淑姿雖美，巴豆塗臉，膚潰瘡發，豎子惡之；故才質雖具，猶需積學以潤成之。然傲誕倜儻之才子，自矜自得，謂道德爲桎梏，視經典爲畏途，復云文章之地理，名物、文字、訓詁爲小道不足觀，致點墨成篇，扭揑事義，謬用文物，縱風流滔滔，亦澆損美篇耳，此誠不知屬文立意，以才爲帥，以學爲卒，將士相佐，文章必霸之理。此之推所以拳拳勸學勉兒，而又戒之「必乏天才，勿強操筆」之意也。

乙、論文章創作之本末次第

夫論發胸臆，文成手中，文與心相會，字與心相守，既主之以理，復張之以氣，飾之以辭調，而炳炳烺烺，銜華佩實也。文章篇曰：

> 文章當以理致為心腎，氣調為筋骨，事義為皮膚，華麗為冠冕。

之推此說與劉勰文心雕龍卷九附會篇之說相合，文曰：

> 夫才童學文，宜正體製，必以情志為神明，事義為骨髓，辭采為肌膚，宮商為聲色，然後品藻玄黃，摛振金玉，獻可替否，以裁厥中，斯綴思之恆數也。

夫文學之所以爲藝術者，在於其以生動之形象，體現文人內在之情感與思想，而其情志之所以發也，不外人生一切接物傳情之活動，故淮南子卷一〇繆稱訓云：「歌謠譈笑，哭泣啼號，是吉凶憂愉之情發於聲音者也。」

由此觀之，情志者，文學藝術之樞機也，是以之推高唱文章當以理致爲心腎，理致者，義理情致也，文心雕龍卷七情采篇亦言：「情者，文之經。」卷一〇物色篇細言「情以物遷，辭以情發」之創作過程，可補之推不足，文曰：

> 春秋代序，陰陽慘舒，物色之動，心亦搖焉……是以獻歲發春，悅豫之情暢；滔滔孟夏，鬱陶之心凝，天高氣清，陰沈之志遠；霰雪無垠，矜肅之慮深。歲有其物，物有其容，情以物遷，辭以情發，一葉且或迎意，蟲聲有足引心，況清風與明月同夜，白日與春林共朝哉！

之推以爲文者，情志之所託也，文章之情致思理，乃一有機體作品之生機奧府，譬若心臟之主血脈，掌神志；腎臟之藏精氣，養骨髓是也，文章苟無理致，不啻一具心腎功能衰竭之麻木軀殼，血脈空虛，神容枯槁，曷可言生？故立文之道，首重情志之自然抒布，即以情志爲主，以文傳其情志，夫以情志爲主，則其宗旨必見；以文傳其情志，則其辭采不流（注三〇）。

夫情志既孕乎心而形乎文，則進而要求文章之情意充沛豐盈，文辭之蒼勁凝練，使文章煥發精彩，氣韻生動，故之推以「氣調爲筋骨」接續於「理致爲心腎」之後。之推所謂之「筋骨」似與劉勰之「風骨」意義爲近，文心雕龍卷六風骨篇曰：

是以怊悵述情，必始乎風，沈吟鋪辭，莫先於骨。故辭之待骨，如體之樹骸，情之含風，猶形之包氣。結言端直，則文骨成焉；意氣駿爽，則文風清焉。

又言「練於骨者，析辭必精；深乎風者，述情必顯。」「若瘠義肥辭，繁雜失統，則無骨之徵也；思不環周，索莫乏氣，則無風之驗也。」由此論證文章之述情也，必意氣駿爽，生機勃勃，然後情顯意著而文風生。至於沈吟鋪辭，必結言端直，然後辭精藻豐而文骨立；由是觀之，之推似承劉勰「風骨」之說，而以人體之「筋骨」易之，蓋二人咸主文章除宜包孕作者內在之情志外，尚須進而求其文意之精彩注射，與文辭之蒼勁凝練，類乎人體之運作也，除心腎肝脾肺等五臟之藏精納氣生化功能外，猶賴活絡靈動之筋骨以屈伸俯仰，完成人體之生命行為，此之推以「氣調為筋骨」之意乎！

至若風骨之映發，必與作品獨立風標之理致與個性鮮明之藝術形象息息相關，且進而展現作者之獨特才質與氣魄，故之推所稱之「氣調」也，疑為作者之氣韻才調，蓋文章風骨之樹立，亦攸關乎文士氣調之體現，之推嘗於序致篇言魏、晉以來之著述，不能自樹一家，而「理事重複，遞相模斅，猶屋下架屋，牀上施牀。」言下之意，似指成功之文章著述，宜具鮮明突出之器識與才氣，而此二者之體現於文章者，卽為風骨，故云「氣是風骨之本。」（注三一）「氣卽風骨」（注三二）北魏祖瑩嘗云：「文章須自出機杼，成一家風骨，何能共人同生活也。」（注三三）可與之推說相參。

細玩乎之推「氣調爲筋骨」一語之涵意與夫上下文句之組織關係，及文章篇諸多與文心雕龍雷同之文學觀念，可知之推於「氣調爲筋骨」之文學理論，仍沿襲劉勰，主張文藝作品宜精彩煥發，神態畢現，一如靈活健旺之筋脈骨骼，所以立文之體也。

之推續以「事義爲皮膚，華麗爲冠冕。」綴乎「氣調爲筋骨」之末。蓋文既風清骨峻，則次求辭采華茂，二者爲主從關係，文心雕龍卷六風骨篇：

> 若風骨乏采，則鷙集翰林；采乏風骨，則雉竄文囿。唯藻耀而高翔，固文筆之鳴鳳也。

風骨之與辭采，正如文學藝術創作中之精神氣韻與文辭藻采之關係；之推行文次第，蓋緣內在之心腎臟器，至具體之骨骼筋脈，再進而爲外覆之肌肉皮膚，與夫美化儀容之冠冕，層次井然不紊，以闡釋創作文藝之先後步驟，主從關係；然當世文人，惟辭采是競，各務新麗，舍本趨末，率多浮濫失眞，故之推於文章篇歎時文競務褥飾，以華藻相高，多徵事類以鋪張，不顧義實而浮僞，所謂「辭與理競，辭勝而理伏；事與才爭，事繁而才損。」終使放蕩者流逸不返，穿鑿者補綴過勞也。究其癥結，在於文家立意操筆之際，混淆創作之本末順序也。夫人情物象，往往深頤幽杳，必非常言質語能盡其妙，故有賴於敷采設藻之功，亦如鍛鋼者必資煉冶之益，繪畫者端在渲染之能；逕情直言，未可謂文；鑿文傷質，亦未可謂文也，必也參酌乎文質之間，辨別眞僞之際，權衡深淺之限，商量濃淡之文（注三三），以求文質相劑，情文兼融，華實並茂也。

丙、論修辭宜和易自然

古今文章不出難易兩途，終以和易自然者爲得，斯亦孔子「辭達而已矣」之旨也（注三四）。之推於文章之修辭用事上，主張適度之潤飾增華，唯需平實自然，不使人覺，方可稱善，文章篇曰：

> 沈隱侯曰：「文章當從三易：易見事，一也；易識字，二也；易讀誦，三也。」邢子才常曰：「沈侯文章，用事不使人覺，若胸臆語也。」深以此服之。祖孝徵嘗謂吾曰，「沈詩云：『崖傾護石髓。』此豈似用事邪？」

蓋文藝創作必有法式規矩，可資依循，此處之用事，用字、聲調者，適爲南朝美文所講究之修辭藝巧也，之推祖述沈約「文章當從三易」一語之意有二，其一，肯定事類、練字、聲調確爲文章必要之技巧；其二，文雖有法，然須使斧斤之痕泯然無迹，由工入微，以和易自然爲原則，此說亦有意針砭當世拘牽補納之蠹文矣。之推論文術亦可援文心雕龍事類、練字、聲調諸篇一窺其論修辭之究竟。

文章之用事用典，在暢達文之理致而已，蓋以文章喻之於人也，徵於舊則易爲信，舉彼所知則易爲從，觀之推作家訓，大凡勉學涉務、止足戒鬥、游藝雜學等之訓誨，與孝父母、慈兒女、友于兄弟等之叮嚀，莫不徵引成事，援述故言助說，足徵之推甚重事類。

然則齊、梁之文，駢麗大興，用事采言，尤爲能事，甚有捃拾細事，爭掄僻典；以一事不知爲恥，以字有來歷爲高，是以罕事滿篇，僻典盈卷，人莫能識，試由摯虞文章流別論窺察之推倡「文章用事貴易」之藝文背景，文曰：

> 古詩之賦，以情義為主，以事類為佐；今之賦，以事形為本，以義正為助。情義為主，則言省而文有例矣；事形為本，則言富而辭無常矣。文之繁省，辭之險易，蓋由於此。

此亦之推文章篇所稱「事與才爭，事繁而才損」之文藝風尚，故事類險僻，淫文破典者，悠悠皆是，有心之士莫不深自憂慮，然而，文既不能盡棄用事，則確當之用事法則爲何？之推以爲首須勉學勤讀，深植立文之基礎，勉學篇以古人握錐投斧，照雪積螢之勤篤向學事迹，勉子侄宜辨明六經之旨，博涉百家之書，增益智識；切莫「博士買驢，書券三紙，未有驢字。」勉學篇曰：

> 談說製文，援引古昔，必須眼學，勿信耳受。江南閭里閒，士大夫或不學問，羞為鄙朴，道聽塗說，强事飾辭：呼徵質為周、鄭，謂霍亂為博陸，上荊州必稱陝西，下揚都言去海郡，言食則餬口，道錢則孔方……凡有一二百件，傳相祖述，尋問莫知原由，施安時復所失，皆耳學之過也。

如此比喻乖方，安施失所，斯亦學問膚淺，所見不博，僅能拾掇牙慧之病也，故需博聞廣學，文心雕龍卷八事類篇曰：

夫經典沈深，載籍浩瀚，實群言之奧區，而才思之神皐也。揚、班以下，莫不取資，任力耕耨，縱意漁獵，操刀能割，必列膏腴。是以將贍才力，務在博見，狐腋非一皮能溫，雞蹠必數千而飽矣。

劉勰進而標舉用事四原則：「綜學在博，取事貴約，校練務精，捃理須覈。」能用事如斯，則理得其要，可收「寸轄制輪，尺樞運關」（注三五）之妙，此足以發明之推倡言用事取易，以不使人覺，若自胸臆之論也。

然若「引事乖謬，雖千載而爲瑕。」（注三六），之推於文章篇曰：

自古宏才博學，用事誤者有矣……今指知決紕繆者，略舉一兩端以為誡。……漢書：「御史府中列柏樹，常有野鳥數千，棲宿其上，晨去暮來，號朝夕鳥。而文士往往誤作鳥鳶用之。抱朴子說項曼都詐稱得仙，自云：「仙人以流霞一杯與我飲之，輒不飢渴。」而簡文詩云：「霞流抱朴碗。」亦猶郭象以惠施之辯為莊周言也。

故宜愼用事類，避免引事乖謬、改事失眞，致千載悠悠，落人口實也。

總而言之，之推論用事之則，在於以博學廣聞實腹笥，而取平實自然之典故，輔弼文義之發明，當其捃取之際，恆以「易」爲標竿，後人徐時棟深服此說，嘗曰（注三七）：

> 吾平生最服此語，以為此自是文章家此正法眼藏。故每作文，偶以比事，須用僻典，亦必使之明白暢曉，令讀者雖不知本事，亦可會意，至於難字拗句，則一切禁絕之。世之專以怪澀自矜奧博者，真不知其何心也。

夫文字者，言語之體貌，文章之宅宇（注三八），而墳籍之根本也，自古保氏掌教童子以六書也，故世之讀書君子，莫不洞曉六書，貫練文字也，唯自東漢，小學轉疏，迨乎兩晉南北朝，文字之詭異鄙謬者益多，之推勉學篇言「世之學徒，多不曉字。」然則區判「易識字」與「詭異字」之尺度若何？之推以爲文字隨代損易，互有消長，字之難易，緣於世所共曉與共廢耳，豈可追摹小篆，盡改世間之文字乎？書證篇云：

> 吾昔初看說文，蚩薄世字，從正則懼人不識，隨俗則意嫌其非，略是不得下筆也。所見漸廣，更知通變，救前之執，將欲半焉。若文章著述，猶擇微相影響者行之，官曹文書，世間尺牘，幸不違俗也。

此即「易識字」之去取準繩，與文心雕龍卷八練字篇所說可以相發明，劉勰云：

> 自晉來用字，率從簡易，時並習易，人誰取難。今一字詭異，則群句震驚；三人弗識，則將成字妖矣。後世所同曉者，雖難斯易；時所共廢，雖易斯難；趣舍之間，不可不察。

因此文章練字，首避詭異難識之字，昔曹攄詩曰：「褊心惡呕呶。」呕呶兩字詭異，大疵美篇，不可不愼。

之推又云文章之聲調，以「易讀誦」爲高。文心雕龍卷七聲律篇曰：

> 夫音律所始，本於人聲者也。聲合宮商，肇自血氣，先王因之，以制樂歌。故知器寫人聲，聲非效器者也。故言語者，文章神明樞機，吐納律呂，脣吻而已。

故聲律樂音之始，原於人音之小大疾徐、抑揚清濁，本自天倪，是古之教歌者以自然爲法，使音聲之發，脣舌暢利；響調之出，合乎宮徵，必使吹律發胸臆，律調應脣吻也。若夫文章之作亦然，蓋文之孕萌我心也，無聲無影，必藉言語宣發而聲音成，終憑文字圖寫而體貌具；故聲音也者，文章之關鍵，神明之律呂也，聲和律諧，則怡耳悅聽，故之推以「易讀誦」爲文章聲音藝術之要求。

然則讀誦如何求平易悅耳？之推意在取斯世之聲律說？抑或唾棄聲律說桎梏？試由文章篇一探其用心，文稱當世音律和諧靡麗，賢於往昔多矣，是以理想之文章，宜以古文宏逸體度爲本，並采當世之辭調爲佐。可知，之推「易讀誦」之說，非謂棄辭調不論之簡易耳，係精究音律之和悅動聽，無蹇無滯，一若彈丸之自然流轉也。且沈約文從三易之說，既爲之推如此崇重，則其聲律說，想亦受之推所肯定，故舉其聲律說以綴之推於文章聲音藝巧之所略，宋書卷六七謝靈運傳論曰：

> 夫五色相宣，八音協暢，由乎玄黃律呂，各適物宜。次使宮羽相變，低昂互節：若前有浮聲，則後須切響。一簡之內，音韻盡殊；兩句之中，輕重悉異，妙達此旨，始可言文。

蓋使聲音飛沈斷續有致，「音韻盡殊」、「輕重悉異」如此富有變化，始具備音樂之律動美與節奏感，故之推以「音律諧靡」稱譽之。

此外，欲期文章之易讀誦，尚須避往蹇來連、喉脣糾紛之病。因文章聲律一犯蹇滯之弊，則讀者諷誦之際，屢掣輟於拗音詭聲，何可「易讀誦」耶？文心雕龍卷七聲律篇可發明「易」之意，又曰：

> 凡聲有飛沈，響有雙疊，雙聲隔字而每舛，疊韻離句而必睽。沈則響發而斷，飛則聲颺不

還，並轆轤交往，逆鱗相比，迂其際會，則往蹇來連，其為疾病，亦文家之吃也。

綜觀其闡述文章之藝巧也，有源有委，有本有末，既未矜激於內容，亦未錙銖於形式，一切法度盡循平易自然爲原則，使文章之修飾，由工入微，渾然不犯斧鑿之痕。

丁、指瑕

文章篇曾言文章之體，標舉興會，發引性靈；而文人屬文，慮動難周，故文字之瑕疵，與夫意義之疏誤，鮮能自免，之推指斥文章之瑕者，大較有文體之瑕，用事之瑕、注謬之瑕、用語之瑕、用字之瑕與夫勦襲之瑕等六類，其中用事與用字之瑕前已述及，茲不贅言，以下試論其文體之瑕，文章篇言：

挽歌辭者，或云古者虞殯之歌，或云出自田橫之客，皆為生者悼往告哀之意。陸平原多為死人自歎之言，詩格既無此例，又乖製作本意。

之推以爲挽歌體原爲出殯之喪歌，謂陸機三首挽歌詩並爲死人自歎之言，不合文體本意，至若陶潛自作挽歌，曠達澹泊，屬於挽歌之變格，則不在此論列之內。之推又次言注謬之疵，文章篇曰：

後漢書：「囚司徒崔烈以鋃鐺鏁。」「鋃」鐺，大鏁也；世間多誤作金「銀」字。武烈太子亦是數千卷學士，嘗作詩云：「『銀』鑠三公脚，刀撞僕射頭。」為俗所誤。

另書證篇悉載訓詁考據實例，蓋恐兒孫誤於謬注訛本，失理太甚，故舉以爲戒也。此外不祥之凶辭，之推甚爲忌諱，囑咐行文之際，務必避用之，文章篇：

吳均集有破鏡賦。昔者，邑號朝歌，顏淵不舍；里名勝母，曾子斂襟：蓋忌夫惡名之傷實也。破鏡乃凶逆之獸，事見漢書，為文幸避此名也。

蓋破鏡者，惡獸也，食父，與食母之惡鳥—梟，並爲黃帝使百吏祠用之鳥獸也，意欲絕其類矣。南朝諱法甚嚴，重以之推家庭倫理思想深固，因禁兒孫行文率爾犯諱，文章篇曰：

梁世費旭詩云：「不知是耶非？」殷澐詩云：「飄颺雲母舟。」簡文曰：「旭旣不識其父，澐又飄颺其母。」此雖悉古事，不可用也。……擧此一隅，觸塗宜慎。

此外，之推又云代人爲文，於理宜皆作彼語，然若哀傷凶禍之辭，不可輒代，文章篇言：

蔡邕為胡金盈作母靈表頌曰：「悲母氏之不永，然委我而夙喪。」又為胡顥作其父銘曰：

「葬我考議郎君。」袁三公頌曰：「猗歟我祖，出自有嬀。」王粲為潘文則思親詩云：「躬此勞悴，鞠予小人；庶我顯妣，克保遐年。」

觀諸家之代爲哀辭也，或言母棄我而卒，或歎父親之入葬也，改易籍貫，失言親卒，涕淚滿篇，恆使春秋漸少之之推深覺不安，故誡子孫不可妄施於文也。至若自家親屬之逝也，亦需愼擇哀辭，庶幾免夫不倫不類之譏也，如陳思王之武帝誄云「尊靈永蟄」，以蟲居穴中之蟄，喻父親之逝世，實欠妥當，又如潘岳悼亡賦云，愴手澤之遺，以悼亡婦之慟，是僭用施諸喪父之「父沒而不能讀父之書，手澤存焉爾。」（注三九）亦失禮數，深宜自惕自警，而之推此說與文心雕龍卷九指瑕篇多有相同之處，又得以參酌互證，指瑕篇云：

> 古來文才，異世爭驅；或逸才以爽迅，或精思以纖密，而慮動難圓，鮮無瑕病。陳思之文，群才之俊也，而武帝誄云：「尊靈永蟄」；明帝頌云：「聖體浮輕」。浮輕有似於胡蝶，永蟄頗疑昆蟲，施之尊極，豈其當乎！……潘岳為才，善於哀文，然悲內兄，則云感口澤，傷弱子，則云心如疑。禮文在尊極，而施之下流，辭雖足哀，義斯替矣。

如此拙辭，錯諸佳篇妙構之中，不啻白圭之玷，唯作者往往迷於自賞，鮮能自察，故需央人評論，讎諸錯諸，以求完密。文章篇曰：

學為文章，先謀親友，得其評論者，然後出手，慎勿師心自任，取笑旁人也。

之推言江南文制，存有雅量，每欲請人彈射，知有病累，隨即改定，此陳王得之於丁廙也（注四〇），之推又言行文須避剿襲之瑕，慕賢篇曰：

用其言，棄其身，古人所恥。凡有一言一行，取於人者，皆顯稱之，不可竊人之美，以為己力；雖輕雖賤者，必歸功焉。竊人之財，刑辟之所處；竊人之美，鬼神之所責。

夫竊取古辭者，輕薄無行也；掠取時說者，將招尤悔也，綴文之士，若能自抒機杼，不相掠美，斯免此瑕累矣，文心雕龍卷九指瑕篇：

若掠人美辭，以為己力，寶玉大弓，終非其有。全寫則揭篋，傍采則探囊，然世遠者太輕，時同者為尤矣。

昔元好問有詩云：「撼樹蚍蜉自覺狂，書生技癢愛論量，老來留得詩千首，卻被何人較短長。」（注四一）故評論古文也，宜持商量之誠意，發和悅之德音，以獻替臧否，是以文士屬辭，雖多瑕疵，誠宜爲之掩藏也，然覆車之軌，無或重迹，別白書之，亦所以示鑒也（注四二），此之推糾謬指瑕之意也矣！

第四節　論詩要語

之推於文章篇末嘗評賞詩作，要言不煩，深得詩味，民國周作人曾云：

此是很古的詩話之一，要言不煩，何其有情致，後來作者卷册益多，言辭愈富，而妙悟更不易得，豈真今不如古，亦因人情物理，難能會解，故不免常有所蔽矣。

觀文章篇之詩評，知之推確具敏銳細緻之審美感，使詩中空靈之情味，瀟灑之神韻，逕與我心相映，詩中耐人尋味之意趣，已躍乎紙端矣。

甲、論　靜

詩家作詩，本乎情、景，孤不自成，兩不相背，必須景以情合，情以景生；景在情中，情在景中，哀樂之觸，榮悴之迎，互藏其宅，斯可以成詩也（注四三），故王國維文學小言曰（注四四）：

文學中有二原質焉：曰景，曰情。前者以描寫自然及人生之事實為主，後者則從吾人對此種事實之精神狀態言。

故景無情不發，情無景不生，彼此交感，及其至也，卽景卽情，融合無間，而詩趣盎然矣，文章篇言詩中靜整之情致云：

王籍入若耶溪詩云：「蟬噪林逾靜，鳥鳴山更幽。」江南以為文外斷絕。物無異議。簡文吟詠，不能忘之，孝元諷味，以為不可復得，至懷舊志載於籍傳。范陽盧詢祖，鄴下才俊，乃言：「此不成語，何事於能？」魏收亦然其論。詩云：「蕭蕭馬鳴，悠悠旆旌。」毛傳曰：「言不喧譁也。」吾每歎此解有情致，籍詩生於此耳。

顏之推標擧王籍「蟬噪林逾靜，鳥鳴山更幽。」以為自小雅「蕭蕭馬鳴，悠悠旆旌」得來；此神契語也。學古人勿襲形模，正當尋其文外獨絕處。

之推借盧詢祖「此不成語，何事於能」之評語，以稱王籍「蟬噪林逾靜，鳥鳴山更幽。」二句之造語天然秀拔，不見雕琢之痕，而其中山林幽靜之景，與夫閑適安寧之意；不迫不露，盡皆盈乎胸臆之中；又此詩句，看似矛盾不成語，然其中靜整之意趣，悠遊乎景象之外，而沁人心脾，豁人耳目，是之推愛不忍釋之故也。王士禎古夫于亭雜錄卷六云：

王籍以靜整安適之情懷，脈脈含情睇視此一山林之景，遂令此山林之幽深、靜謐、蟬嘶、鳥鳴，包蘊無限遐想不盡之藝術魅力，然而詩家之景，原如藍田日暖，良玉生煙，可望而不可置於眉睫前也。

乙、論蕭散

大千世界，森羅萬象，若觀之以法眼，則無俗不眞；若觀之以世眼，則無眞不俗也；詩心詩情之貴也，正在詩人情景相浹之際，胸次滌盪一切世俗鉛汞也，文章篇之推續標舉蕭愨蕭散空遠之詩句曰：

> 蘭陵蕭愨，梁室上黃侯之子，工於篇什。嘗有秋詩云：「芙蓉露下落，楊柳月中疎。」時人未之賞也。吾愛其蕭散，宛然在目。潁川荀仲擧，琅邪諸葛漢，亦以為爾。而盧思道之徒，雅所不愜。

蕭愨此詩古今稱譽備至，而以之推慧識最早，蕭、顏二人曾並入文林館纂修文殿御覽，觀「芙蓉露下落，楊柳月中疎」之意境蕭散空靈，而造語毫不費力，令人若見夜深露凝之際，皓潔出塵之芙蓉娟然而落；流光輕移，轉見淸月之輝，掩映於垂柳之間；意有餘蘊，情有餘味，珠圓玉潤中，蕭散疎逸之懷，澹泊曠遠之情，悠然舒展。許顗許彥周詩話評曰（注四五）：

六朝詩人之詩，不可不熟讀，如「芙蓉露下落，楊柳月中疎」，鍛鍊至此，自唐以來，無人能及也。

朱熹亦甚賞愛此詩句之翰墨淋漓，天機自然，朱子語類卷一四〇云：

或問：「李白『清水出芙蓉，天然去雕飾』，前輩多稱此語，如何？」曰：「自然之好。又如『芙蓉露下落，楊柳月中疎』，則尤佳。」

細品蕭慤秋詩，其造語自然超妙，渾若信手拈得；而其意境之沖澹高遠，蕭散疎放，誠讓經綸世務者，胸次灑然無礙。

丙、論清巧形似

天覆地載間，自然之景象也，詩人心目所及，文情赴之，貌其本榮，如所存而顯之，即可華采照耀，動人無際，此早期藝術思想之「隨物賦形」、「窮形盡相」，亦即六朝文章之「形似」特徵也。文心雕龍卷一〇物色篇曾詳論文云：

自近代以來，文貴形似，窺情風景之上，鑽貌草木之中。吟詠所發，志惟深遠，體物為妙，功在密附。故巧言切狀，如印之印泥，不加雕削，而曲寫毫芥。故能瞻言而見貌，即字而知時也。

之推以「形似」稱何遜、何子朗詩爲清巧，然評遜詩未具雍容閑和之氣，文章篇曰：

何遜詩實為清巧，多形似之言；揚都論者，恨其每病苦辛，饒貧寒氣，不及劉孝綽之雍容也。……江南語曰：「梁有三何，子朗最多。」三何者，遜及思澄，子朗也。子朗信饒清巧。思澄遊廬山，每有佳篇，亦為冠絕。

夫「巧爲形似之言」，本宋書謝靈運傳論之稱漢賦辭宗司馬相如也，觀何遜之詩，如九日侍宴云：「疎樹翻高葉，寒流聚細紋。」答高博士云：「飛蝀弄晚花，清池映疏竹。」送行云：「江暗雨欲來，浪白風初起。」還渡五洲云：「蕭散煙霧晚，淒清江漢秋。」洵爲清巧俊逸，即庾信之輩，甚有所不逮（注四六）；然而之推稱其「每病苦辛，饒貧寒氣」，殆因秀句警語之犯斧鑿痕乎？蓋詩致之妙，自然爲高，精工次之，之推謂何遜之詩乏雍容閑逸之致在此，且文學藝術之形象也，非唯「形似」即足，尚待「神似」，之推雖未明言，然其文藝思想已重意境之感染，而薄巧構形似之營求也。

綜觀之推文學思想之理論，雖零碎片段，然其關乎文章之地位與功用，創作之要則，文體之改革等，均能作持平中肯之論。雖主文以經世致用，而不廢申抒性靈，怡情養性之功能；雖言文章之作，須備天才，然未嘗稍忽積學之要件；雖倡文體改革之說，而不主全盤復古，以爲古今文體各具長短，宜兼容並蓄，另其敏銳之文學審美能力，亦爲後世研究意境說之珍貴資料，因此顏之推之文學理論，雖曰系統不備，然亦見譽爲「對於南北朝文學思想，具有總結性之意義。」矣（注四七）！

注釋

注一：見顏氏家訓勉學篇。

注二：見蕭綱與湘東王書，收於南史卷五〇庾肩吾傳，頁一二四七，鼎文書局。

注三：見蕭繹金樓子卷四立言篇，頁二九，世界書局。

注四：參羅根澤中國文學批評史，上海古籍出版社。

注五：見揚雄法言卷七寡見篇，頁一七，台灣商務印書館四部叢刊。

注六：見吳訥文章辨體序說，頁二五，長安出版社。

注七：見徐師曾文體明辨序說，頁一一一，長安出版社。

注八：見劉勰文心雕龍卷四檄移篇，頁二四，台灣商務印書館四部叢刊。

注九：參拙著從顏氏家訓探其與文心雕龍文學觀之異同，興大中文學報第四期，頁二三三—二五一。

注一〇：參章學誠文史通義卷四內篇匡謬，頁二五，台灣中華書局。

注一一：參范文瀾文心雕龍註，頁八，明倫出版社。

注一二：同注一一，頁一七三。

注一三：參劉勰文心雕龍卷四論說篇，頁二一一，台灣商務印書館四部叢刊。

注一四：見蕭統文選序，頁一，藝文印書館。

注一五：同注一一，頁一五九。

注一六：見劉勰文心雕龍卷二頌讚篇，頁一〇，台灣商務印書館四部叢刊。

注一七：同注一一，頁一九八。

注一八：參宋濂文原，收於郭紹虞編中國歷代文論選第三冊，頁三，上海古籍出版社。

注一九：同注八，卷五議對篇，頁二八。

注二〇：同注八，卷六通變篇，頁三四。

注二一：見范曄獄中與甥侄書，收於朱任生編古文法纂要，頁一三九，台灣商務印書館。

注二二：同注一八，頁二。

注二三：同注一。

注二四：同注一。

注二五：見曹丕與吳質書，文選卷四二，頁六〇三，藝文印書館。

注二六：見抱朴子外篇卷四〇辭義篇，頁五一九，廣文書局。

注二七：見論語卷一學而篇，頁七，藝文印書館。

注二八：見北齊書卷三六邢卲傳，卷三七魏收傳，頁四七五－五〇〇，鼎文書局。

注二九：同注八，卷一〇才略篇，頁五三。

注三〇：同注二一。

注三一：參黃叔琳注紀昀評文心雕龍輯注卷六，頁六，台灣中華書局。

注三二：同注三一，頁七。

注三三：參黃侃文心雕龍札記情采篇，頁一一〇－一一一，文史哲出版社。
注三四：同注二七，卷一五衞靈公篇，頁一四一。
注三五：同注八，卷八事類篇，頁四三。
注三六：同注三五。
注三七：見引於王利器顏氏家訓集解，頁二五三，明文書局。
注三八：同注八，卷八練字篇，頁四三。
注三九：見禮記注疏卷三〇玉藻，頁五六七，藝文印書館。
注四〇：見家訓文章篇。
注四一：見注一一，頁六三九。
注四二：同注三三，指瑕篇，頁一九五。
注四三：參王夫之姜齋詩話，謝榛四溟詩話，並錄於張少康中國古代文學創作論，頁二四四－二四五，北京大學出版社。
注四四：見引於張少康中國古代文學創作論，頁二四二，北京大學出版社。
注四五：見錄於王利器顏氏家訓集解，頁二七五。
注四六：見黃伯思東觀餘論跋何水曹集後語，見錄於王利器顏氏家訓集解，頁二七七。
注四七：參王運熙，楊明合著之魏晉南北朝文學批評史，頁五八三－五九七，上海古籍出版社。

第六章　顏氏家訓之散文藝術析論

引　言

顏之推之顏氏家訓向與酈道元之水經注、楊衒之洛陽伽藍記鼎足爲北朝三大奇文，故其散文藝術之造詣，必極有可觀者焉；唯自古讀家訓者，恆留意其禔身範俗之規與夫音辭訓詁之學，至於其傑秀超群之文章藝術，則尠有涉及，更遑論存心探研者焉？此愚所以立此章之旨也。

家訓一書之體例，始於序致——申明作書垂訓之微意；終乎終制——交託後事之最終叮嚀；中則按訓誨之旨要，區別爲十八篇，即教子、兄弟、後娶、治家、風操、慕賢、勉學、文章、名實、涉務、省事、止足、誡兵、養生、歸心、音辭、書證與雜藝也。觀其內容，則縱貫古今史實，廣攝南北人情，舉凡規過勸善、針砭時弊，或論學議禮、計較風俗，無不包羅詳贍，鉅細靡遺。若論其情志，則通篇雖不見纏綿悱惻之兒女情長，然慈祥溫煦之親情，恆醇湛綿綿，暖人心肺；雖不見閒雲野鶴之瀟灑逸致，但勤勤懇懇之實踐精神，益發感人；雖亦未見縱酒放歌之狂熱豪邁，然自喪亂痛楚所淬得之人生智慧，時鞭醒安樂迷醉之茫昧心靈。若究其藝術之表現方式，但覺其文章樸茂自然，無鏤金刻銀之繁麗；具辨眞撥僞之正義嚴詞，而無撲朔迷離之奧隱興寄；故雖距今已千四百年餘，披心而讀，猶覺肝膽映照，脈動勃勃，而之推苦口婆心之叮嚀，猶親切縈繞於耳際也。

綜上所述，知家訓文章之所以發人深省，啓人共鳴，當以之推之情志爲主導，學識經驗爲基礎，再以藝術形式之美感經驗陶鎔之，三者所共同交織而成之感染力，非僅字句片面之鍛煉，與夫平仄之推敲，所能得臻。證諸之推之文學理論，不亦云乎「文章當以理致爲心腎，氣調爲筋骨，事義爲皮膚，華麗爲冠冕。」，是以本章評析顏氏家訓之散文藝術，乃著眼於該文章所呈現之全體和諧相融之總印象，而不在割裂章句、斷章取義之局部討求也，文分五節，首節就其立意而探，名曰「褒善刺惡，茹古涵今」，次節就其語言所包孕之感染力而論，名曰「渾樸柔婉，慈愛動人」，三、四節分就家訓敍事與論理之藝術而言，曰「敍事雅潔，從容典正」、「論理顯附，辭直義暢」五節特就家訓兼融駢散之文體抒論，名曰「駢散相錯，鏗鏘有節」。

又，前已述及家訓係聯綴二十獨立成篇之文章而成，且其行文常式，每於各篇發端處，宣示當篇要旨，隨後即圍繞此一中心主旨，續加闡發；或舉古論今，或援人喩己，或正說，或反說，或反複重論而後已，故析論家訓散文之理想取樣標準，本以其原始創作之體例爲宜，即以一篇爲探究之單位，然則每篇之篇幅脩短不一，長者近萬言，短者僅二百餘；若欲求全，則篇長者，勢難容載；若欲删節，又傷割裂之憾；折衷之餘，凡篇中文意脈絡自成一局者，則視爲一單元，至若反複徵引史例佐證者，則取正例、反例各一，以見義法，其餘續引之典故史實，則不贅焉耳。

第一節　褒善刺惡，茹古涵今

夫文章之立意也者，誠篇章之質幹，質幹既定，然後可以分生枝葉，抒華布實，考家訓之意旨也，厥惟褒善刺惡，而以茹古涵今之法示之也已矣。

之推於序致篇陳述其撰作家訓之宗旨爲「整齊門內，提撕子孫。」淑人喻世也，雖然其中修齊治平之理，未出乎聖賢經傳之外，而之推所以復爲演述之故，在於「古書之誡，經目過耳」，不易入心，爲誘使後輩小子能聞訓而怵然自惕，赧然自咎，覺然曉悟，而後躍然振作，之推乃剞心剖示一生涉履之是非福禍，與夫聞見所知之興衰榮枯，剖析源流，平章得失，冀望藉古今人我之眞實事蹟，取信於兒孫，使之記取先人之血淚教訓，永保誠孝仁義之質，此家訓一書立意之所在也。

慕賢篇引羊侃之抗拒兇逆與時士之怯懦無能；齊文宣帝之委政賢良與後主之謀害忠良爲例，說明賢不肖之相去間不能以寸也，篇中凡有褒讚，必具姓名；脫復譏訶，輒從諱避。蓋彰善隱惡，固君子之用心，而即事求眞，又學者之先務也。故言必有徵，理無虛設，而能親切有味，亹亹動人矣。文曰：

侯景初入建業，臺門雖閉，公私草擾，各不自全。太子左衞率羊侃坐東掖門，部分經略，一宿皆辦，遂得百餘日抗拒兇逆。於時，城內四萬許人，王公朝士，不下一百，便是恃侃一人安之，其相去如此。古人云：「巢父、許由，讓於天下；市道小人，爭一錢之利。」亦已懸矣。齊文宣帝卽位數年，便沈湎縱恣，略無綱紀；尚能委政尚書令楊遵彥，內外清謐，朝野晏如，各得其所，物無異議，終天保之朝。遵彥後為孝昭所戮，刑政於是衰矣。斛律明月齊朝折衝之臣，無罪被誅，將士解體，周人始有吞齊之志，關中至今譽之。此人用兵，豈止萬夫之望而已哉！國之存亡，係其生死。

夫文章翻空易奇，徵實難工，若欲求文章之興味沛然，則文須饒富寓意，或流連景物，以寓襟度；或諄諄道訓，以寓規箴；或借古鑑今，以寓興亡之機，凡此斷非可以空言成篇也，必運用故實，以為敷佐，然後能發揮議論，暢達文旨，且行文既不寂寞枯落，亦能引人入勝矣，然此非胸有積卷，心有塊壘者不能辦。觀之推此文之思路筆踪，先褒揚羊侃之鎮守臺城時，以其責任心、榮譽感、與愼謀能斷之應變卓識，一肩承擔四萬居民之性命安全（注一）；其次以「於時」一詞急轉筆鋒，頓跌至「城內四萬許人，王公朝士，不下一百，便是恃侃一人安之，其相去如此。」此處之推斂筆藏鋒，並未恣肆撻伐權貴公卿臨事不濟之怯懦畏縮，而妙用數字多寡之差較，以突顯賢愚之別：百餘朝臣相對於獨撐大局之羊侃；四萬居民之安危全賴羊侃一人之力守；百之於一與四萬之於一，相較懸殊之數字比例，已使之推褒善刺惡之大意，若洪波脫閘，奔送而出，一瀉無餘。文章於正反映襯之下，益使羊侃勇於任事，臨危不亂之勁節形象，如鶴立雞群般卓拔；至於盈城呆若木雞，噤若寒蟬之公卿，愈見其蠢懦無能之愚相。善與惡之鮮明實例擺陳目前，何者足堪取式，何者不足取式，讀者自然胸有懸衡；而之推勸善杜惡之意，煥乎彰矣！文末筆勢悠然一轉，以古語：「巢父、許由，讓於天下；市道小人，爭一錢之利。」逆承上句文約旨豐，餘韻無窮之「其相去如此」，復巧妙點破其於羊侃事例中所欲傳達之旨意，厥惟賢良與懦鈍之別，差距有若九牛毛之懸殊也，收束警策，宛若適時一記響鑼，不偏不倚，振醒全文精神。

之推就羊侃守城一事論說後，恐後生局於一隅之解，無以旁通曲暢，乃續廣徵史實，以激射映帶揚善去惡之旨，遂援北齊文宣帝之任賢而國治，後主之棄賢而國亡，兩相映發，以辨黑白，詞極簡易而意極精深，且此二歷史事件，均之推淪肌浹髓之親身體驗，是故文章之思想與事實，自然相赴，而忠良見害，賢臣遭戮之百感千愁，益使讀者痛摧心肺，悽然動容；此時文章之精靈，乃渾然與我交融無間，而茹古涵今之意義遂感人於無形也。

昔袁宗道論文嘗主「士先器識而後文藝」之說（注二），以爲器識與文藝相表裏，器識猥薄者，其文藝並失之矣，若欲擁包羅一世之襟度，固賴有昭晰六合之識見，發而爲文，方能立意宏深，是以「無決堤破藩之識者，未足窮高遠之旨；無摧鋒陷陣之力者，未足收久遠之功也。」（注三）之推器宏識深，博通古今，故雖洪流滔滔，猶鎮定自持，知所宜從，宜奮，宜揚，宜抑，觀家訓部分針砭時弊之篇章，筆力雄健，明目張膽，斷無筆墨畏縮，步趨趑趄之窘，如其膾炙人口之勉學篇：

梁朝全盛之時，貴遊子弟，多無學術，至於諺云：「上車不落則著作，體中何如則秘書。」無不熏衣剃面，傅粉施朱，駕長簷車，跟高齒屐，坐棊子方褥，憑斑絲隱囊，列器玩於左右，從容出入，望若神仙。明經求第，則顧人答策；三九公讌，則假手賦詩。當爾之時，亦快士也。及離亂之後，朝市遷革，銓衡選舉，非復曩者之親；當路秉權，不見昔時之黨。求諸身而無所得，施之世而無所用。被褐而喪珠，失皮而露質；兀若枯木，泊若窮流；鹿獨戎馬之間，轉死溝壑之際。當爾之時，誠駑材也。有學藝者，觸地而安。自荒亂已來，諸見俘虜，雖百世小人，知讀論語、孝經者，尚為人師；雖千載冠冕，不曉書記者，莫不耕田養馬。以此觀之，安可不自勉耶？若能常保數百卷書，千載終不為小人也。夫明六經之指，涉百家之書，縱不能增益德行，敦厲風俗，猶為一藝，得以自資。父兄不可常依，鄉國不可常保，一旦流離，無人庇廕，當自求諸身耳。諺曰：「積財千萬，不如薄伎在身。」伎之易習而可貴者，無過讀書也。世人不問愚智，皆欲識人之多，見事之廣，而不肯讀書，是猶求飽而嬾營饌，欲暖而惰裁衣也。夫讀書之人，自羲、農已來，宇宙之下，凡識幾人，凡見幾事，生民之成敗好惡，固不足論，天地所不能藏，鬼神所不能隱也。

綜觀勉學篇之宗旨，厥惟讀書勸學而已矣，然而案牘之業，形神俱勞，如何引領子弟篤志立學，不因榮枯窮達而釋卷，之推續採褒善刺惡，茹古涵今之法以喻勉學之要，既藉梁時貴遊子弟因不學無術而轉屍溝壑之慘劇，以驚動其耳目，刺激其心志；又援取兒孫關切緊要之謀生利害事，以誘發其讀書之行動，鞏固其勉學之意志；故能使之推之勸之者易以入，而聽之者易以進也。

大凡富貴侯爵之裔，生乎深宮之中，長乎婦人之手，憂慮之勞，未嘗經心，或未免於襁褓之中，而加青紫之官；纔勝衣冠，而居清顯之位（注四），粱肉不期而共臻，珠玉無足而具致；於是驕奢乃作，心滿氣盈，已不勝骯髒之習，而逢迎曲承者，又從而諛媚包庇之，終致角蛇翼虎，釀成淫毒，危亡亦不旋踵而至矣。之推爲突顯貴遊冠冕由盛而衰之關鍵，在於學與不學耳，乃極言鋪陳其不學之行徑，藉以蓄積其寓抑先揚之張力：彼等熏衣剃面、傅粉施朱、駕長簷車、跟高齒屐、坐棊子方褥、憑斑絲隱囊，又素無學識，是以明經考試，則雇賃他人答策；公卿讌集之文翰，乃假手外請，如此竟亦平步青雲，「上車不落則著作，體中何如則秘書。」有志者見之，豈能胸無磊塊蟠鬱乎？然而之推未以張牙舞爪之潑辣姿態詈罵之，而以「當爾之時，亦快士也。」冷筆輕鬆收勒之，然其嘲諷之冷峻，與洞鑒是非成敗之犀利，已使觀者預爲逸樂無節之收場心驚膽戰，背脊發冷；文章至此，勢已蓄足，之推乃以獅子搏兔之姿，振起下文，明揭喪亂之後，原本快活似神仙之貴胄，「求諸身而無所得，施之世而無所用，被褐而喪珠，失皮而露質，兀若枯木，泊若窮流，鹿獨戎馬之間，轉屍溝壑之際」，健筆雄飛，明目張膽，復以「當爾之時，誠駑材也。」拍擊前句「當爾之時，亦快士也。」苦樂之對比強烈，前車翻覆之血淚教訓鮮明深刻，故能使頑冥不學者幡然改志，怠惰嬾學者奮發勤勉，而素嬉於遊者竦然自惕也。其後，之推復將筆鋒拉回至兒孫之身，誠摯勉之曰：「有學藝者，觸地而安。自荒亂已來，諸見俘虜。雖百世小人，知讀論語、孝經者，尚爲人師；雖千載冠冕，不曉書記者，莫不耕田養馬。以此觀之，安可不自勉耶？若能常保數百卷書，千載終不爲小人也。」能勤學，則小人可以爲人師；不能學，則冠冕亦將墮而爲鄙夫也；茹古涵今中，之推殷望兒孫愼學君子之心也躍然乎紙上！

勉學篇中，之推嘗歎當世俗儒不肯勤學，「博士買驢，書劵三紙，未有驢字。」爲恐兒孫復犯此弊，令其氣塞，之推除循循誘學外，亦鼓勵兒輩後學，多與益友切磋，以增廣學問，減少謬失。然憑空發議，不足使讀者心悅誠服，之推乃近取諸親身所歷之事以徵實之，文曰：

書曰：「好問則裕。」禮云：「獨學而無友，則孤陋而寡聞。」蓋須切磋相起明也。見有閉門讀書，師心自是，稠人廣坐，謬誤差失者多矣。穀梁傳稱公子友與莒拏相搏，左右呼曰「孟勞」。「孟勞」者，魯之寶刀名，亦見廣雅。近在齊時，有姜仲岳謂：「『孟勞』者，公子左右，姓孟名勞，多力之人，為國所寶。」與吾苦諍。時清河郡守邢峙，當世碩儒，助吾證之，赧然而伏。又三輔決錄云：「靈帝殿柱題曰：『堂堂乎張，京兆田郎。』」蓋引論語，偶以四言，目京兆人田鳳也。有一才士，乃言：「時張京兆及田郎二人皆堂堂耳。」聞吾此說，初大驚駭，其後尋媿悔焉。江南有一權貴，讀誤本蜀都賦注，解「蹲鴟，芋也」，乃為「羊」字；人饋羊肉，答書云：「損惠蹲鴟。」舉朝驚駭，不解事義，久後尋迹，方知如此。

夫骨象須切磋乃能爲器，人須學問方足成德，然而學問也者，除卻勤讀六經百家之書外，尚須與學者彼此討論發明，以免失之孤陋謬誤，貽人笑柄，故莊子齊物論誡曰：「夫隨其成心而師之，誰獨且無師乎？」之推鼓舞子弟步出斗室，與友談書論學，除援書經「好問則裕。」、禮記「獨學而無友，則孤陋而寡聞。」佐翼其說外，知空言無實，文筆乏采，難以振聾發饋，故以眞人實事之情節激醒之，其人或爲權貴，或爲才士，或爲名高行信之朝臣，或爲榮秩清芬之學士，然則因其閉門讀書而師心自是，遂致紕繆出口，舉座驚駭，遭人冷笑之窘境。吾人透過之推平實家常之敍述，得以平心靜氣，檢視他人受窘見笑之緣由，而激發知恥知譽之自覺，是之推勉學篇中與友論學請益之立意，已啓迪人心於無形矣。

夫晉官登爵，世人所慕，其中訣竅，最爲人所關心，之推以其浮沈宦海四十年之心得，於省事篇率眞剖示其道曰：

> 君子當守道崇德，蓄價待時，爵祿不登，信由天命。須求趨競，不顧羞慚，比較材能，斟量功伐，厲色揚聲，東怨西怒；或有劫持宰相瑕疵，而獲酬謝，或有諠聒時人視聽，求見發遣；以此得官，謂為才力，何異盜食致飽，竊衣取溫哉！世見躁競得官者，便謂「弗索何獲」；不知時運之來，不求亦至也。見靜退未遇者，便謂「弗為胡成」；不知風雲不與，徒求無益也。凡不求而自得，求而不得者，焉可勝算乎！齊之季世，多以財貨託附外家，諠動女謁。拜守宰者，印組光華，車騎輝赫，榮兼九族，取貴一時。而為執政所患，隨而伺察，既以利得，必以利殆，微染風塵，便乖肅正，坑穽殊深，瘡痏未復，縱得免死，

莫不破家，然後噬臍，亦復何及。吾自南及北，未嘗一言與時人論身分也，不能通達，亦無尤焉。

俗云：「世事洞明皆學問，人情練達皆文章。」讀之推家訓之文，益覺此言不虛，蓋當世之風俗趨競，禮讓陵遲，是以爲求得官獲爵者，每不顧廉恥，不擇手段以要索之，或攀炎附勢，垂涎婚援；或揭發陰私，冀獲酬謝；或諠聒輿論，以求發遣，得者趾高氣揚，不得者東怨西怒，斯文盡喪；之推貶刺此種求官行徑爲「盜食致飽，竊衣取溫。」；行爲既類盜竊之卑鄙，目的徒唯求致飽溫而已，誠卑之無甚高明之仕宦醜態也。然則人每患於目不見睫之弊，他人動措居心之善惡，了了分明；至於己我之存心舉止，恆惑於自是而自欺焉；於是之推乃以褒美刺惡之方式，敲醒深鎖靈魂之茫昧門關；若一識途之嚮導，引領不識廬山眞面目，只緣身在此山中之遊客立足峯頂，遠眺山景，則向所迷者，煙消霧散，但覺風日熙明，清曠遼闊之景致矣。

之推以爲登爵致祿，絕非僥倖可得，縱得之於一時，終將失之於一時，務實之道仍在「守道崇德，蓄價待時。」所謂「養其根而俟其實，加其膏而希其光，根之茂者其實遂，膏之沃者其光曄。」也（注五），至若爵祿不登，宜以「信由天命」之說泰然自處。此之推首肯稱是之求官態度；若拏與躁競者比，則其中軒輊，朗朗顯露矣，令初涉滔滔宦海之後進者，一讀此文，再無似是而非、衆口鑠金之迷惑矣！

之推心微慮詳，又恐兒孫見人躁競得官，將擬東施效颦之舉，因以齊世之憑婚援而榮華富貴者，其旋興旋滅，破家滅族之血淋淋教訓警惕之，之推謂「既以利得，必以利殆。」，雋永警動，發人深省，若非嫻熟於人情世故者，斷不能發此雋語矣，益知「世事洞明皆學問，人情練達皆文章。」詞意之精闢也。

子曰：「富與貴，是人之所欲也，不以其道得之，不處也；貧與賤，是人之所惡也，不以其道得之，不去也。」（注六），此殆之推進退所據守之金科玉律，而省事篇論仕宦寓意之所在也，唯虛論難使聽訓者入乎耳而著乎心，布乎四體而達於人生，故引古喻今，借人鑑己，思於明斷之揚善棄惡中，冀後生之樂法君子之志也篤，恥爲小人之心也固乎！

第二節　渾樸柔婉，慈愛動人

夫文之思也愈深，其文愈質；文之情也愈眞，其言愈樸。初覽家訓文章、覺其絮絮叨叨，每以樸實無奇之零瑣人事，反複申誡之；及沈潛體會，方感其老父情懷，親感至誠，慈藹可掬，豈其裝腔作態，矯揉扭捏者所得望其項背哉？蓋濃妝豔抹，貌庸者幾可稱美，然鉛黛一褪，妍媸自判，故大巧謝雕琢，而虢國夫人所以能「卻嫌脂粉汚顏色，淡掃蛾眉朝至尊。」（注七）也，顏氏家訓固非濃妝豔抹之俗麗耳，其情意醇湛深厚，其語言樸茂柔婉，信筆所至，舒徐自在，恆感其溫情脈脈，慈愛動人矣。試觀其序致篇之文：

夫聖賢之書，教人誠孝，慎言檢迹，立身揚名，亦已備矣。魏、晉已來，所著諸子，理重事複，遞相模斆，猶屋下架屋，牀上施牀耳。吾今所以復為此者，非敢軌物範世也，業以整齊門內，提撕子孫。夫同言而信，信其所親；同命而行，行其所服。禁童子之暴謔，則師友之誡，不如傅婢之指揮；止凡人之鬭鬩，則堯、舜之道，不如寡妻之誨諭。吾望此書為汝曹之所信，猶賢於傅婢寡妻耳。吾家風教，素為整密。昔在齠齔，便蒙誘誨；每從兩兄，曉夕溫凊，規行矩步，安辭定色，鏘鏘翼翼，若朝嚴君焉。賜以優言，問所好尚，勵短引長，莫不懇篤。年始九歲，便丁荼蓼，家塗離散，百口索然。慈兄鞠養，苦辛備至；有仁無威，導示不切。雖讀禮傳，微愛屬文，頗為凡人之所陶染，肆欲輕言，不脩邊幅。年十八九，少知砥礪，習若自然，卒難洗盪。二十已後，大過稀焉；每常心共口敵，性與情競，夜覺曉非，今悔昨失，自憐無教，以至於斯。追思平昔之指，銘肌鏤骨，非徒古書之誡，經目過耳也。故留此二十篇，以為汝曹後車耳。

序致篇即之推家訓之自序也，全文語言純正粹白，口吻委婉平和，娓娓自陳其著述之動機與殷殷之期盼，其訓誨之對象，雖為兒孫後輩，然之推猶能自棄道貌岸然之說教態色而不用，改屈之以為傅婢適妻之慈柔聲氣，委婉曉諭之，反復勸誘之，故其行文韻致，親切動人，溫馨脈脈，彷若置身於朝陽初融之三月和風中，但覺衷腸溫暖，心脾舒暢，而讀文者之孺慕之情，報本之思，自然揚昇充盈於胸臆間，亟思勤學勉行，修道立業，以慰親心矣。

文章以施教子侄爲目的，本以直接告誡方式爲常，然之推欲求肝膽映照之深刻激盪，遂改直接爲間接之旁敲側擊方法，以直抒胸臆之內心獨白筆致，赤裸表白一生坎坷多艱之學習歷程：齠齔之齡，雖曾爲父親懇篤誘誨，然九歲即失怙失恃，家道罄窮，百口索然，家庭教育亦因而中輟，以致無教失節，陶染之惡習亦不易洗盪滌除，其後雖漸知砥礪，大過稀焉，然亦常「心共口敵，性與情競；夜覺曉非，今悔昨失。」之推以無隱無諱之眞率口吻，剖析己因無教而不修邊幅，而肆欲輕言之年少輕狂，字字眞切，語語肺腑，其一鞭一條痕，一摑一掌血之人生歷煉，確能切實啓迪讀者之自我省察也。文章至此，其所以紆徐剖述一生事蹟之目的呼之欲出，筆勢乃迅捷歸穴至「追思平昔之指，銘肌鏤骨，非徒古書之誡，經目過耳也。故留此二十篇，以爲汝曹後車耳。」語氣猶沿襲全文之樸實深婉，慈祥和柔，但望以一生之經歷，爲兒孫「前車覆，後車戒。」之借鏡；令人依稀望見燈下一老父，寂然凝神於撫今追昔之深慨中，其容顏雖飽經離亂滄桑，而目光猶慈愛溫煦；其背脊縱痀瘻餒弱，而骨氣自凜然超拔；彼以一生之心得，親切之叮嚀，慈祥之語氣，從容援筆濡墨以著顏氏家訓矣。

之推嘗云有人民而後有夫婦，有夫婦而後有父子，有父子而後有兄弟，一家之親，此三而已矣，故家庭倫理於人倫中實爲重者也，豈可不篤？其中又以兄弟之倫最爲之推所牽掛，蓋兄弟本爲同根生，情同手足，然自室家各立以後，各妻其妻，各子其子，各家其家，而後情漸薄而義漸疏矣，兄弟篇之推細說其理曰：

兄弟者，分形連氣之人也，方其幼也，父母左提右挈，前襟後裾；食則同案，衣則傳服；學則連業，游則共方，雖有悖亂之人，不能不相愛也。及其壯也，各妻其妻，各子其子，雖有篤厚之人，不能不少衰也。娣姒之比兄弟，則疏薄矣；今使疏薄之人，而節量親厚之恩，猶方底而圓蓋，必不合矣。惟友悌深至，不為旁人之所疑者，免夫！二親既歿，兄弟相顧，當如形之與影，聲之與響；愛先人之遺體，惜己身之分氣，非兄弟何念哉？兄弟之際，異於他人，望深則易怨，地親則易弭。譬猶居室，一穴則塞之，一隙則塗之，則無頹毀之慮；如雀鼠之不卹，風雨之不防，壁陷楹淪，無可救矣。僕妾之為雀鼠，妻子之為風雨，甚哉！

全文委婉曉諭兄弟之間，宜友悌深重，相互扶持；語言平易家常，不爲斬絕詭怪之狀，而親感至誠，點石成金；不爲婉昵纖巧細語，而厚重淵茂，含茹深厚；遠而望其文，則沖夷平淡，穆然光沈；近而視其文，復覺神采隱隱，風格骨力，往往而在，堪稱文淳筆老之藝術佳構。

之推著述庭訓時，已逾花甲之齡，緣半生之倥傯流徙，是以健康頗差，終制篇曾言身患風疾，常疑奄然，然之推固非懼死也，其所憂懼纏心者，乃身故之後，兄弟之間，能否眷顧相愛，恩義互濡，否則將因兄弟之不睦，而致子侄之不愛，群從之疏薄，二家僮豎，亦互爲讎敵，則陌路生人盡可踐踏凌辱，孰可施援？此寧當年懷則同腹，餔則同乳，朝夕相隨之手足所忍爲哉！是亦天下老父老母所牽掛者也。之推撰述兄弟篇之文，即原此未雨綢繆之思，而出之以溫和委婉之語言，曉之以理，動之以情，純任兄弟間之童年點滴，娓娓鋪陳：「兄弟者，分形連氣之人也，方其幼也，父母左提右挈，前襟後裾；食則同案，衣則傳服，學則連業，游則共方。」將孩提時光之生活情境，再度映現心田，舉凡飲食睡眠，讀書嬉遊，大小傳服……兄弟姊妹間，莫不熙熙融融，親愛偎依，其情其景，何等動人心弦；而善則同樂，悲則同傷之相互體貼，何等慰安人心？之推慈祥和婉，語重心長之叮嚀，已悄然召回疏淡日久之手足情意矣。其文詳復而不煩碎，正大而不方堵，和柔而不靡弱，寬博而不泛衍，力全而不苦澀，氣足而不弩張，使聞訓者，渾然沐於兄弟情深意重之愉悅中，而無耳提面命之侷促不安，是以能欣然嚮慕友愛之義也。

夫日中則昃，月滿則虧，極盛難繼，持滿易傾，盛衰成敗倚伏之理，從來如此，之推飽經世故，看盡滄桑，使其深明知止知足，臨深履薄之心，觀其止足篇全文，意深理透，含茹深厚，而文緩氣徐，平實樸素，彷若家常話語，文曰：

禮云：「欲不可縱，志不可滿。」宇宙可臻其極，情性不知其窮，唯在少欲知足，為立涯限爾。先祖靖侯戒子姪曰：「汝家書生門戶，世無富貴；自今仕宦不可過二千石，婚姻勿貪勢家。」吾終身服膺，以為名言也。天地鬼神之道，皆惡滿盈。謙虛沖損，可以免害。人生衣趣以覆寒露，食趣以塞飢乏耳。形骸之內，尚不得奢靡，己身之外，而欲窮驕泰邪？周穆王、秦始皇、漢武帝，富有四海，貴為天子，不知紀極，猶自敗累，況士庶乎？常以二十口家，奴婢盛多，不可出二十人，良田十頃，堂室纔蔽風雨，車馬僅代杖策，蓄財數萬，以擬吉凶急速，不啻此者，以義散之；不至此者，勿非道求之。仕宦稱泰，不過處在中品，前望五十人，後顧五十人，足以免恥辱，無傾危也。高此者，便當罷謝，偃仰私庭。吾近為黃門郎，已可收退；當時羈旅，懼罹謗讟，思為此計，僅未暇爾。自喪亂已來，見因託風雲，徼倖富貴，旦執機權，夜填坑谷；朔歡卓、鄭，晦泣顏、原者，非十人五人也。慎之哉！慎之哉！

全文意平語鍊，本於物理，老於世事，合於人情，渾然融化消息盈虧，相反相因之奧理微旨於平易實在，舉目可見，觸手可及之生活事務中，觀其語言平淡沖夷，然濃烈之親情，殷切之叮嚀，深摯之疼惜，猶力透紙札，動人肺腑。蓋天下之理，有張必有翕，有強必有弱，有興必有廢，有與必有取，此皆天時人事之自然物理也。譬如日之將昃，必盛赫；月之將缺，必盛盈；燈之將滅，必熾明，故固張者，翕之象也；固強者，弱之萌也；固興者，廢之機也；固與者，奪之兆也（注八），然而人每迷於表象之榮華富貴，戀棧物質之享受，而忘物盛則衰之理，故多憂患。之推知此理雖幽微難明，然攸關子孫吉凶禍福與家族之興廢生滅大事，不可不言；又恐言而不識，乃多借平實可親之事曉諭之，如「仕宦不可過二千石，婚姻勿貪勢家。」、「人生衣趣以覆寒露，食趣以塞飢乏耳。」、「堂室纔蔽風雨、車馬僅代杖策。」「蓄財數萬，以擬吉凶急速，不啻此者，以義散之。」凡此，皆易知易行之事理也，而少欲知足、止爭誡鬥之義，隱然包孕其中矣。之推復憂聞訓者，左耳進，右耳出，未能銘著於心，於是語更婉，意更深，辭更樸，事更眞，沈痛告之曰：「自喪亂已來，見因託風雲，徼倖富貴，旦執機權，夜塡坑谷，朔歡卓，鄭，晦泣顏、原者，非十人五人也。愼之哉！愼之哉！」將自身及目見之深刻事件，誠懇道出，老老實實，自自然然，彷彿燈下與兒共話家常，無隱無藏，而溫柔深厚，親感至誠之慈懷，塡滿胸臆矣，文末迭用二次「愼之哉！」作結，逆挽「旦執機權，夜塡坑谷。」之悲，文如懸崖墜石，駿馬下坡，臨危一勒，益見其叮嚀之切，戒愼之深也。

夫人生在世，不免勞碌奔波，內肩家庭贍養之責，外負公務之驅役，若不護養身心，恐難勝任如此沈重之世務也。之推於是再爲晚生叮嚀養生一事，文章雖多言微末瑣事，而眞摯纏綿之款款親情，益加動人，養生篇曰：

神仙之事，未可全誣；但性命在天，或難鍾值。人生居世，觸途牽縶：幼少之日，既有供養之勤；成立之年，便增妻孥之累。衣食資須，公私驅役；而望遁跡山林，超然塵滓，千萬不遇一爾。加以金玉之費，鑪器所須，益非貧士所辦。學如牛毛，成如麟角。華山之下，白骨如莽，何有可遂之理？考之內教，縱使得仙，終當有死，不能出世，不願汝曹專精於此。若其愛養神明，調護氣息，慎節起臥，均適寒暄，禁忌食飲，將餌藥物，遂其所稟，不為夭折者，吾無間然。諸藥餌法，不廢世務也。庾肩吾常服槐實，年七十餘，目看細字，鬚髮猶黑。鄴中朝士，有單服杏仁、枸杞、黃精、朮、車前得益者甚多，不能一一說爾。吾嘗患齒，搖動欲落，飲食熱冷，皆苦疼痛。見抱朴子牢齒之法，早朝叩齒三百下為良；行之數日，卽便平愈，今恆持之。此輩小術，無損於事，亦可脩也。凡欲餌藥，陶隱居太清方中總錄甚備，但須精審，不可輕脫。近有王愛州在鄴學服松脂，不得節度，腸塞而死，為藥所誤者甚多。夫養生者先須慮禍，全身保性，有此生然後養之，勿徒養其無生也。單豹養於內而喪外，張毅養於外而喪內，前賢所戒也。嵇康著養生之論，而以傲物受刑；石崇冀服餌之徵，而以貪溺取禍，往世之所迷也。夫生不可不惜，不可苟惜。涉險畏之途，干禍難之事，貪欲以傷生，讒慝而致死，此君子之所惜哉；行誠孝而見賊，履仁義而得罪，喪身以全家，泯軀而濟國，君子不咎也。

噫！之推之愛其子孫也，何所不至哉！愛之深，故慮焉而周，慮之周，故語焉而詳，語焉而詳，故小大精麤，利弊得失，莫不探源討委，斟酌古今以垂訓之。此篇論養生之文，看似散漫零瑣，平庸通俗，然最能見出天下父母婉曲詳盡，體貼入微之心，事愈俗，而情愈眞；言愈瑣，而心愈細，之推將己身之養生心得，傾囊相授，既憐兒女之勞於世務，復以白骨盈野，飭誡神仙之不可學，倚摭利弊，發其隱奧，折衷以「愛養神明，調護氣息，愼節起臥，均適寒暄，禁忌食飲，將餌藥物。」爲養生常則，其理平實而無詭，自然而易行也。全文語緩意舒，娓娓而談，其散文風貌之清秀樸素，宛若碧空一縷行雲，綠野一脈清流；於自然中見靈達，於樸素中蘊眞情，使人讀其文而肺腑暖熱，而孺慕依依，而爲之推純眞至善之父愛所陶鎔矣。

然養生首須慮禍，有其身然後養之，勿徒養其無生也。之推廣涉人事，飫嘗世味，是以能洞燭福禍之幾，而以養其內而喪其外之單豹、養其外而喪其內之張毅，及嵇康之傲物受刑，石崇之貪溺取禍，申誡「慮禍求福」之道，其黽黽念念為兒孫之設想也，實心微慮詳矣，緣其心危，故其防患深；緣其慮詳，故繁而不能自已，推此志也，家訓雖與內則並傳可也。

養生篇文末，以「夫生不可不惜，不可苟惜。」二語再振養生哲學之準據，觀其文，知之推雖疼愛子孫不忍其罹禍，然猶誡其宜有所養，有所不養，生之養與不養間，純依忠孝仁義、全家濟國為擇矣。故之推之養生哲理也，寬弘沈深，獨具隻眼，誠度越數賢矣。而該篇之散文，亦因內充而外發為質而實綺，癯而實腴之藝術風格，縱因直攄胸臆，信手寫為布帛菽粟之文，不免樸質疏鹵，然絕無煙火酸餡習氣，與夫反覆咀嚼，卒無所有之陋，固終為渾樸柔婉，親切動人之好文字也。

第三節　敍事雅潔，從容典正

書曰：「毋忝爾祖，聿脩厥德。」斯正家訓垂範立訓之用心也。然道理教訓，若憑虛飭誡，感人自淺，人誰肯服？故家訓散文之一大特色，即以淹貫古今之人事，相副忠孝仁義之理，是以文多記人敍事：上自帝侯將相，搢紳士族；下至閹宦厮役，竈婢丐夫；內自家族流變遷徙，外至社稷興衰榮枯，莫不委之以敍事之筆，鑿鑿娓娓，從容曉暢，使讀之者具事見理，為樹梯航。

北齊書顏之推傳稱之推家世善左氏，又述其早傳家業，故其文學觀念，必有得自左氏之啓迪與影響。今觀其家訓敍事之文，從容典正，無矜無躁，不弛不嚴，使人靜觀而自得之，正與左氏之傳春秋相類，杜預言左氏之文曰：「其文緩，其旨遠，將令學者原始要終，尋其枝葉，究其所窮，優而柔之，使自得之；饜而沃之，使自趨之，若江海之浸，膏潤之澤，渙然冰釋，怡然理順，然後爲得也。」（注九）此外，家訓之敍事也，大至一朝一代之升降，小至一人之榮枯，一事之成敗，每存彰善抑惡之心，篇中凡有褒贊，必具姓名，脫復譏訶，輒多諱避，實與左氏之釋經五例——亦其敍事之例相合，即「微而顯，志而晦，婉而成章，盡而不汙，懲惡而勸善。」（注一〇）推此五例，以尋其文，觸類而長之，仁義之正，人倫之紀，的然昭晰矣。勉學篇曰：

> 齊有宦者內參田鵬鸞，本蠻人也。年十四五，初為閽寺，便知好學，懷袖握書，曉夕諷誦。所居卑末，使彼苦辛，時伺閒隙，周章詢請。每至文林館，氣喘汗流，問書之外，不暇他語。及覩古人節義之事，未嘗不感激沈吟久之。吾甚憐愛，倍加開奬。後被賞遇，賜名敬宣，位至侍中開府。後主之奔青州，遣其西出，參伺動靜，為周軍所獲。問齊主何在，紿云：「已去，計當出境。」疑其不信，歐捶服之，每折一肢，辭色愈厲，竟斷四體而卒。蠻夷童丱，猶能以學成忠，齊之將相，比敬宣之奴不若也。

文敍田鵬鸞以學成忠之事迹，不過二百餘字，之推即將田生由一蠻童賤役，因好學慕誼，而捨身成忠之不凡生命，精彩勾勒成章。敍事簡潔扼要，不枝不蔓，雖波瀾迭翻，而恆扣嚴好學嚮義之宗旨，譬如帆隨湘轉，望衡九面，不離樞紐也。文章自「齊有宦者內參田鵬鸞，本蠻人也。」從容冒起，以極簡核之筆，點出其本貫、姓名、年歲、職務等背景資料，使讀者初具印象。然後獨就其好學處，反復傳寫，婉曲摹繪：首以「懷袖握書，曉夕諷誦。」突出其好學不倦之精神，並進而以「所居卑末，使彼苦辛。」二語，襯托田生猶能「時伺閒隙，周章詢請。」之難能可貴。其後之推以「每至」助語，再振文勢，寫田生勤學好問之神采，躍躍飛動「每至文林館，氣喘汗流，問書之外，不暇他語。」其敍事之筆力也，斬然有勁，老健無匹。文章至此，略作停頓，以「及覩古人節義事，未嘗不感激沈吟久之。」預伏日後折肢成忠之義行。並以「吾甚憐愛，倍加開獎。後被賞遇，賜名敬宣，位至侍中開府。」等閒事瑣語頓宕之，而不直捷宣泄其義行，使文勢搖曳多姿，別饒韻致，然後敍述田生斷體赴義之行。由後主奔青州，遣其參伺動靜，至爲周軍所獲，以謊紿之，而受拷打逼問，而折肢斷體，終以學成忠。其中文句短勁，音節促迫，與危難之險急，相互映發，愈見精彩。文末結語沈重哀痛，「蠻夷童丱，猶能以學成忠，齊之將相，比敬宣之奴不若也。」既逆攝「及覩古人節義事，未嘗不感激沈吟久之。」之意，復刺當時潛逃北周之將相大臣，如賀拔伏恩、封輔相、慕容鍾葵等宿衞近臣三十餘人之西奔周師是也。全文語甚簡核，而於勉學處、成仁處獨詳，並略其餘，故於清明整潔中，自有從容俯仰之態，而田鵬鸞之好學精神，與慷慨赴義之形象，因而千古不死也。

夫文章之敍事也，前人謂爲最難，若非具有史法者，不能窮其奧窔也，且須淹貫墳籍，深思格物，體道躬行，否則取詞既蕪，陳事不精，筆纔點牘，腹笥已露，之推博學變通，浮沈南北，飫嘗世味，廣接名流，故其敍事工夫也，思力沈厚，筆勢蒼勁，文字雅潔，篇章整齊。勉學篇彙敍前人勤學事迹曰：

梁元帝嘗為吾說：「昔在會稽，年始十二，便已好學。時又患疥，手不得拳，膝不得屈。閑齋張葛幃，避蠅獨坐，銀甌貯山陰甜酒，時復進之，以自寬痛。率意自讀史書，一日二十卷，既未師受，或不識一字，或不解一語，要自重之，不知厭倦。」帝子之尊，童稚之逸，尚能如此，況其庶士，冀以自達者哉？古人勤學，有握錐投斧，照雪聚螢，鋤則帶經，牧則編簡，亦為勤篤。梁世彭城劉綺，交州刺史勃之孫，早孤家貧，燈燭難辦，常買荻尺寸折之，然明夜讀。孝元初出會稽，精選寮寀，綺以才華，為國常侍兼記室，殊蒙禮遇，終於金紫光祿。義陽朱詹，世居江陵，後出揚都，好學，家貧無資，累日不爨，乃時吞紙以實腹。寒無氈被，抱犬而臥。犬亦飢虛，起行盜食，呼之不至，哀聲動鄰，猶不廢業，卒成學士，官至鎮南錄事參軍，為孝元所禮，此乃不可為之事，亦是勤學之一人。東莞臧逢世，年二十餘，欲讀班固漢書，苦假借不久，乃就姊夫劉緩乞丏客刺書翰紙末，手寫一本，軍府服其志向，卒以漢書聞。

本文總挈諸好學者之風範，上自帝子之尊，下迄貧門寒士，一以勤學爲網，蒐羅入篇，線牽牢固，綱領昭暢。文章自梁元帝述起，先簡要將其時，地敍畢，其次放筆摹繪其負痛讀書之事，

「手不得拳，膝不得屈。閑齋張葛幃避蠅獨坐，銀甌貯山陰甜酒，時復進之，以自寬痛。率意自讀史書，一日二十卷；不知厭倦。」文字雅潔，天然葩豔，使元帝嗜學好讀之風神，映發滿紙，雖隔千古，猶可想見當年會稽暑天，蚊蚋亂飛，肘膝盡爛之元帝，爲避蚊蠅叮瘡，乃張幃讀書之情狀，又見其痛甚，猶不忍釋卷，而以酒寬痛之景象。之推敍此事也，文不滿百，而風神發越，興會淋漓，誠簡潔精約矣。其後以「帝子之尊，童稚之逸，尚能如此，況其庶士，冀以自達者哉？」議論作一小結，回繳前文敍事，突出勉學宗趣，期望殷而出語淡，益見其文章弛張有道，縈迴亭泓之致。文至此爲一段，後幅再敍劉綺、朱詹、臧逢世諸人事迹，而以「古人勤學，有握錐投斧，照雪聚螢，鋤則帶經，牧則編簡，亦爲勤篤。」之泛敍文字，沈著振起。其摹敍諸人之行誼也，恆以寥寥數語，迅速交代其人名、里居，及簡單之背景資料，使讀之者知其信有其人其事而服之。其後特就每人勤學苦讀之纖細處，動色而陳，鑿鑿實實，形象鮮明而生動。如敍劉綺之「家貧，燈燭難辦，常買荻尺寸折之，然明夜讀。」，寫朱詹之「家貧無資，累日不爨，乃時吞紙以實腹。寒無氈被，抱犬而臥。犬亦飢虛，起行盜食，呼之不至！」，記臧逢世之「欲讀班固漢書，苦假借不久，乃就姊夫劉緩乞丐客刺書翰紙末，手寫一本。」是也，且專就其勉學事描摹發揮，汰除枝蔓，剪裁繁冗，故其勉學篇所述之人雖近四十，而綱領昭晰，脈絡嚴密，且文句潔淨，段落分明，是以敍述之人雖多，事雖繁，猶覺從容曉暢，粹然精潔矣。

昔陸贄曾云：「動人以言，所感已淺；言又不切，人誰肯懷。」（注一一）之推望後生能「毋忝爾祖，聿脩厥德。」又知人之性也，患不及身不知憂，禍未臨頭不知懼，然而一旦敗機發露，爲時又已晚矣。故之推以「割髮宜及膚，翦爪宜侵體。」之用心爲敍北齊武成帝偏寵琅邪王高儼，而竟所以禍之事也，教子篇：

> 齊武成帝子琅邪王，太子母弟也，生而聰慧，帝及后並篤愛之，衣服飲食，與東宮相準。帝每面稱之曰：「此黠兒也，當有所成。」及太子卽位，王居別宮，禮數優僭，不與諸王等；太后猶謂不足，常以為言。年十許歲，驕恣無節，器服玩好，必擬乘輿；常朝南殿，見典御進新冰，鉤盾獻早李，還索不得，遂大怒，訽曰：「至尊已有，我何意無？」不知分齊，率皆如此。識者多有叔段，州吁之譏。後嫌宰相，遂矯詔斬之，又懼有救，乃勒麾下軍士，防守殿門；既無反心，受勞而罷，後竟坐此幽薨。人之愛子，罕亦能均，自古及今，此弊多矣。賢俊者自可賞愛，頑魯者亦當矜憐，有偏寵者，雖欲以厚之，更所以禍之。共叔之死，母實為之。趙王之戮，父實使之。劉表之傾宗覆族，袁紹之地裂兵亡，可為靈龜明鑒也。

此則敍述琅邪王高儼，性本聰慧，唯因其父母——齊武成帝與明皇后之偏寵溺愛，管教不善，致令儼年方十四，即矯詔斬相，後坐此幽薨之生平。夫琅邪王事之可寫者甚多，然敍事筆法貴簡潔，忌冗濫，簡潔則條理明、情事顯；冗濫則枝節多，意思不清矣。故之推區分高儼事迹爲四階段，首段自「生而聰慧，帝及后並篤愛之」從容發端，引入正題，而以「衣服飲食，與東宮相準」一語，上承帝后篤愛之意，下伏日後優僭禮數之行，運筆沈著老健，不矜不躁，而文之關鍵呼應，隱然已成竹在胸矣。段末以「武成帝每面稱之曰：「『此黠兒也，當有所成。』」戛然作收，以欲抑先揚之法，化萬鈞爲鴻毛，使人讀之目駭耳回，心神震盪，噫！武成安知今日所以厚愛琅邪者，他日竟所以深害之？而今日沾沾自喜，謂當有成之黠兒，他日竟因驕扈自恃，而罹禍夭折？明揚暗抑，悲喜映照，讀之迴腸盪氣，唏噓不已，故家訓敍事之文也，誠文緩而旨遠，語約而事豐也。次段以「及」字吸引下文，導出自太子即位之後，帝后益發優僭琅邪之待遇，末以「太后猶謂不足，常以爲言。」作一頓宕，既盤穩筆勢，且別饒蘊藉，蓋琅邪之驕恣悖禮也，實有迹可尋矣。三段以「年十許歲」翻騰發端，縱筆披露琅邪無節無度之惡行。之推就琅邪還索新冰、早李不得而大怒一事，巧加描述，文筆簡潔，形象生動，使琅邪幼稚而跋扈之態色，勃勃飛動。其後，又以含蓄關鎖語作頓，藉「識者多有叔段、州吁之譏。」之傳語，暗伏琅邪必步叔段之後塵矣。末段寫其以十四歲之少年竟因嫌宰相，而矯詔斬宰相之無行，及爲後主所幽而薨之結局。全文關鍵完密，脈絡昭晰，有提頓，有呼應，有起伏，張弛有道，擒縱自如，若非饜於史法者，誠不能到也。文末，以議論作結，喩天下父母「賢俊者自可賞愛，頑魯者亦當矜憐，有偏寵者，雖欲以厚之，更所以禍之。」，既收束全局，復迴應前幅敍事之文，即前所敍事處，是預爲後半之發議立竿見影；後所發議處，復回顧前半之敍事也，脈絡貫通，人事情理，曲折相赴；之推以簡而質，曲而盡，雅而潔之敍事筆法，從容記人敍事，而人倫彝訓，實隱然寓乎其中矣。

第四節　論理顯附，辭直義暢

昔朱熹嘗以易觀天下之人，謂凡光明正大，疏暢洞達，如青天白日，如高山大川，如雷霆之爲威而雨露之爲澤，如龍虎之爲猛而麟鳳之爲祥，磊磊落落，無纖芥可疑者，必君子也；而其依阿淟忍，回互隱伏，糾結如蛇蚓，瑣細磯虱，如鬼域狐蠱，如盜賊詛祝，閃倏狡獪，不可方物者，必小人也。君子小人之極既定於內，則其形於外者，雖言談舉止之微，無不發見，而況於事業文章之際，尤所謂燦然者（注一二）。觀家訓之文也，雍熙典正，明達曉暢，誠君子之文也，而其論理文字，昭昭晰晰，清瑩潔澈，沛然若清泉湧出，洵達者之文也，人言筆纔點牘，底裏上露，所言不虛矣。

家訓全書以說理爲主，按各篇篇旨，如教子篇以家庭教育爲宗旨，兄弟篇以宣揚兄友弟悌之義爲趣，慕賢篇以尋訪良師益友爲旨意，文章篇以闡釋文藝理論爲旨歸……等等，而後即以此中心主旨爲圓心，集合多則例證、隨筆以反復說明之，首提理論觀念，次陳例證，正反對比，善否互映，愛憎鮮明。試觀其涉務篇之文：

> 士君子之處世，貴能有益於物耳，不徒高談虛論，左琴右書，以費人君祿位也。國之用材，大較不過六事：一則朝廷之臣，取其鑒達治體，經綸博雅；二則文史之臣，取其著述憲章，不忘前古；三則軍旅之臣，取其斷決有謀，強幹習事；四則藩屏之臣，取其識變從宜，不辱君命；六則興造之臣，取其程功節費，開略有術，此則皆勤學守行者所能辨也。人

性有長短，豈責具美於六塗哉？但當皆曉指趣，能守一職，便無媿耳。吾見世中文學之士，品藻古今，若指諸掌，及有試用，多無所堪。居承平之世，不知有喪亂之禍；處廟堂之下，不知有戰陣之急；保俸祿之資，不知有耕稼之苦；肆吏民之上，不知有勞役之勤，故難可以應世經務也。晉朝南渡，優借士族；故江南冠帶，有才幹者，擢為令僕已下尚書郎中書舍人已上，典掌機要。其餘文義之士，多迂誕浮華，不涉世務；纖微過失，又惜行捶楚，所以處於清高，蓋護其短也。至於臺閣令史，主書監帥，諸王籤省，並曉習吏用，濟辦時須，縱有小人之態，皆可鞭杖肅督，故多見委使，蓋用其長也。人每不自量，舉世怨梁武帝父子愛小人而疏士大夫，此亦眼不能見其睫耳。梁世士大夫，皆尚褒衣博帶，大冠高履，出則車輿，入則扶侍，郊郭之內，無乘馬者。周弘正為宣城王所愛，給一果下馬，常服御之，舉朝以為放達。至乃尚書郎乘馬，則糾劾之。及侯景之亂，膚脆骨柔，不堪行步，體羸氣弱，不耐寒暑，坐死倉猝者，往往而然。建康令王復性既儒雅，未嘗乘騎，見馬嘶歕陸梁，莫不震懾，乃謂人曰：「正是虎，何故名為馬乎？」其風俗至此。

本文論理融達，明白曉暢，既善於呼應，以聯絡關鍵；並巧於徵實引據，發明議論，故文勢靈活而流暢，論理精萃而爽利，最可見家訓論理之藝術才華。

全文可區為三段，首段自「士君子之處世」以迄「能守一職，便無媿耳。」次段自「吾見世中文學之士」至「此亦眼不能見其睫耳。」止。三段自「梁世士大夫」至「其風俗至此。」段段嚴扣「涉務」之中心議題，層層遞進，筆筆鋒刃，首段起筆即以「士君子之處世，貴能有益於物耳，不徒高談虛論，左琴右書，以費人君祿位也。」逕揭主旨，明白宣示其贊成益物利世，反對蹈空履虛之處世態度，要言不煩，正反俱及，了了分明。其次上承「有益於物」之理論，而具體落實於「國之用材，大較不過六事。」說明之。分別推演陳述朝廷之臣、文史之臣、軍旅之臣、藩屛之臣、使命之臣、與造之臣等職務分際，與擔任該職所宜具備之敬業道德，由虛及實，理據並濟，是以議論曉暢，文筆發皇，末以「人性有長短，豈責具美於六塗哉？但當皆曉指趣，能守一職，便無媿耳。」綏筆略頓，以舒上文自朝廷之臣以下十八句，縱橫排蕩而來之凌厲盛氣，故文氣雖旺而能寬，雖肆而能厚，渾浩流轉，暢若江河。

次段以「吾見世中文學之士。」沈著起筆，泛論當世文士虛論流品，恥涉世務之失行，旋即一氣鼓蕩，以汪洋恣肆之筆，斬截爽朗之勢，痛撻當代士子之頹靡；「居承平之世，不知有喪亂之禍；處廟堂之下，不知有戰陣之急；保俸祿之資，不知有耕稼之苦；肆吏民之上，不知有勞役之勤。」，承平對喪亂，俸祿資對耕稼苦，肆吏民對勞役勤，於此兩兩正反之襯剔中，誠令讀之者目駭心驚，氣壯情蕩，而之推憂國憂民之懷，憤激不平之情，正若一鞭一條痕，一摑一掌血，烙印於字裏行間，而達乎讀者心田矣。昔者聖人論文，言辭達而已矣，達者明白曉暢之謂也，言文須達乎理，達乎事，達乎情，三者得，斯可謂爲辭達也（注一三），觀涉務篇之文，議論通達，事理顯附，情志曉暢，洵臻夫子所云辭達之境也。

三段承上落脈，續就梁世士大夫之生活著墨，以盡暢其事，爾後掉筆反寫侯景亂後，彼等因膚脆骨柔而不堪勞頓，致坐死倉猝一事。意藉不經世務之負面結果，擊醒涉務之正面意旨，而文章亦得正反互綰，理事相涵，無隙可攻，且加深其論理之說服力與感染力，使讀文者明達易曉矣。段末結語，分外精神，文由反面凌空起筆，漫寫建康令王復目馬嘶歕跳躍，驚以爲虎一事，巧妙迴應前文，詞旨雋快，形象歷歷，益助涉務之宗旨，發揮透醒。文末旋以「其風俗至此。」冷然頓住，未發一議論語，而批判之義，已力透七札矣。

涉務篇末，之推且宣倡農業之重要與務農之高貴。文章議論平實顯附，純自衆所周悉之生活處落墨，一無艱深奧隱之理存乎其中，娓娓若話家常，語語動聽入耳，極具強烈之說服力，文曰：

> 古人欲知稼穡之艱難，斯蓋貴穀務本之道。夫食為民天，民非食不生矣，三日不粒，父子不能相存。耕種之，茠鉏之，刈穫之，載積之，打拂之，簸揚之，凡幾涉手，而入倉廩，安可輕農事而貴末業哉？江南朝士，因晉中興，南渡江，卒為羈旅，至今八九世，未有力田，悉資俸祿而食耳。假令有者，皆信僮僕為之，未嘗目觀起一撥土，耘一株苗；不知幾月當下，幾月當收，安識世間餘務乎？故治官則不了，營家則不辦，皆優閑之過也。

之推此論稼穡之重要，未以深奧義理標榜之，而從平實可親之民生飲食發議，文淺而意深，語質而理暢，誠爲人盡可讀之文也。文章由「古人欲知稼穡之艱難，斯蓋貴穀務本之道。」發端，落筆著實，精確宣示文旨。次以「夫食爲民天，民非食不生矣。」發明題旨，文就飲食一事立說，取材平易可親，誠實揭醒農業爲天下大本之宗旨。隨以「三日不粒，父子不能相存。」之具體生理事實，追加說明耕稼誠不可廢也。語益淺而意益入，事益顯而理益達。厥後以「耕種之，茠鉏之，刈穫之，載積之，打拂之，簸揚之。」等五短句，絜絜瑣瑣，極言盤中飧，粒粒皆苦辛之理。藉短句之聲短氣促，襯托農事之辛勞費力；藉句式之反複重疊，鋪陳農事之繁瑣忙碌；文字顯附，形象生動，使讀之者目接心想，易興物力維艱，儉以愛物之心，其後以「安可輕農事而貴末業哉？」之反詰語跌宕頓住，文已盡而意無窮，足發人深省，且預爲下文之起，蓄勢聚氣，故當文由議論而翻入事實時，語雖緩遲，情雖歛藏，猶覺批判犀利，精神奕奕，且以「安識世間餘務乎？」詰難不近稼穡者，勢必四體不勤，心性孏慢，「故治官則不了，營家則不辦，皆優閑之過也。」言簡意明，理達情顯，持與前幅言稼穡艱難相較，益見貴本務農之要，與背本趨末之危，見解透澈，用語精約，取材平實，故爲論理顯附，辭直義暢之藝術佳構。

又觀其教子篇之議論家庭教育之實施要領，文曰：

> 上智不教而成，下愚雖教無益，中庸之人，不教不知也。古者，聖王有胎教之法：懷子三月，出居別宮，目不邪視，耳不妄聽，音聲滋味，以禮節之。書之玉版，藏諸金匱。生子咳提，師保固明孝仁禮義，導習之矣。凡庶縱不能爾，當及嬰稚，識人顏色，知人喜怒，便加教誨，使為則為，使止則止。比及數歲，可省笞罰。父母威嚴而有慈，則子女畏慎而生孝矣。吾見世間，無教而有愛，每不能然；飲食運為，恣其所欲，宜誡翻獎，應訶反笑

，至有識知，謂法當爾。驕慢已習，方復制之，捶撻至死而無威，忿怒日隆而增怨，逮于成長，終為敗德。孔子云：「少成若天性，習慣如自然」是也。俗諺曰：「教婦初來，教兒嬰孩。」誠哉斯語！凡人不能教子女者，亦非欲陷其罪惡，但重於訶怒。傷其顏色，不忍楚撻慘其肌膚耳。當以疾病為諭，安得不用湯藥鍼艾救之哉？又宜思勤督訓者，可願苛虐於骨肉乎？誠不得已也。王大司馬魏夫人，性甚嚴正；王在湓城時，為三千人將，年踰四十，少不如意，猶捶撻之，故能成其勳業。梁元帝時，有一學士，聰敏有才，為父所寵，失於教義：一言之是，徧於行路，終年譽之；一行之非，揜藏文飾，冀其自改。年登婚宦，暴慢日滋，竟以言語不擇，為周逖抽腸釁鼓云。

本文論述家庭教育思想，文字明達，議論深透，例證鮮活，讀之但覺詞旨明確雋快，文意質實曉暢矣。文章起筆陡健斬截，確立中庸之人，不教不知之施教前提。隨後欲擒故縱，盪開筆鋒，虛寫古代聖王胎教之法，藉以烘襯施教宜早之教育主張，隨即拍回正意，著實落墨於庶縱之家，亦宜早教。然則何時曰早？何時曰晚？有無準則可資依據？之推乃以嬰孩之天眞神情立說，言於嬰稚能「識人顏色，知人喜怒。」之時，即爲受教之天機。解說平實顯豁，凡爲人親者，勢必人人盡能識得。隨後並以「父母威嚴而有慈，則子女畏愼而生孝矣。」簡煉勾勒父母教子之態度，宜慈嚴兼備，並據而演繹能如此者，子女必能畏愼而生孝。此二句上承前文正意作結，下啓後文之反面立說，恰若掌肱股屈伸之關節，互繫兩端，以資聯絡，故篇中神氣往來，流行無滯，宛若活潑靈動之人體四肢。文章自「吾見世間，無教而有愛。」以下，由負面振醒題旨，言世間父母每溺於小慈，不知教訓兒女，「飲食運爲，恣其所欲，宜誡翻獎，應訶反笑，至有識知，謂法當爾。驕慢已習，方復制之，捶撻至死而無威，忿怒日隆而增怨。」筆筆振宕，語語警動，若非深明世事者，必不能發此語也。且其存心明故說理暢，舉類邇故使人信，用心苦故感人深也。此外人每闇於自見，他人紕繆，若指諸掌；己所蹈誤，迷昧不察，故之推於文末，反復徵舉實例以惕勵之，正反俱及，事透情達，盡人可曉矣。

再讀其稱譽古今之勉學篇，文曰：

> 自古明王聖帝，猶須勤學，況凡庶乎！此事遍於經史，吾亦不能鄭重，聊舉近世切要，以啓寤汝耳。士大夫子弟，數歲已上，莫不被教，多者或至禮、傳，少者不失詩、論。及至冠、婚，體性稍定，因此天機，倍須訓誘。有志尚者，遂能磨礪，以就素業；無履立者，自茲惰慢，便為凡人。人生在世，會當有業：農民則計量耕稼，商賈則討論貨賄，工巧則致精器用，伎藝則沈思法術，武夫則慣習弓馬，文士則講議經書。多見士大夫恥涉農商，羞務工伎，射則不能穿札，筆則纔記姓名，飽食醉酒，忽忽無事，以此銷日，以此終年，或因家世餘緒，得一階半級，便自為足，全忘修學；及有吉凶大事，議論得失，蒙然張口，如坐雲霧；公私宴集，談古賦詩，塞默低頭，欠伸而已。有識旁觀，代其入地。何惜數年勤學，長受一生愧辱哉！

文章由「自古明王聖帝，猶須勤學，況凡庶乎？」切實發議，涵養全題，其次以「此事遍於經史，吾亦不能鄭重，聊舉近世切要，以啓寤汝耳。」略作歇息，以疏文氣，冀使文勢疏密有致，緩急相間，而得氣暢筆遒矣。其次泛論士大夫子弟之受業內容，施教時機等要點，末以正反兩造，連袂作收，氣旺勢足，警策有力。行文至此，勉學宗旨益加顯豁，乃矯筆入實，擇人人切身之職業述理，明陳人生在世，無論所任爲士，爲農，或爲商賈、工伎，合當充實本業之知識藝能，斯可謂爲守職敬業之人，理透事顯，望文即可知義矣。至此，筆勢再掉，轉由反面之事例迴護題旨。慨陳士大夫恥涉農商，羞務工伎，射不能穿札，筆僅記姓名，飽食醉酒，銷日終年，若逢談古道今，議論得失，輒塞默低頭，欠伸連連之窘狀！文辭雋快明辯，筆若鋒刄，痛宰彼等庸猥醜行，故能使讀之者竦然自惕，無時敢離書卷也。文章至此，張力已臻極盛，若再緊追不捨，必使文氣密不得舒。而讀之者氣滯胸臆，塞悶不快，故縱筆宕漾，以「何惜數年勤學，長受一生愧辱哉？」之歎息，悠然作收，留予讀者一片深思省察之餘地也。

第五節　駢散相錯，鏗鏘有節

夫天地之道，陰陽而已；天地之數，惟奇與偶；陰陽相與俱生，奇偶互成爲數，故能生生無息焉。文章之道，不亦然乎？純陽則躁剌，純陰則沈膇，故以相雜迭用爲當，不可矜激偏廢於一端。家訓文章篇嘗謂理想之文體，宜以古文之宏材逸度爲體，以時文之音律諧靡、駢儷相對爲輔，兩者兼容並蓄，斯可謂情文並茂之佳製。綜觀家訓之文，駢散相錯，鏗鏘有節，實爲之推成功體現其文藝理論之藝術作品，如名實篇：

> 名之與實，猶形之與影也。德藝周厚，則名必善焉；容色姝麗，則影必美焉。今不脩身而求令名於世者，猶貌甚惡而責妍影於鏡也。上士忘名，中士立名，下士竊名。忘名者，體道合德，享鬼神之福祐，非所以求名也；立名者，脩身慎行，懼榮觀之不顯，非所以讓名也；竊名者，厚貌深姦，干浮華之虛稱，非所以得名也。人足所履，不過數寸，然而咫尺之途，必顛蹷於崖岸，拱把之梁，每沈溺於川谷者，何哉？為其旁無餘地故也。君子之立己，抑亦如之。至誠之言，人未能信；至潔之行，物或致疑，皆由言行聲名，無餘地也。吾每為人所毀，常以此自責。若能開方軌之路，廣造舟之航，則仲由之言信，重於登壇之盟；趙熹之降城，賢於折衝之將矣。

家訓全書，多爲此種駢散相錯，既異於古文，復別於駢文之文體，之推兼擅駢散之長，故其文章融合散體參差錯落之靈動變化，與駢體均齊和諧之規律韻致，一掃當世偏矜於古今文體一隅之板滯，而出之以清新活潑之新貌。本文筆致疏落，駢散相間，有數行整齊處，如「德藝周厚，則名必善焉；容色姝麗，則影必美焉。」、「咫尺之途，必顛蹷於崖；拱把之梁，每沈溺於川谷。」、「至誠之言，人未能信；至潔之行，物或致疑。」、「開方軌之路，廣造舟之航。」；又有數行疏落處，如「今不脩身而求令名於世者，猶貌甚惡而責姸影於鏡也。」、「皆由言行聲名，無餘地也。吾每爲人所毀，常以此自責。」，於整齊中見疏落，由參差中見均齊，圓熟自然，宛若湖水淪漣，行雲卷舒，莫非自然而生趣也。

夫修篁遇風而成韻，金石因擊而得聲，凡物之音，皆一氣之所觸也，文之音節，亦猶是也。筆意和緩處，音節諧而暢；情理奮迅處，音節爽而朗（注一四），若夫短句成章者，節奏急促而快速；散行長句者，韻致深沈而婉約，誦讀名實篇之文，覺其音節瀏亮，琅琅可誦，如「開方軌之路，廣造舟之航。」上一句平起仄收，下一句仄起平收，平仄相對，聽之有聲。又如「仲由之言信，重於登壇之盟；趙熹之降城，賢於折衝之將。」四句二組，每組下句以仄起平收對平起仄收，故能鏗鏘發金石矣。

清劉大櫆言行文之道，神爲主，氣爲輔，唯神氣至精而不可見，於音節見之，音節無可準，於字句準之，音節高則神氣必高，音節下則神氣必下，故稱音節爲神氣之迹（注一五）。一句之中，字數或多或寡；一字之中，聲音或平或仄，則音節迴異；氣疏則聲縱，氣密則聲拘，必得疏密相間，方可使神氣渾灝流轉，暢若江河。今讀其「上士忘名，中士立名，下士竊名。」，但聞音聲斬截，爽利清亮，及至「忘名者，體道合德，享鬼神之福祐，非所以求名也；立名者，脩身愼行，懼榮觀之不顯……」等三組十二句之整齊句式，乃覺神旺氣足，意高辭沛，而之推之神氣音節，盡存於喉吻間矣。

夫六朝之文脩辭多雕琢；古文之脩辭多自然，之推處文辭浮靡之潮流中，猶能折衷古今，兼攝駢散，是以家訓之散文藝術，得以清新自然之風格，獨立風標於南北朝。觀其勉學篇全文，雖爲散行文體，然亦多具駢文詩化之藝美，其句式每凝鍊醇潔，雋美可愛，而無駢文堆砌雕篆之弊，部分段落雖多聚俳儷，然又能參之以散行活筆，故能氣足詞腴，琅琅可誦，試舉其中一段以闡析之，文曰：

有客難主人曰：「吾見彊弩長戟，誅罪安民，以取公侯者有矣；文義習吏，匡時富國，以取卿相者有矣；學備古今，才兼文武，身無祿位，妻子飢寒者，不可勝數，安足貴學乎？」主人對曰：「夫命之窮達，猶金玉木石也；脩以學藝，猶磨瑩雕刻也。金玉之磨瑩，自美其鑛璞，木石之段塊，自醜其雕刻；安可言木石之雕刻，乃勝金玉之鑛璞哉？不得以有學之貧賤，比於無學之富貴也。且負甲為兵，咋筆為吏，身死名滅者如牛毛，角立傑出者如芝草；握素披黃，吟道咏德，苦辛無益者如日蝕，逸樂名利者如秋荼，豈得同年而語矣。且又聞之；生而知之者上，學而知之者次。所以學者，欲其多知明達耳。必有天才，拔群出類，為將則闇與孫武、吳起同術，執政則懸得管仲、子產之教，雖未讀書，吾亦謂之學矣。今子卽不能然，不師古之蹤跡，猶蒙被而臥耳。

全文駢散參差，於勁直中帶婉曲，均齊中見疏落；大抵於文章之鋪敍處，選用俳偶之句式；於轉折處，則多運散行文句，相互錯雜，縱橫得意。如本文發端處，自「彊弩長戟」以下六句，駢偶齊整，有磅礴嬌健之壯，唯劃然如一之偶對句式，若不參之以散句，必趨板重肥膩，故之推以「學備古今，才兼文武，身無祿位，妻子飢寒者，不可勝數」錯之乎，故奇偶迭乘，鏘鏘有韻，倍覺意濃而氣厚矣。其次除自「夫命之窮達，猶金玉木石也。」四句發論語爲奇散外，以下計十六句六組，悉爲駢對句法，如「金玉之磨瑩，自美其鑛璞。」對「木石之段塊，自醜其雕刻。」、「有學之貧賤」對「無學之富貴」、「負甲爲兵」對「咋筆爲吏」，「身死名滅者如牛毛」對「角立傑出者如芝草」等，用字活而句式穩，或四字對，或五字對，或八字對，長短有致，平仄動聽，且能潤之以連接詞，如「安可」、「乃勝」、「不得」、「且」，使文有反順，勢有起伏，意有頓挫，故雖長串俳偶，猶覺精神健勁，毫不沈膇，此亦家訓散文特殊之文體藝巧也。

勉學篇又曰：

夫所以讀書學問，本欲開心明目，利於行耳。未知養親者，欲其觀古人之先意承顏，怡聲下氣，不憚劬勞，以致甘腝，惕然慙懼，起而行之也；未知事君者，欲其觀古人之守職無侵，見危授命，不忘誠諫，以利社稷，惻然自念，思欲效之也；素驕奢者，欲其觀古人之恭儉節用，卑以自牧，禮為教本，敬者身基，瞿然自失，斂容抑志也；素鄙吝者，欲其觀古人之貴義輕財，少私寡慾，忌盈惡滿，賙窮卹匱，赧然悔恥，積而能散也；素暴悍者，欲其觀古人之小心黜己，齒弊舌存，含垢藏疾，尊賢容衆，苶然沮喪，若不勝衣也；素怯懦者，欲其觀古人之達生委命，彊毅正直，立言必信，求福不回，勃然奮厲，不可恐懾也；歷茲以往，百行皆然。縱不能淳，去泰去甚，學之所知，施無不達。世人讀書者，但能言之，不能行之，忠孝無聞，仁義不足；加以斷一條訟，不必得其理；宰千戶縣，不必理其民；問其造屋，不必知楣橫而梲豎也；問其為田，不必知稷早而黍遲也；吟嘯談謔，諷咏辭賦，事既優閑，材增迂誕，軍國經綸，略無施用：故為武人俗吏所共嗤詆，良由是乎！

本文闡述讀書學問之意義與成效，遣運爲數頗多之偶句，分繫乎「未知養親者」、「未知事君者」、「素驕奢者」、「素鄙吝者」、「素暴悍者」、「素怯懦者」六類，每類各領六短句，如未知事君者下言「欲其觀古人之守職無侵，見危授命，不忘誠諫，以利社稷，惻然自念，思欲效之也。」每組文氣活絡，節奏緊湊，自成一局；而各組間且相互偶對，駢儷工整，劃然均齊，唯之推未因求駢整削足適履，間亦微留參差不齊之妙，如每組之末二句分別爲「惕然慙懼，起而行之也。」、「惻然自念，思欲效之也。」、「瞿然自失，斂容抑志也。」、「赧然悔恥，積而能散也。」、「苶然沮喪，若不勝衣也。」、「勃然奮厲，不可恐懾也。」於均齊和諧之工整句式中，參之以活筆活字，以避呆板沈悶之弊。文章後幅，旋以「歷茲以往，百行皆然……」等奇散句錯綜之。全文，或駢或散，參差錯落；且音節疏密相間，緩急調和，是以家訓之散文藝術也，不唯心靈與智慧之輝映，且爲聽覺與視覺之美好呈現也。

注釋

注一：參南史卷六二羊侃傳，頁一五四三—一五四八，鼎文書局。

注二：見郭紹虞編中國歷代文論選第三冊，選錄明刻本白蘇齋類集卷七袁宗道語。頁二〇三，上海古籍出版社。

注三：見李正西中國散文藝術論所引，頁四，貫雅出版社。

注四：見葛洪抱朴子外篇卷四崇教，頁四四三，臺灣商務印書館。

注五：見韓愈答李翊書，收于朱任生編古文法纂要，頁七五，臺灣商務印書館。

注六：見論語卷四里仁篇，頁三六，藝文印書館。

注七：見張祜集靈臺詩，收於唐詩三百首，三民書局。

注八：見陳鼓應老子今註今譯，頁五，臺灣商務印書館。

注九：見杜預春秋經傳集解序文，臺灣中華書局。

注一〇：同注九。

注一一：見陸贄奉天論赦書條狀，收于朱任生編古文法纂要，頁一五九，臺灣商務印書館。

注一二：見朱熹朱文公文集卷七五王梅溪文集序，頁一三八八，臺灣商務印書館四部叢刊。

注一三：見葉燮說詩晬語。

注一四：見宋文蔚評註文法津梁中冊，頁八一，蘭臺書局。

注一五：見劉大魁論文偶記，收于許文雨編文論講疏，頁九七—九八，正中書局。

第七章　顏氏家訓之價值及影響

引　言

顏之推身嬰世難，轉徙南北，幽思極意而成家訓二十篇，首爲序致，終爲終制，其文上稱周、魯，下道當世，中述漢、晉，大抵有鑒於世故人情利害榮辱所關，歷述聞見，以爲後來法戒。之推仁恕，故其持論最正，宅心最平，淳博通正，會理道焉。家訓言閫以內，原本忠孝，章敍內則，是人倫之矩也；其上下今古，綜羅文藝，類辨而不華，是博物之規也；其論涉世大指，曲而不詘，廉而不劌，有老、易之道存焉，是保身之詮也；其撮南北風土，儁俗俱陳，是考世之資也（注一），宜其恆爲士林所稱頌援引；故家訓一書價值之高，影響之遠，誠非一家之言所可範限。

然亦有因其歸心篇推崇釋典，以吉凶禍福證因果而黜之者；唯之推之信佛也，實有其時代風尙、社會環境，以及個人生命歷程等諸多緣由所致，且論及五種禁與仁義禮智信相合，即如「誠孝在心，仁惠爲本，須達、流水，不必剃落鬚髮。」，未嘗蔑棄倫理，此外，就全書之篇目而言，其教子、兄弟、後娶、治家四篇，統凡有家者以立之，風操以下十篇，與書證、音辭、雜藝三篇，率以訓勸問學爲念，故家訓二十篇，造次儒者，不必以歸心爲疵累矣。

第一節　樹家訓文學之清範

三代而上，敎詳於國；三代而下，敎詳於家，非敎育殊科，而家與國所繇異道也。蓋古郅隆之世，自國都以及鄉遂，靡不建學，爲之立官師，辨時物，布功令，故民生不見邪逆，而胥底於善，彼其敎于國者，已粲然詳備。當是時，家非無敎，無所庸其敎也（注二）。迨夫王路陵夷，禮敎殘闕，悖德覆行者，接踵於世，於是爲之親者，恐恐然慮敎勅之亡墜，其後人或納於邪也，始丁寧飭誡之（注三），而家訓所由作也，文心雕龍卷四詔策篇曰：

> 戒者，慎也，禹稱戒之用休。君父至尊，在三同極，漢高祖之敕太子，東方朔之戒子，亦顧命之作也。及馬援已下，各貽家戒。班姬女戒，足稱母師也。

考漢高祖之敕太子與東方朔之戒子詩，皆作於得疾身危之際；而馬援之誡兄子嚴敦書與班昭之女誡，則爲平時督課子侄之庭訓文書，由是觀之，家訓文學其源有二，一爲古人之誡子文獻，一爲古人臨終之遺囑也（注四）。前者如漢劉向誡子歆書、鄭玄之戒子益恩書、司馬徽與王脩之誡子書，三國王肅之家誡、王昶之家誡、杜恕之家事戒、嵇康之家誡、諸葛亮之戒子，晉羊祜之誡子書、陶潛之與子儼等書、劉宋雷次宗之與子姪書、顏延之庭誥、齊豫章王嶷誡諸子、王僧虔誡子書。後者如漢馬融遺令，梁商病篤敕子冀等、樊宏遺敕薄葬、袁安臨終遺令、張霸遺敕諸子、崔瑗遺令子實、趙岐臨終敕其子、三國魏武帝終令、魏文帝終制、蜀先主昭烈帝遺詔敕後主，晉王祥訓子孫遺令、石苞終制等（注五），凡此，雖爲零碎篇章，簡單誡書，然實爲家訓文學之先驅，舉凡內容、體製、行文風格，均有其特定之範疇與格式，意之推製作家訓時，必曾參酌取資，規略通變，故能青出於藍，爲古今家訓之模範。

以臨終遺令爲言，顏氏家訓終制篇之篇目名義，均前有所承，如晉書卷三三石苞傳，載苞豫爲終制曰：

延陵薄葬，孔子以為達禮；華元厚葬，春秋以為不臣：古之明義也。自今死亡者，皆歛以時服，不得兼重，又不得飯唅，為愚俗所為，又不得設牀帳明器也。定窆之後，復有滿坎，一不得起墳種樹。

除篇名取終制外，此類遺令，多主薄葬，如後漢書卷八一范冉傳載冉遺令敕子之文曰：

吾生於昏闇之世，值乎淫侈之俗。生不得匡世濟時，死何忍自同於世？氣絕便斂，斂以時服。衣足蔽形，棺足周身。斂畢便穿，穿畢便埋。其明堂之奠，干飯寒水，飲食之物，勿有所下。墳封高下，令足自隱。知我心者，李子堅、王子炳也。今皆不在。制之在爾，勿令鄉人宗親有所加也。

而顏氏家訓終制篇亦以薄葬囑之曰：

死者，人之常分，不可免也。吾年十九，值梁家喪亂，其間與白刃為伍者，亦常數輩；幸承餘福，得至於今。古人云：「五十不為夭。」吾已六十餘，故心坦然，不以殘年為念。先有風氣之疾，常疑奄然，聊書素懷，以為汝誡。……今年老疾侵，儻然奄忽，豈求備禮乎？一日放臂，沐浴而已，不勞復魄，殮以常衣。先夫人棄背之時，屬世荒饉，家塗空迫，兄弟幼弱，棺器率薄，藏內無塼。吾當松棺二寸，衣帽已外，一不得自隨，床上唯施七星板；至如蠟弩牙、玉豚、錫人之屬，並須停省，糧甖明器，故不得營，碑誌旒旐，彌在言外。載以鼈甲車，襯土而下，平地無墳；若懼拜掃不知兆域，當築一堵低牆於左右前後，隨為私記耳。靈筵勿設枕几，朔望祥禫，唯下白粥清水乾棗，不得有酒肉餅果之祭。親友來餟酹者，一皆拒之。汝曹若違吾心，有加先妣，則陷父不孝，在汝安乎？其內典功德，隨力所至，勿刳竭生資，使凍餒也。

觀其文章之篇名、內容，雖前有所承，然其情意之懇摯婉轉，文辭之簡要和易、胸襟之高曠澹遠，在在優於前作多矣，家訓其他諸篇，或論勤學、交游、仕宦、涉務，或誡爭鬥、驕奢、吝嗇，或勉治家、友愛、忠孝，大率纖悉周備，包羅宏富，且能折衷今古，順時緣禮，皆爲易知易守易行之理也。而文字之明白曉暢、情志之慈祥深婉，雖野人鄙夫，走卒兒童，皆能誦其詞而知其義，故深之可爲格致誠正之功，淺之可爲動靜語默之範，此顏氏家訓所以每爲治家嚴整者，奉爲庭訓之圭臬也，清黃叔琳即稱揚之曰（注六）：

歷觀古人詔其後嗣之語，往往未滿人意。叔夜家誡，骯髒逢時，已絕巨源交，而又幸其子之不孤；淵明責子，付之天理，但以杯中物遣之；王僧虔慮其子不曉言家口實；徐勉屑屑以田園為念；杜子美云「詩是吾家事」，「熟精文選理」，其末已甚；即卓犖如韓退之，亦惟以公相潭府之榮盛，利誘其子，而未及於道義。彼數賢者，豈慮之不周，語之不詳哉？識有所不足，而愛有所偏徇故也。余觀顏氏家訓廿篇，可謂度越數賢者矣。其誼正，其意備。其為言也，近而不俚，切而不激。自比於傅婢寡妻，而心苦意甘，足令頑秀並遵，賢愚共曉。宜其孫曾數傳，節義文章，武功吏治，繩繩繼起，而無負斯訓也。

近人周法高亦云顏氏家訓兼具立身處世、治家教子，考據詞章義理之學，類此體裁之家訓文學，不僅前無古人，且其精粹處，更非後人依樣畫葫蘆，亦步亦趨所能及（注七），故宋陳振孫直齋書錄解題與明王三聘古今事物考，咸曰：「古今家訓，以此爲祖」（注八），明錢曉庭幃襍錄云

：「六朝顏之推，家法最正，相傳最遠」（注九），清王言綸曰：「北齊顏黃門之推家訓，超絕六代，自是儒宗楷模」（注一〇），鄭珍亦云：「家訓以顏黃門為最古」，足見顏氏家訓誠為古今家訓文學之清範也，且自茲厥後，效家訓文體之專著，代有迭出。如唐柳玭之戒子弟書宋董正功之續顏氏家訓（注一一）、劉清之戒子通錄、司馬光家範、楊億家訓、宋祁庭戒、黃庭堅家戒、柳開家戒、賈昌朝戒子孫、葉夢得石林家訓、趙鼎家訓筆錄，明陸樹聲陸氏家訓、龐尚鵬龐氏家訓、高攀龍高子家訓，清蔣伊蔣氏家訓、曾國藩曾文正公家訓、王心敬豐川家訓、王維祺王氏家訓……等，均在垂範立訓，以貽子孫也，然則諸家訓中，仍以顏氏家訓立意最仁恕，持論最公允，宅心最平正，是以人有意於訓俗型家者，又何庸舍是篇而疊牀架屋為哉？所謂藥雖進於醫手，方多傳於古人，若已經效於世間，不必皆從於己出是也（注一二）。

第二節　關音辭訓詁之廣衢

顏氏家訓音辭篇，之推專為辨析聲韻而作，斟酌古今，掎摭利弊，深具精義，實乃研究古音者所當究也（注一三），其中論內言外言之義，說文讀若之旨，皆有憑藉，非逞玄想，且能以進步之語言演化觀念，視九州不同之方言，古今有異之語音，為自然演化之現象，識見卓越不俗（注一四），音辭篇曰：

夫九州之人，言語不同，生民已來，固常然矣。自春秋標齊言之傳，離騷目楚詞之經，此蓋其較明之初也。後有揚雄著方言，其言大備。然皆考名物之同異，不顯聲讀之是非也。逮鄭玄注六經，高誘解呂覽、淮南，許慎造説文，劉熹製釋名，始有譬況假借以證音字耳。而古語與今殊別，其間輕重清濁，猶未可曉；加以內言外言、急言徐言，讀若之類，益使人疑。孫叔言創爾雅音義，是漢末人獨知反語。至於魏世，此事大行。高貴鄉公不解反語，以為怪異。自茲厥後，音韻鋒出，各有土風，遞相非笑，指馬之諭，未知孰是。共以帝王都邑，參校方俗，考覈古今，為之折衷。搉而量之，獨金陵與洛下耳。南方水土和柔，其音清舉而切詣，失在浮淺，其辭多鄙俗。北方山川深厚，其音沈濁而鈋鈍，得其質直，其辭多古語。然冠冕君子，南方為優；閭里小人，北方為愈。易服而與之談，南方士庶，數言可辯；隔垣而聽其語，北方朝野，終日難分。而南染吳、越，北雜夷虜，皆有深弊，不可具論。其謬失輕微者，則南人以錢為涎，以石為射，以賤為羨，以是為舐；北人以庶為戍，以如為儒，以紫為姊，以洽為狎，如此之例，兩失甚多。

夫晉自胡、羯亂華，洛陽傾覆，人士流於江左，學術移於家族，其東晉、南朝之甲姓高門，既多爲西晉，及其以前名士儒流之子孫，則奕世猶存舊日洛陽北音之聲韻，至於庶族所言，則多爲吳語。故之推曰：易服而與之談，南方士庶，數言可辨；而北方華夏舊區，士庶語言無異，故隔垣而聽其語，北方朝野，終日難分。惟北人多雜胡虜之音，語多不正，反不若南方士大夫音辭之彬雅，至於閭巷之人，則南人之音鄙俗，不若北人之音爲切正矣（注一五）。之推此說，已觸及近代語言學界所重視之社會語言學領域，而爲我國社會語言學之濫觴也（注一六）。

此外，音辭篇提及南北語音謬失之例者，有助理解中古語音之實象，如稱「北人以庶爲戍，以如爲儒，以紫爲姊，以洽爲狎。」，據周祖謨所考：庶、戍同爲審母字，廣韻庶在御韻，戍在遇韻，音有不同。庶開口，戍合口。如、儒同屬日母，如在魚韻，儒在虞韻，韻亦有開合之分，北人讀庶爲戍，讀如爲儒，是魚、虞不分也。又紫、姊同屬精母，而紫在紙韻，姊在旨韻，北人讀紫爲姊，是支、脂無別矣。又洽、狎同爲匣母字，切韻分爲兩韻，北人讀洽爲狎，是洽、狎不分也，據此可見當世北人分韻寬鬆之現象（注一七）。故音辭一篇，尤爲治音韻學者所當措意。

夫南北朝之訓詁學也，處於漢、唐訓詁盛興之間，故其成就，向不起眼，唯斯代之訓詁著述，如張揖廣雅、葛洪字苑、呂忱字林與顧野王之玉篇，實啓廸初唐成果豐碩之訓詁學，如陸德明之經典釋文序曰：「精研六籍，采摭九流，蒐訪異同，校之蒼、雅。」孔穎達之五經正義序曰：「考定是非，謹竭庸愚，竭所聞見，覽古人之傳記，質近代之異同，存其是而去其非，削其繁而增其簡。」均明宣其訓詁繼承之梗概。而之推生南北朝之際，居學術之要津，其訓詁之觀念與方法，頗開初唐後來之牖，且對其嫡孫顏師古之漢書注、匡謬正俗，影響深遠，如書證篇言「猶豫」言「猶」爲獸名漢書高后紀師古注即以「猶爲獸名」；同篇引太公六韜以說賈誼傳之「日中必熭」，師古注亦引六韜爲說；同篇又引司馬相如封禪書「導一莖六穗于庖」，而訓導爲擇，師古注亦從之；足見師古遵循祖訓，墨守家法，步趨惟謹，淵源有自也（注一八）。

此外，家訓訓詁之取證資料、應用方法，觀念視野，均較前開闊進步，以書證篇四十五則之訓詁釋例爲言，其中考釋詩、書、史、漢要籍，且留意古樂府歌辭、通俗文、山海經、東宮舊事之詞語、山川名義，以及「一夜何謂五更」等，均提出訓釋解詁，可見家訓之書證篇，已領訓詁躍出經學之附庸，另拓境地，而其訓詁之方法，亦能廣開新衢，舉凡俗語方言，動植實物，出土鐘鼎、語法結構，均爲之推所援舉應用，且訓釋詳明，爲理想之訓詁範例，如書證篇：

> 禮云：「定猶豫，決嫌疑。」離騷曰：「心猶豫而狐疑。」先儒未有釋者。案：尸子曰：「五尺犬為猶。」說文云：「隴西謂犬子為猶。」吾以為人將犬行，犬好豫在人前，待人不得，又來迎候，如此返往，至於終日，斯乃豫之所以為未定也，故稱猶豫。或以爾雅曰：「猶如麂，善登木。」猶，獸名也，既聞人聲，乃豫緣木，如此上下，故稱猶豫。

又訓詁學既起，必產生語法研究，家訓書證篇已精於語法分析之詁訓法則，考顏師古漢書注，每援出色之語法分析，以應用於字義訓釋，實家學傳統，淵源有自，書證篇：

> 「也」是語已及助句之辭，文籍備有之矣。河北經傳，悉略此字，其間字有不可得無者，至如「伯也執殳」，「於旅也語」，「回也屢空」，「風，風也，教也」，及詩傳云：「不戢，戢也；不儺，儺也。」，「不多，多也。」如斯之類，儻削此文，頓成廢闕。詩言

：「青青子衿。」傳曰：「青衿，青領也，學子之服。」按：古者，斜領下連於衿，故謂領為衿。孫炎、郭璞注爾雅，曹大家注列女傳，並云：「衿，交領也。」鄴下詩本，既無「也」字，群儒因謬說：「青衿、青領，是衣兩處之名，皆以青為飾。」用釋「青青」二字，其失大矣。又有俗學，聞經傳中時須也字，輒以意加之，每不得所，益成可笑。

之推分析「也」之句法作用，故能糾舉俗儒因書本「也」字之衍脫，而致錯誤之訓詁也。又訓詁乃務實之學，向以核實正名，爲優良傳統，家訓詁釋詞義，既博考字書文獻，復重視實證與目驗，故得兩明，既破疑遺惑，復證字書所言不虛也，而此，實與清代樸學之實事求是，有異曲同工之妙，觀其訓荼之文曰：

詩云：「誰謂荼苦？」爾雅、毛詩傳並以荼，苦菜也。又禮云：「苦菜秀。」案：易統通卦驗玄圖曰：「苦菜生於寒秋，更冬歷春，得夏乃成。」今中原苦菜則如此也。一名游冬，葉似苦苣而細，摘斷有白汁，花黃似菊。江南別有苦菜，葉似酸漿，其花或紫或白，子大如珠，熟時或赤或黑，此菜可以釋勞。案：郭璞注爾雅，此乃蘵黃蒢也。今河北謂之龍葵。梁世講禮者，以此當苦菜；既無宿根，至春方生耳，亦大誤也。又高誘注呂氏春秋曰：「榮而不實曰英。」苦菜當言英，益知非龍葵也。

此外，家訓亦善利用文物、碑文，以爲佐證，文曰：

史記始皇本紀：「二十八年，丞相隗林、丞相王綰等，議於海上。」諸本皆作山林之「林」。開皇二年五月，長安民掘得秦時鐵稱權，旁有銅塗鐫銘二所。其一所曰：「廿六年，皇帝盡幷兼天下諸侯，黔首大安，立號為皇帝，乃詔丞相狀、綰，灋度量劑不壹之。」凡四十字。其一所曰：「元年，制詔丞相斯、去疾，灋度量，盡始皇帝為之……」余被敕寫讀之，與內史令李德林對，見此稱權，今在官庫；其「丞相狀」字，乃為狀貌之「狀」，爿旁作犬；卽知俗作「隗林」非也，當為「隗狀」耳。

夫地下之出土文物，若能妥善分析運用，則片鱗殘甲，猶勝萬卷書本。此認識於今雖不足爲奇，唯金石之用於訓詁領域，與其眞正蒙受普遍之重視，却自宋代始蔚爲風尚，清人則愈益精審，家訓書證篇運碑銘以釋訓詁之例，雖僅寥寥數則，唯足證顏氏已開此道之先河，可謂卓識矣（注一九）。

第三節　聚學術史料之珍藪

顏氏家訓包羅宏富，載錄翔實，且其論理議事，每援例徵實，平章得失，故能積聚珍貴之學術史料，如南北之風俗、避諱之禮數，貴族之生活，士子之游藝，宗教之儀式，文藝之趨向……等等，莫不提供後世豐富而珍貴之歷史文獻，以為研究之資。如治家篇言「今北土風俗，率能躬儉節用，以贍衣食，江南奢侈，多不逮焉。」有助南北奢儉習尚之考察，治家篇曰：

江東婦女，略無交游，其婚姻之家，或十數年間，未相識者，惟以信命贈遺，致殷勤焉。鄴下風俗，專以婦持門戶，爭訟曲直，造請逢迎，車乘填街衢，綺羅盈府寺，代子求官，為夫訴屈。此乃恆、代之遺風乎？南間貧素，皆事外飾，車乘衣馬，必貴整齊，家人妻子，不免飢寒。河北人事，多由內政，綺羅金翠，不可廢闕，羸馬顇奴，僅充而已；倡和之禮，或爾汝之。

載錄詳盡，可資讀史者瞭解當代之婦女生活，與夫婦權責規劃之大較，至於風俗儀節之史料，為數尤多，如風操篇細述稱謂避諱之禮數，並載弔唁之風俗，南北不一，曰：

南人冬至歲首，不詣喪家，若不修書，則過節束帶以申慰。北人至歲之日，重行弔禮；禮無明文，則吾不取。南人賓至不迎，相見捧手而不揖，送客下席而已；北人迎送並至門，相見則揖，皆古之道也，吾善其迎揖。

此外，宗教儀式之節文，亦見涵攝，風操篇：

偏傍之書，死有歸殺。子孫逃竄，莫肯在家；畫瓦書符，作諸厭勝；喪出之日，門前然火，戶外列灰，祓送家鬼，章斷注連。

另江南試兒之習俗，亦爲家訓所蒐羅，風操篇曰：

江南風俗，兒生一期，為製新衣，盥浴裝飾，男則用弓矢紙筆，女則刀尺鍼縷，並加飲食之物，及珍寶服玩，置之兒前，觀其發意所取，以驗貪廉愚智，名之為試兒。

凡此，雋俗兼陳，實爲珍貴之考世資料，至於敎子篇引梁王僧辯事，北齊琅邪王高儼事、風操篇引梁謝舉「聞諱必哭」事、慕賢篇引梁羊侃鎭守臺門事、北齊斛律光「無罪被誅」事；勉學篇稱梁朝貴遊子弟多無學術，但熏衣剃面，傅粉施朱事；與梁世之際，莊、老、周易闡盛之事；均可補苴南史、北史之所闕。而省事篇所言祖珽、徐之才「卜筮射六得三，醫藥治十差五，音樂在數十人下，弓矢在千百人中，天文、畫繪、棊博、鮮卑語、胡書、煎胡桃油，鍊錫爲銀，如此之類，略得梗槩」一事，可佐證北史之說；至於雜藝篇所述常射與博射之分，亦有助於當世休閒實況之了解，而涉務篇稱梁世士大夫「出則乘輿，入則扶侍，郊郭之內，無乘馬者。」一事，又可補梁書之闕如，故家訓一書，實爲研究中古史者之要籍也。

外此，家訓論文學要旨，與劉勰文心雕龍爲近，可資研究文心者參較比對矣。如論文章原出於五經說，家訓文章篇曰：

夫文章者，原出六經：詔命策檄，生於書者也；序述論議，生於易者也，歌詠賦頌，生於詩者也；祭祀哀誄，生於禮者也；書奏箴銘，生於春秋者也。

而文心雕龍卷一宗經篇則曰：

論說辭序，則易統其首；詔策章奏，則書發其源；賦頌歌讚，則詩立其本；銘誄箴祝，則禮統其端；記傳盟檄，則春秋為根。

論及文藝創作，文心雕龍卷九附會篇曰：

夫才童學文，宜正體製，必以情志為神明，事義為骨髓，辭采為肌膚，宮商為聲色；然後品藻玄黃，摛振金玉，獻可替否，以裁厥中，斯綴思之恆數也。

至於家訓文章篇之主張，亦與文心雕龍類，文曰：

> 文章當以理致為心腎，氣調為筋骨，事義為皮膚，華麗為冠冕也。

關於議論古今文士之疵累者，二家之說大同，如家訓文章篇評云：「杜篤乞假無厭，路粹隘狹已甚，陳琳實號麤疏，繁欽性無檢格，劉楨屈強輸作，王粲率躁見嫌，孔融、禰衡誕傲致殞，楊修、丁廙扇動取斃，阮籍無禮敗俗，嵇康凌物凶終，傅玄忿鬬免官。」而文心雕龍卷一〇程器篇論曰：「杜篤之請求無厭，班固諂竇以作威，馬融黨梁而黷貨，文舉傲誕以速誅，正平狂憨以致戮，仲宣輕脆以躁競，孔璋惚恫以麤疏，丁儀貪婪以乞貨，路粹餔啜而無恥，潘岳詭禱於愍、懷，陸機傾仄於賈、郭，傅玄剛隘而詈臺。」由是觀之，家訓足可供撢研文心雕龍者參酌較量也。

外此其餘，家訓尚存留豐富之語法資料，即以量詞（注二〇）而言，家訓即提供寶貴之研究線索，如省事篇「二十口家」之「口」，涉務篇「耘一株苗」之「株」，文章篇之「略舉一兩端以爲誡」之「端」，書證篇「北土通呼物一凷爲一顆」之「凷」與「顆」，養生篇「此輩小術」之「輩」，後娶篇「此等足以爲誡」之「等」，勉學篇「書劵三紙」之「紙」與終制篇「一堵低牆」之「堵」、「蒙詔賜銀百兩」之「兩」均是，蓋漢語名量詞之發展，至南北朝已臻成熟，其詞量之豐富，規範之明確，均非魏晉以前之時代所可比擬（注二一），故顏師古注漢書貨殖傳「狐貂千皮，羔羊裘千石」曰：「狐貂貴，故計其數，羔羊賤，故稱其量」，所謂「計數」即指「

皮」也，「稱量」即指「石」也，蓋若無完備之語法資料，師古焉得據以擬就分類之理論乎！而顏氏家訓，即為聚此語法史料之珍藪也。

注釋

注一：參明于慎行顏氏家訓後敍語，明神宗萬曆三年顏嗣慎刊本。
注二：參明張一桂重刻顏氏家訓敍，明神宗萬曆三年顏嗣慎刊本。
注三：同注二。
注四：周法高謂家訓文學源流有三，即誡子書、遺令、自敍，見大陸雜誌第二十二卷第二、三、四期。
注五：參嚴可均編全上古三代秦漢三國六朝文，中文出版社。
注六：見清雍正二年黃叔琳刻顏氏家訓節鈔本序。
注七：同注四。
注八：參直齋書錄解題卷一〇雜家類，古今事物考卷二語。
注九：參庭幃褋錄卷下語曰：「六朝顏之推，家法最正，相傳最遠，作顏氏家訓，諄諄欲子孫崇正教，尊學問」。
注一〇：參國粹學報第八十一期明遺民王言綸鴻寶先生殘詩。
注一一：一稱李正公。
注一二：蘇軾語，見引於黃叔琳顏氏家訓節鈔本序文。
注一三：參周祖謨顏氏家訓音辭篇注補，輔仁學誌第十二期一、二合期。
注一四：見竺家寧顏氏家訓音辭篇的幾個語音現象，德明學報第一期。
注一五：同注一三。

注一六：同注一四。

注一七：同注一三。

注一八：參王利器顏氏家訓集解敍錄頁七—八，明文書局。

注一九：參許惟賢顏氏家訓的訓詁，南京大學學報哲學社會科學類，一九八三年第一期。

注二〇：量詞，計量之詞，顏師古漢書卷九一貨殖傳注「狐貂裘千皮，羔羊裘千石」曰：「狐貂貴，故計其數；羔羊賤，故稱其量。」「皮」與「石」皆量詞也。

參考書籍及論文目錄

壹、參考書目

(一)顏氏家訓之屬

顏氏家訓　明世宗嘉靖三年遼陽傅鑰刊本

顏氏家訓　明神宗萬曆三年顏嗣慎刊本

顏氏家訓　明神宗萬曆年間程榮刊本

顏氏家訓　明末何允中刊本

顏氏家訓　清德宗光緒元年湖北崇文書局刊本

顏氏家訓　清德宗光緒七年汗青簃刊本

顏氏家訓　清德宗光緒二十三年朱軾評點本

顏氏家訓　清高宗乾隆年間欽定四庫全書本

顏氏家訓	清高宗乾隆年間欽定四庫全書薈要本		
顏氏家訓	清高宗乾隆年間鮑廷博知不足齋叢書本		
顏氏家訓新注	清高宗乾隆五十四年盧文弨抱經堂叢書本		
顏氏家訓	清高宗乾隆五十六年王謨漢魏叢書本		
顏氏家訓	清宣宗道光二十九年鄭珍校本		
顏氏家訓	清張紹仁校本		
顏氏家訓補註	清李詳手稿本		
顏氏家訓	日本文化七年葛西氏刊本		
顏氏家訓注	清趙曦明注 清盧文弨補注	臺灣中華書局	68.11.臺五版
顏氏家訓彙注	近周法高撰輯	臺聯國風出版社	64.4.再版
顏氏家訓斠補	近王叔岷撰	藝文印書館	64.9.初版
顏氏家訓集解	近王利器撰	明文書局	73.1.再版
顏氏家訓校記	清郝懿行撰	山西省圖書館	73.10.出版

(二)經部之屬

甲、十三經注疏類

周易正義　漢孔安國傳　唐孔穎達等正義　藝文印書館據清高宗乾隆二十年重刊宋本影印　未著出版年月

論語注疏　魏何晏等注　宋邢　昺疏　藝文印書館據清高宗乾隆二十年重刊宋本影印　未著出版年月

孝經注疏　唐玄宗明皇帝御注　宋邢　昺疏　藝文印書館據清高宗乾隆二十年重刊宋本影印　未著出版年月

禮記注疏　漢鄭　玄注　唐孔穎達等正義　藝文印書館據清高宗乾隆二十年重刊宋本影印　未著出版年月

爾雅注疏　晉郭　璞注　宋邢　昺疏　藝文印書館據清高宗乾隆二十年重刊宋本影印　未著出版年月

乙、小學類

俗書證誤　隋顏愍楚撰　清仁和龔麗正抄本

干祿字書　唐顏元孫撰　清龔麗正編字書四種四卷本

說文解字注　清段玉裁注　藝文印書館據經韵樓藏版影印　未著出版年月

(三)史部之屬

甲、正史類

三國志	晉陳　壽撰	臺灣商務印書館影宋紹熙刊本配紹興刊本	70.1.五版
晉書	唐房玄齡等撰	藝文印書館影印清乾隆武英殿刊本	未著出版年月
宋書	梁沈　約撰	鼎文書局	64.6.初版
南史	唐李延壽撰	鼎文書局	74.3.四版
北史	唐李延壽撰	藝文印書館影印清乾隆武英殿刊本	未著出版年月
魏書	北齊魏收撰	鼎文書局	64.9.初版
北齊書	隋李百藥撰	鼎文書局	76.2.五版
周書	唐令狐德棻等撰	鼎文書局	76.2.五版
隋書	唐長孫無忌等撰	藝文印書館影印清乾隆武英殿刊本	未著出版年月
舊唐書	後晉趙瑩等撰	鼎文書局	65.10.初版
新唐書	宋歐陽修等撰	鼎文書局	65.10.初版

乙、編年及史評類

資治通鑑	宋司馬光撰	粹文堂	未著出版年月
東晉南北朝學術編年	近劉汝霖撰	北京中華書局	76.11.初版
文史通義	清章學誠撰	臺灣中華書局	56.11.再版
史通通釋	清浦起龍釋	九思出版社	67.10.初版
北齊政治史研究	近呂春盛撰	臺大出版委員會	76.6.初版

丙、傳記類

歷代名人年譜	清吳榮光編	上海商務印書館	23.3.再版
北朝四史人名索引	近譚兩宜 陳仲安 趙小鳴編	北京中華書局	77.9.初版
唐顏師古先生籀年譜	近羅香林編	臺灣商務印書館	71.10.初版
唐顏魯公眞卿年譜	近留元剛編	臺灣商務印書館	70.12.初版
浯江顏氏族譜	近顏西林編	昭明社	70.冬出版
中國藏書家考略	近楊立誠 金步瀛編	文海出版社	未著出版年月

民國人物小傳　近劉紹唐編　傳記文學出版社　77.11.初版

丁、方志風俗類

中國地方志民俗資料匯編　近丁世良 趙 放編　書目文獻出版社　78.5.初版

中華全國風俗志　近胡樸安編　石家莊河北人民出版社　77.2.初版

中國風俗史　近張立采編　上海三聯書店　77.2.初版

民俗學概論　近陶立璠編　北京中央民族學院出版社　76.8.初版

戊、目錄類

直齋書錄解題　宋陳振孫撰　廣文書局　57.3.初版

絳雲樓書目　清錢謙益撰　廣文書局　57.3.初版

讀書敏求記　清錢 曾撰　廣文書局　57.3.初版

述古堂書目　清錢 曾撰　廣文書局　57.3.初版

竹汀先生日記鈔　清錢大昕撰　廣文書局　60.8.初版

鄭堂讀書記　清周中孚撰　世界書局　49.11.初版

蕘圃藏書題識　清黃丕烈撰　廣文書局　57.3.初版

鐵琴銅劍樓藏書題識	清瞿　鏞撰	廣文書局	57. 3. 初版
越縵堂讀書記	清李慈銘撰	世界書局	50. 9. 初版
書目答問	清張之洞撰	新興書局	51. 7. 初版
滂喜齋藏書記	清潘祖蔭撰	廣文書局	57. 3. 初版
皕宋樓藏書志	清陸心源撰	廣文書局	57. 3. 初版
善本書室藏書志	清丁　丙撰	廣文書局	57. 3. 初版
適園藏書志	清張鈞衡撰	廣文書局	57. 3. 初版
群碧樓善本書目	清鄧邦述撰	廣文書局	57. 3. 初版
菦圃善本書目	清張乃熊撰	廣文書局	57. 3. 初版
孫氏祠堂書目內外編	清孫星衍撰	廣文書局	57. 3. 初版
雙鑑樓善本書目	近傅增湘撰	廣文書局	57. 3. 初版
藏園群書題記	近傅增湘撰	廣文書局	57. 3. 初版
四庫提要辨證	近余嘉錫撰	北京中華書局	74. 1. 再版
書林清話	近葉德輝撰	世界書局	50. 9. 初版
目錄學發微	近余嘉錫撰	藝文印書館	未著出版年月
彙刻書目初編續編	近陳光照輯	文海出版社	73. 6. 初版
江蘇國學圖書館圖書總目	該館編	廣文書局	59. 6. 初版

目錄學研究　近汪辟疆撰　文史哲出版社　62.2.再版
圖書板本學要略　近屈萬里、昌彼得撰　中國文化大學出版部　75.增訂版
古書版本鑑定研究　近李清志撰　文史哲出版社　75.9.初版
盧抱經先生手校本拾遺　近趙吉士撰　中華叢書委員會　47.5.出版
書林掌故　近葉德輝等撰　中山圖書公司　61.7.香港初版
版本通義　近錢基博撰　臺灣商務印書館　57.10.臺一版

乙、金石類

顏氏家廟碑　唐顏眞卿撰　天津市古籍書店　78.4.初版
顏勤禮碑　唐顏眞卿撰　天津市古籍書店　77.5.初版
金石萃編　清王昶編　臺聯國風出版社　53.7.初版
漢魏南北朝墓誌集釋　近楊家駱編　鼎文書局　64.6.再版

(四)子部之屬

甲、諸子類

老子道德經	周李　耳撰 晉王　弼注	臺灣中華書局據華亭張氏本校刊	73.10.十版
荀子	周荀　況撰 唐楊　倞注	臺灣中華書局據嘉善謝氏本校刊	72.4.五版
論衡	漢王　充撰	廣文書局	54.8.初版
抱朴子	晉葛　洪撰	廣文書局	54.8.初版

乙、總論類

儒家倫理思想	近顧兆駿撰	正中書局	56.5.初版
儒家倫理思想述要	近劉　眞撰	正中書局	43.8.初版
中國倫理思想史	近陳　瑛等撰	貴州人民出版社	74.初版
中國倫理學說史	近沈善洪撰	浙江人民出版社	74.初版
中國倫理學通詮	近黃公偉撰	現代文藝出版社	57.8.初版
中國文化要義	近梁漱溟撰	正中書局	70.5.十二版
中國人文精神之發展	近唐君毅撰	臺灣學生書局	73.7.五版

丙、性理禮敎類

近思錄集解	宋朱　熹編	世界書局	70.2.三版
靈魂與心	近錢　穆撰	聯經出版事業公司	70.6.四版
中國古代敎育史資料	近孟憲承等撰	人民敎育出版社	74.3.五版
中國古代敎育思潮	近王一鴻撰	上海商務印書館	23.6.再版
中國古代敎育文選	近孟憲承編	人民敎育出版社	74.3.五版
中國封建社會敎育史	近楊榮春撰	廣東人民出版社	74.5.初版
魏晉南北朝敎育論著選	近馬秋帆編	人民敎育出版社	77.7.初版
現代敎育思想	近崔載陽撰	帕米爾書店	62.7.再版
敎育哲學	近賈馥茗撰	三民書局	72.5.初版
敎育學	近雷國鼎等撰	華崗出版部	63.3.出版
敎育大意	(日)伊藤千眞三撰	大明堂書店	昭和13.年4.月再版
敎育名言大全	近張念宏編	北京科學技術出版社	77.8.初版
談敎育與心理	近陳照雄編撰	自行出版	67.5.初版
課子隨筆鈔	清張伯行 夏錫疇輯錄	廣文書局	76.3.再版

歷代家訓選　近楊知秋選注　廣西人民出版社　77.7.初版
族譜家訓集粹　行政院文化建設委員會編　聯經出版事業公司　73.5.初版
中國家訓　行政院文化建設委員會編　行政院文化建設委員會　76.9.初版

丁、佛教論

魏晉南北朝佛教史　近湯錫予撰　鼎文書局　74.元三版
佛教概論　近蔣維喬撰　韓同增語　新文豐出版社　72.12.再版
佛學概論　近周紹賢撰　臺灣商務印書館　73.5.初版
佛學研究　近周中一撰　東大圖書有限公司　66.3.初版
佛教與中國文化　近張曼濤編　上海書店　77.3.再版
佛教哲學要義　(日)高楠順次郎撰　近藍吉富譯　正文書局　60.6.初版

戊、醫家類及其他

黃帝內經素問　唐王　冰撰　臺灣商務印書館　57.6.初版

本草綱目　明李時珍撰　臺灣商務印書館　57.6.初版

中醫學　近周　萍編　湖南科學技術出版社　77.8.初版

古代養生襍談　近曲祖貽編　北京出版社　78.4.初版

齊民要術　魏賈思勰撰　臺灣商務印書館　57.6.初版

(五)集部之屬

甲、文藝理論類

文心雕龍　梁劉　勰撰　臺灣商務印書館據上海涵芬樓本影印　未著出版年月

文則　宋陳　騤撰　藝文印書館據寶顏堂本影印　未著出版年月

文章辨體序說　明吳　訥撰　長安出版社　67.12.初版

文體明辨序說　明徐師曾撰　長安出版社　67.12.初版

文學研究法　清姚永樸撰　廣文書局　70.7.五版

讀書作文譜　清唐　彪撰　據偉文圖書有限公司影印本　54.11.初版
藝概　清劉熙載撰　廣文書局　69.7.三版
初月樓古文緒論　清呂　璜撰　臺灣中華書局　54.11.初版
涵芬樓文談　清吳曾祺撰　臺灣商務印書館　69.9.四版
文說・論文雜記　近劉師培撰　廣文書局　59.10.初版
古文通論　近馮書耕　近金仞千　撰　中華叢書編審委員會　55.6.初版
漢魏六朝專家文研究　近劉師培述　臺灣中華書局　71.3.五版
文心雕龍札記　近黃　侃撰　新文豐出版公司　68.5.初版
文心雕龍註　近范文瀾撰　明倫出版社　60.10.出版
中國語文論叢　近周法高撰　正中書局　59.4.再版
文心雕龍研究　王師更生撰　文史哲出版社　68.5.增訂初版
文心雕龍的風格學　近詹　瑛撰　木鐸出版社　73.11.初版
文心雕龍論稿　近畢萬忱　李　淼　撰　齊魯書社　74.9.初版
文心雕龍探索　近王運熙撰　上海古籍出版社　75.4.初版
文心雕龍臆論　近陳思苓撰　巴蜀書社　77.6.初版

中國古代文論研究方法論集	華東師範大學研究所編	齊魯書社	76.3.初版
文學研究法	日丸山學撰 近郭虛中譯	臺灣商務印書館	70.10.四版
文學理論薈要	近侯 健 近呂智敏撰	北京大學出版社	75.5.初版
古典文藝美學論稿	近張少康撰	中國社會科學出版社	77.2.初版
中國古代文學創作論	近張少康撰	北京大學出版社	72.12.初版
中古文學史論文集	近曹道衡撰	北京中華書局	77.7.初版
文藝心理學論稿	近金開誠撰	北京大學出版社	74.7.再版
詩詞例話	近周振甫撰	長安出版社	72.10.初版
散文創作藝術	近余樹森撰	北京大學出版社	77.5.三版

乙、文章評選類

古文關鍵	宋呂祖謙評選	廣文書局	70.7.再版
文章軌範	宋謝枋得評選	新文豐出版公司	67.10.初版
文章指南	明歸有光評選	廣文書局	74.10.再版

古文析義	清林雲銘評選	廣文書局	73.元 七版
評注文法津梁	近宋文蔚評選	蘭臺書局	66.10.再版
作文百法	近許恂儒評選	廣文書局	74.5.再版
文論講疏	近許文雨編選	正中書局	56.1.初版
歷代文約選詳評	近王禮卿撰	中華叢書編審委員會	66.11.再版
中國散文藝術論	近李正西評選	貫雅文化事業公司	80.1.初版

丙、文論彙編類

文心雕龍研究論文選粹	王師更生編	育民出版社	69.9.初版
古漢語修辭學資料彙編	近鄭奠 近譚全基 編	明文書局	73.9.初版
中國歷代文論選	近郭紹虞 近王文生 編	上海古籍出版社	77.3.八版
中國古代文學理論辭典	趙則誠 近張連弟 畢萬忱 編	吉林文史出版社	74.7.初版
古文法纂要	近朱任生編	臺灣商務印書館	73.9.初版

丁、其他

學不已齋雜著	近楊明照撰	上海古籍出版社	74.10.初版
文筆要決校箋	近王利器撰	貫雅文化事業公司	80.1.初版
中古文學史論	近王　瑤撰	長安出版社	71.8.再版
魏晉南北朝文學批評史	近王運熙 楊明撰	上海古籍出版社	78.6.初版
中國文學批評史大綱	近朱東潤撰	開明書店	35.9.再版
中國文學批評史	近羅根澤撰	學海出版社	69.9.再版

貳、單篇論文目錄

(一)顏之推及顏氏家訓專論之屬

顏氏家訓校箋	劉盼遂	女師大學術季刊第一卷第二期
顏氏家訓校箋補證	劉盼遂	女師大學術季刊第二卷第一期
顏氏家訓音辭篇注補	周祖謨	輔仁學誌第十二卷第一、二合期

顏氏家訓	豈明	大公報文藝副刊第五十八期（28.4.14.）
讀顏氏家訓書後	楊樹達	清華中國文學會月刊第一卷第一期
顏之推年譜	繆鉞	眞理雜誌第一卷第四期
顏之推觀我生賦與庾信哀江南賦	周法高	大陸雜誌第二十卷第四期
顏之推人生哲學與教育思想	伍振鷟	臺灣省立師範大學教育研究所集刊第二輯
顏氏家訓闡論	龔菱	臺北商專學報第一期
顏之推和他的家訓	章江	自由青年第四十三卷第五期
顏氏家訓音辭篇中的幾個語音現象	竺家寧	德明學報第一期
顏之推的文學論	（日）興膳宏	加賀博士退官記念中國文史哲學論集
顏氏家訓之文學觀	王開府	師大國文學報第九集
顏之推的文學思想	林文寶	中外文學第四卷第十二期
顏之推著作考	林文寶	臺東師專學報第四期
顏之推及其思想述要	林文寶	臺東師專學報第五期

從顏氏家訓談顏之推崇儒尚質的文學論　沈寶春　孔孟月刊第十九卷第二期

顏之推的養生思想　孟繁舉　東方雜誌第十九卷第八期

顏之推的倫理觀　孟繁舉　孔孟月刊第二十三卷第四期

顏之推與顏氏家訓　孟繁舉　中華文化復興月刊第十七卷第一期

顏之推還寃記考證　周法高　大陸雜誌第二十二期

顏之推還寃記試探　陳仕華　東吳大學中國文學系刊第七期

從顏氏家訓探其與文心雕龍文學觀之異同　尤雅姿　興大中文學報第四期

顏氏家訓版本研究　尤雅姿　國立編譯館館刊第十九卷第一期

顏氏家訓小論　(日)佐藤一郎　東京支那學報第一集

關中生活を送る顏之推　(日)宇都宮清吉　東洋史研究第二十五卷第四期

顏氏家訓歸心篇と寃魂志をめぐって　(日)勝村哲也　東洋史研究第二十六卷第三期

北齊書文苑傳中顏之推傳の一節について　(日)宇都宮清吉　名古屋大學文學部研究論集史學第十四集

顏氏家訓歸心篇覺書き　(日)宇都宮清吉　名古屋大學文學部研究論集史學第十五集

顏氏家訓について　(日)守屋美都雄　中國學誌第四期

顏之推小論　(日)吉川忠夫　名古屋大學文學部研究論學史學第十四集

顏之推の生活と文學觀　(日)林田愼之助　日本中國學會報第十四集

顏之推傳研究　(日)佐藤一郎　北海道大學文學部紀要第十八卷第二期

顏之推とその時代　(日)守屋美都雄　白山史學會一九四九年

顏之推のタクチクス　(日)宇都宮清吉　田村博士頌壽東洋史論叢一九六八年

顏氏家訓과 그 作家에 대한 小考　(韓)姜信雄　中國語文學第一期

顏之推의 思想　(韓)姜信雄　中國語文學第三期

YEN CHIH-T'UI: A BUDDHO-CONFUCIAN Albert E. Dien In Arthur F. Wright Confucian personalities. Stanford University press 1962.

(二)史論之屬

魏晉南北朝之學術宗教與世族　楊培桂　臺北商專學報第二十七期

南北朝的世族　李則芬　東方雜誌第十九卷第九期

魏晉士大夫的生活藝術　吳二任　中國文選第七十一期

侯景亂梁與南朝士族衰落的關係　蘇紹興　大陸雜誌第五十五卷第二期

魏晉六朝的政治思想　褚伯思　民主憲政第四十四卷第九期

試論魏晉士風不競之成因　鄺利安　幼獅學誌第八卷第二期

兩晉南北朝孝義風氣的提倡　羅炳綿　人生第二百六十七期

北齊政治史と漢人貴族　(日)谷川道雄　名古屋大學文學部研究第九期

侯景の亂について　(日)川勝義雄　史學雜誌第六十九卷第十二期

侯景の亂についての考察　(日)竹田龍兒　史學雜誌第二十九卷第三期

(三)家庭倫理之屬

孝字的生命歷程及其生生之德　吳　怡　鵝湖月刊第十四卷第六期

行孝的時代意義　杜師松柏　孔孟月刊第二十四卷第六期

現代社會的新孝道　楊國樞　中華文化復興月刊第十九卷第一期

中國傳統倫理教育的形上基礎　鄔昆如　哲學與文化第十二卷第十期

現代齊家之道　陳立夫　孔孟月刊第二十三卷第七期

孝道與中國文化(上)(下)　陳訓章　孔孟月刊第二十四卷第十二期第二十五卷第一期

中國的家族與倫理　陶希聖　東方雜誌第十四卷第十二期

中國家族制度與儒家倫理思想　楊亮功　食貨月刊第十一卷第四期

中國傳統社會的重心—家族　杜正勝　歷史月刊第十二期

中國大陸的家庭變遷　成露西　歷史月刊第十二期

家訓文學的源流(上)(中)(下)　周法高　大陸雜誌第二十二卷第二、三、四期

戒子叢說　蔡信發　孔孟月刊第二十卷第十期

從族譜家訓看家　陳捷先　歷史月刊第十二期

六朝家訓について　(日)守屋美都雄　日本學士院紀要第十卷第三號

(四)文學評論之屬

魏晉南北朝名家文之研究(一)(二)(三)(四)(續完)(完)　劉繁蔚　公教智識月刊第二百三十三—二百三十八期

六朝文述論略(上)(中)(下)　馮承基　學粹第十四卷第一、二、三期

論六朝文的表現手法　童元方　幼獅學誌第四卷第四期

先秦至六朝情性與文學的探討　陳昌明　中國文學研究第一期

論魏晉南北朝文質觀念及所衍生問題　顏崑陽　古典文學第九期

中國中世紀文學研究　(日)網祐次　國文天地第二卷第七期

從宗經觀點論文章之法式與風格　蘇伊文　孔孟月刊第十九卷第二期

漢魏六朝文體變遷之考察　王夢鷗　中央研究院史語所集刊第五十卷第二期

南北朝文學流變綜論　林　承　國立編譯館館刊第四卷第一期

文章的行氣　劉中和　中國語文月刊第三十七卷第二期

中國修辭學研究　高師仲華　中國語文月刊第三十七卷第二期

談文章義法　黃師錦鋐　華文世界第三期

論儒學對魏晉至齊梁文論之影響　黃景進　中華學苑第三十六期

從劉彥和「矯訛翻淺還宗經誥」論文章體常數變之極則　林聰舜　孔孟月刊第十八卷第八期

左傳史論之風格與作用　張高評　成功大學學報第二十三期

六朝時代の文藝批評家に就いて　(日)本田成之　支那學第二卷第六期

(五)宗教之屬

論三世因果　吳垂昆　獅子吼第十八卷第五期

佛教對中國文化的影響　釋文珠　菩提樹第二十三卷第七期

佛教因緣論　藍吉富　菩提樹第二十七卷第二期

佛教對於中國文化之影響　太虛大師　海潮音第五十五卷第十二期

佛教入華後對中國文學的影響　黃麗華　內明第十九期

談因說果　釋會之　內明第二十七期

儒家思想與中國宗教之間的功能關係　段昌國　幼獅學誌第三十八卷第六期

南北朝之佛教藝術思想　曾興平　佛教文化學報第二期

儒家與佛家　釋能學　香港佛教第一百四十四期

三談佛法重心在戒　了　了　海潮音第五十三卷第七期

孔子對宗教義務自我問題之態度　蔡仁厚　鵝湖月刊第八卷第三期
六朝時代の巫俗　(日)宮川尚志　史林第四十四號
六朝隋唐時代の報應信仰　(日)山崎宏　史林第四十號
六朝時代の社會と宗教　(日)宮川尚志　東方學第二十三號

(六)人生哲學之屬及其他

儒家之人生哲學　陳立夫　孔孟月刊第二十二卷第九期
儒家生命的學問　戴璉璋　鵝湖月刊第八卷第四期
人生的痛苦及人生的態度　于　斌　新動力第十四卷第一期
人性之分析　方東美　國魂第三百二十八期
人格的基本素質　賈馥茗　師大學報第十期
人性的研究　張松禮　臺南師專學報第八期
中國傳統士道與從政觀念　江舉謙　中國文化月刊第十期
中國知識分子的命運　牟宗三　鵝湖月刊第六卷第四期
從人類史看人類與環境的關係　張光直　人類與文化第三期

論儒家對人際關係的處理	馬叔禮	孔孟學報第三十期
儒家對鬼神與天的態度	張健行	中華文化復興月刊第二十二卷第二期
中國民間處世思想的探索與批判	李正治	鵝湖月刊第十二卷第三期
抱朴子養生哲學大意	孟廣原	民主憲政第三十八卷第一期
葛洪養生思想之研究	李豐楙	靜宜學報第三期
從史實論切韻	陳寅恪	嶺南學報第九卷第二期
善本書志	吳哲夫	故宮季刊第十二卷第四期
擒藻堂四庫全書薈要	吳哲夫	幼獅月刊第四十七卷第三期